全民阅读体育知识读本

U0558764

奥运会——体育的盛宴

盛文林/著

台海出版社

图书在版编目（CIP）数据

奥运会：体育的盛宴 / 盛文林著. －－ 北京 ：台海出版社，2014. 7

（全民阅读体育知识读本）

ISBN 978－7－5168－0431－5

Ⅰ. ①奥… Ⅱ. ①盛… Ⅲ. ①奥运会－基本知识 Ⅳ. ①G811. 21

中国版本图书馆 CIP 数据核字（2014）第 174949 号

奥运会：体育的盛宴

著　　者：盛文林

责任编辑：王福聪　　装帧设计：视界创意

版式设计：林　兰　　责任印制：蔡　旭

出版发行：台海出版社

地　　址：北京市朝阳区劲松南路 1 号　邮政编码：100021

电　　话：010－64041652（发行，邮购）

传　　真：010－84045799（总编室）

网　　址：www. taimeng. org. cn/thcbs/default. htm

E － mail：thcbs@ 126. com

经　　销：全国各地新华书店

印　　刷：北京一鑫印务有限公司

本书如有破损、缺页、装订错误，请与本社联系调换

开　　本：655 × 960　1/16

字　　数：130 千字　　印　　张：12

版　　次：2014 年 10 月第 1 版　　印　　次：2021年 6月第 3 次印刷

书　　号：ISBN 978－7－5168－0431－5

定　　价：29. 60 元

版权所有　翻印必究

前　言

奥林匹克运动会（简称奥运会）是国际奥林匹克委员会主办的包含多种体育运动项目的国际性运动会，每四年举行一次。奥林匹克运动会最早起源于古希腊，因举办地在奥林匹亚而得名。现代奥林匹克运动不论从发展规模，还是从发展水平上来看，都已为举世所瞩目。

作为一种文化现象，奥林匹克主义以竞技的形式，将不同肤色、不同文化背景的民族紧密联系在一起，对人类的社会活动，对人类的文明产生了深刻的影响。而作为一种体育现象，奥运会是人类探索体能极限的最引人入胜的赛场，奥林匹克运动已成为参与国家和地区众多、具有巨大吸引力、穿透力和凝聚力的一项全球性活动。

奥运会不仅展现了无数体育健儿龙腾虎跃的英姿、奋勇拼搏的精神和不惧艰难的顽强意志，而且也成为了和平与友谊的象征，它是一种融体育、教育、文化为一体的综合性、持续性、世界性的运动会，也传播了一种正面的、健康的价值观。

本书详细地介绍了古代奥运会、奥林匹克运动的复兴和现代奥林匹克运动一百多年来波澜壮阔的宏伟发展历程、奥林匹克精神、历届奥林匹克运动会、竞赛项目、奥林匹克运动与社会发展等内容，其中包括古希腊美丽动人的神话传说、历届奥运赛场上精彩激烈的竞争、奥运英雄为理想和荣誉而拼搏的不凡经历、赛场内外的逸闻趣事，等等。

读完本书后，相信读者朋友们对奥林匹克运动会的来龙去脉、竞赛项目，各届奥运会发生的各种有趣的故事等都会有所了解，从而会喜欢上奥运会这种全球性盛会。这也是我们编写本书的目的。

前言

目　录

古代奥运会的起源与发展

古代奥运会的起源

古代奥运会起源的传说

有着欧洲文明发源地之称的古代希腊，也是古代奥林匹克运动的发祥地。在希腊首都雅典西南面，在湍急的阿尔菲奥斯河和克拉德河交汇处的奥林匹亚“圣地”，就是古代奥林匹克运动会的会址。这个古代奥林匹克运动会的竞技场，就是今天我们奥运火炬熊熊燃起的地方。

这里曾是古希腊的宗教圣地，有瑰丽的宙斯庙和赫拉庙，有世界七大珍奇之一的宙斯雕像以及宏伟的体育竞技场。

但是，这个延续了1000多年的古希腊灿烂文化的遗址，并未因岁月的流逝而失去其光彩，也并未因历史的变迁而为世人所淡忘。它依旧是我们今天体育运动的“圣地”。历史已经过去1000多年，然而，今天，当奥林匹克“圣火”熊熊燃起，当奥林匹克运动以不可阻挡之势席卷全球，当五洲青年在公平、团结和友谊的气氛中欢聚一堂时，人们会不自觉地想到古代奥运会，想起那些富有神奇色彩的有关古代奥运会的神话。

关于古代奥运会的起源，众说纷坛。人们为延续1000多年、历史悠久、影响深远的古代奥运会的起源，赋予了许多美丽动人的神话。而这些广泛流传的神话故事又给古代奥运会的起源蒙上了一层神秘的面纱。人们从这些美丽动人的神话故事中不仅能够捕捉到一些关于古代奥运会起源的信息，而且也能够从中体会出希腊人民对古代奥运会的美好构想。

有一则神话说，宙斯的父亲克罗诺斯想把王位传给宙斯，但是，他又对宙斯的本领放心不下。因此，他想考验一下儿子的本事，他想如果宙斯能够顺利通过他的考验，他就可以放心地把王位传给宙斯。经过深思熟虑，他选择与宙斯比武。比武之前，父子双方商定：如果宙斯获胜，王位就传给他。但克罗诺斯武艺超人，力大无比。要与自己的父亲比武，取胜的把握到底有多少，连宙斯自己也不清楚。但是，宙斯决心把握这次机会，于是勇敢应战。宙斯认真备战，对比武的形势进行了分析，并决心以自己的勇敢和智慧去赢得这次胜利。经过几个昼夜的激战，两人斗智斗勇，最后克罗诺斯终于抵挡不住，败下阵来。为了庆祝这次比武的胜利，也为了庆祝自己登上万神之首的王位，宙斯下令举行盛大的庆典活动，体育比赛也作为这一盛大庆典的一个重要部分同时举行。万神之首的宙斯也就成为了神话中古代奥运会的创始人。

把古代奥运会视为人们庆祝胜利的产物，是众多神话故事之一：神话中有一个叫克库洛希的英雄打败了伊利伊王奥格亚史，为了庆祝这次胜利，他在奥林匹克这个地方举行赛跑会，距离为600英尺，优胜者会被授予一顶用橄榄枝编织的桂冠，以示奖励。这则神话故事就把古代奥运会说成是由克库洛希创办和开始的。

关于奥林匹克的起源，有历史可考的则是伊利斯城邦与斯巴达订立的神圣条约。公元前884年，伊利斯发生了一场灾难性的瘟疫，居民一个接一个地病倒、死去。往日繁荣、欢乐的奥林匹亚，变成哀鸿遍野、满目苍凉的景象。就在这时，伊利斯城邦的宿敌斯巴达人却乘人之危向它发动了侵略战争。斯巴达人满以为一举就可以拿下奥林匹亚，没想到却遭到了宁死不屈的伊利斯人的顽强抵抗。斯巴达人久攻不克，在希腊其他城邦的调解下，只好放弃了原先的计划。斯巴达王李库尔格和伊利斯王伊菲特订立了《神圣条约》，规定奥林匹亚为定期举行庆典之地，是神圣不可侵犯的和平圣地，庆典期间，任何人都不得携带武器进入奥林匹亚，否则就是对《神圣条约》的背叛，各城邦都有权对背叛者进行制裁。《神圣条约》贯彻伊始，便认为是古代奥运会开端之时。伊菲特成为传说中的古代奥运会创始人。

神话和传说并不是无谓的幻想，它反映了远古时期希腊先民对于自然界、人类社会的一种朦胧认识，它表达了人类在童年时期的精神面貌和理想追求，也一定程度地反映出了人们的历史观、道德观和宗教观。以上神话和传说从一个侧面反映了希腊先民最初举办奥运会的动机和对它寄予的希望，透过这些神话和传说，我们可以隐隐窥视出古代奥运会产生的端倪。不过神话和传说毕竟不是现实，它仍然是人们幻想和随意加工的产物。要真正还古代奥运会起源一个本来面目，还得从古代希腊的社会生活和历史中去寻找。

古代奥运会产生的历史条件

古希腊自然环境

古希腊位于巴尔干半岛南端的欧、亚、非三洲交界处。东临爱琴海，与西亚的波斯帝国遥遥相对；西濒爱奥尼亚海；南隔地中海与北非的埃及相望。漫长曲折的海岸线和众多的海湾岛屿形成许多天然良港。这些自然条件为希腊人的海上交通、对外贸易以及文化交流提供了极大的便利。

优越的地理位置，使古希腊成为多种文化的交汇之处，并因此加快了社会发展的进程，在科学、文化、艺术和体育等众多领域里为人类作出了卓越贡献，成为西方文明的发祥地。古希腊境内丘陵起伏，气候温和，但只有少许盆地适宜农耕，这使得希腊人的生活必须面向大海。这种自然条件在相当程度上决定了希腊民族的生活方式，形成了希腊民族的性格。温和舒适的气候，使希腊人以徜徉户外为莫大乐趣，造就了希腊人喜欢户外体育活动的习惯和崇尚自然的审美情趣；与大海为伴的生活又养成希腊人心胸开阔、思变好动和敢于冒险、勇于竞争的性格。

古希腊奴隶制

古希腊的发展大致经历了爱琴文明、荷马时代、古风时代、古典时代及马其顿统治时代等几个阶段。从时间上来看，爱琴文明存在于公元前20至12世纪，荷马时代存在于公元前11至9世纪，古风时代存在于公元前8至6世纪，古典时代存在于公元前5至4世纪中叶，而马其顿统治时代存在于公元前4世纪晚期至公元前2世纪中期。从人类社会发展的阶段看，古希腊的发展经历了原始社会到奴隶社会充分发展的时期，按以上时间分期，从古风时代起，古希腊社会进入了奴隶制时期，尤以古典时代为最盛。古代奥运会的存在时间公认的是从公元前776年至公元426年，从时间上可以看出古代奥林匹克运动产生于荷马时代末期，在希腊灭亡后还延续了600多年的历史，但奥运会的全盛时期出现在公元前431年伯罗奔尼撒战争爆发之前，至今仍为人们津津乐道的古代奥运会盛况也大多在那段时期发生。这就可以很清晰地看出古希腊奥运会与古希腊的奴隶制产生同步，同时在古希腊奴隶制全盛时期，古代奥运会也达到了它的全盛期。

公元前11至8世纪，希腊氏族社会逐步瓦解，城邦制的奴隶社会逐渐形成，在古希腊的大地上建立起了200多个奴隶制城邦，这些城邦国家各自为政，大小城邦独立自主，城邦间的纷争不断，整个希腊没有统一的君主。

随着奴隶制度的确立和巩固，生产力得到进一步的解放，古希腊经济迅速发展。手工业发达，商业繁荣。为了促进初期的商品经济发展，人们迫切要求打破城邦界限，进行经济、文化等方面的交流。这就为各城邦共同的社会活动包括祭祀庆典、竞技运动，提供了良好的社会环境。古希腊的城邦奴隶制为希腊文化的繁荣创造了条件。

古希腊人的竞技运动习俗和传统，到了奴隶制城邦时期逐渐发展成为一些经常开展的竞技运动比赛。当时，开展的各种竞技运动赛会成为各城邦显示自己雄厚实力和城邦优越性的一种方式，理所当然地受到各城邦的普遍重视，而得到了进一步的发展。

古希腊奴隶制的自由民阶层由奴隶主贵族、工商业奴隶主、小农和手工业者组成。他们在政治上和经济上有相对平等的权利，使他们在竞技运动中取得相应的平等资格，因而可能在竞技比赛中进行公平竞争，充分地展现自我，使竞赛会成为他们展示传统观念、生活习俗和竞争能力的场合。古希腊城邦奴隶制的这种政治、经济环境促进了竞技运动的发展，铸造了竞技运动的灵魂——平等、竞争的精神。

因此，希腊的奴隶制是古希腊奥运会产生的社会根源。

竞技运动的发展

早在氏族公社时期，古希腊人就喜好竞技运动，竞技运动在希腊人的生活中占有重要位置。据荷马史诗《伊利亚特》和《奥德赛》记载，当时古希腊人在播种收获、婚嫁丧娶、宗教祭祀和其地一些比较重要的社会活动中，就喜欢进行各种竞技活动，如角斗、掷石饼、赛跑、跳跃、拳击、赛车和舞蹈等，优胜者被看作英雄，得到奖品，受到尊敬。古希腊早期的这种非正式的、自发的竞技运动，经过不断发展，逐渐形成了古希腊人生活中的一种习俗传统。正是古希腊人这种特有的习俗传统为后来古代奥运会的产生奠定了广泛的群众基础。

古代奥运会遗址

古代奥运会运动场所在地奥林匹亚（Olympia），距希腊雅典数百公里，是人类奥林匹克运动会的发源地。罗马帝国的统治，公元6世纪的大地震以及附近河流的泛滥使曾经盛极一时的奥林匹亚城变成了废墟，渐渐隐没在历史的繁华背后。

奥林匹亚位于希腊首都雅典西南300公里的丘陵地区，在伯罗奔尼撒半岛西部，阿尔菲奥斯河北岸（距洞口16公里）。18世纪始，一批又一批的学者接连不断地来到奥林匹亚考察和寻找古代奥运会遗址。1766年，英国人钱德勒（C. Chandler）首次发现了宙斯神庙的遗址。此后，经大批德国、法国、英国的考古学家、历史学家们对奥林匹亚遗址进行大规模的系统勘查、发掘，至1881年取得了大量有关古代奥运会的珍贵文物和史料。1936年第11届奥运会后，因有部分余款，国际奥委会决定用这笔款项继续对奥林匹亚遗址进行发掘，发现并复原了体

奥林匹亚古遗址

育场。

遗址东西长约520米，南北宽约400米，中心是阿尔提斯神域，是为宙斯设祭的地方，从发掘资料看，长仅200米，宽175米。神域内的主要建筑是宙斯神庙和赫拉神庙，此外还有圣院、宝物库、宾馆及行政用房等。最早的建筑物可上溯到公元前2000至前1600年，其中尤以位于中部的宙斯神庙（约公元前470年建）最为著名。该神庙长约66米，宽30米，东西两端各有6柱，南北两面各有13柱，皆以石料精制。其东西两座山墙上的群像，表现了希腊英雄珀罗普斯在奥林匹亚赛车和希腊人与半人半马怪兽斗争的神话故事，是早期古典雕刻的代表作。

神域东北侧为体育场，四周有大片坡形看台，西侧设运动员和裁判员入场口，场内跑道长210米，宽32米。它与附近的演武场、司祭人宿舍、宾馆、会议大厅、圣火坛和其他用房等共同构成了竞技会的庞大建筑群。现遗址上建有奥林匹克考古学博物馆，馆内藏有发掘出土的文物，包括大量古代奥运会的比赛器材和古希腊武器甲胄等。

被史学家认为是“世界七大奇观之一”的如今也只剩下了只光片羽，巨大而苍老的石头峥嵘地立于大地之上，任凭风雨侵蚀，默默地诉说着神庙那永远沉寂的历史。高达13米的宙斯巨像，用黄金、象牙镶嵌，宙斯神庙约建于前5世纪后半叶，传为古典雕刻大师菲迪亚斯（Phidias）所作，是古希腊极盛时期雕塑的代表，极为宏伟精美。

赫拉神殿是希腊众神殿中最古老的一座，建于公元前7世纪上半叶。至今，每届奥运会的圣火，就在赫拉神殿前的广场上点燃。

奥林匹亚竞技场至今仍保持原貌。这个公元前4世纪经过扩建的运动场，长200米，宽175米，处于长满橄榄树、桂树、柏树的丘陵地带。一侧的石制看台仍然完好，石灰石铺的起跑点尚依稀可见。俯瞰全场，层层石阶，好似一圈圈水面上的涟漪，可容纳数万观众。

这个延续1000多年的古代奥运会遗址，至今仍是世界体育运动的圣地。

古代竞技场遗址

古代奥运会的盛况

泛希腊的宗教盛典

古代奥运会是以祭祀竞技为主，内容和形式丰富多彩的综合性的祭祀盛会，是泛希腊的宗教盛典。

在古代奥运会前夕，奥林匹亚这个充满神奇魅力的“圣地”，吸引了许多希腊人前往。当那些分赴各城邦通知奥运会召开日期和有关注意事项的特使来到人们中间庄严宣布“神圣休战”月开始时，各地的人们或驾车、或坐船渡海、或徒步从四面八方络绎不绝地涌向奥林匹亚。人们穿着节日的盛装，带着各种祭礼和工艺品、农副产品等，怀着虔诚和愉快的心情参加这四年一度的盛大聚会。那些远道而来的人们在阿尔菲奥斯河岸搭起五颜六色的帐篷，在进行了简单朝拜诸神的仪式后，纷纷投入观光、游览、社交和娱乐活动之中。平日寂寞的奥林匹亚充满了喜庆的色彩，整个希腊也沉浸在祥和、友好的欢乐气氛之中。

在盛会期间，每天都要举行各种宗教仪式，最为隆重的要数第一天的宙斯神祭祀。这天，人们从四面八方来到祭坛前，以百头公牛为牺牲，献祭神坛。然后，隆重的奥运会盛典便在熊熊燃烧的圣火中宣告正式开始。

完成各项祭祀仪式后，在宙斯神像前要举行集体宣誓仪式。运动员和他们的父兄以及教练员要一起面向宙斯像宣誓自己从来没有做过任何违背奥林匹克运动会规章的事情。作为运动员，还要向神灵保证自己严格地遵照规定经过十个月连续不断的训练。负责对运动员资格审查的官员也必须在宙斯的神像前宣誓，保证他们执法公正和没有接受任何贿赂。

古代奥运会的比赛从清晨开始，有时可能进行到深夜，刮风下雨也不停止。古代奥运会的各项比赛十分激烈，观众兴奋异常，场面非常热闹。有时，用三合土建造的能容纳四五万人的竞技场被观众挤得水泄不通，甚至连山坡上也有观众观看比赛。他们呐喊助威，欣赏着运动员们健美的身姿和娴熟的技艺。而赛场内，运动健儿们更是你争我夺，为获取胜利奋力拼搏。不过，体育比赛只是四年一次的奥林匹亚祭祀圣会的内容之一。在奥运会举办期间，除了这些让人陶醉的体育比赛之外，还有其他丰富多彩、形式多样、内容各异的文化活动。来自各城邦的政治使节们纷纷利用这一机会，频繁地开展各自的外交活动，忙着聚会讨论政治、缔结条约；那些著名的学者在紧张地进行学术讨论，介绍他们的学术成果和理论，讨论人类社会和自然界的众多问题；哲学家向人们滔滔不绝地宣扬他们的哲理和思想；文人墨客们把自己捕捉到的一点点灵感变成艺术作品，炫耀给那些前来参观的人们；小商小贩也充分利用这一盛会展销自己精心编制的手工艺品……社会各界无不展示他们各自的才华，进行着竞技场外的另一种交流和竞赛。古代奥运会为古希腊各地的人们提供了机缘，它成了展示全希腊民族精神风貌的大舞台。

惩罚

古代奥运会的比赛规则十分严格，违者要受到严厉的惩罚。这表现了他们的荣辱感。古希腊人认为，奥运会是神圣的，光明正大地取胜才是最光荣的，反之，则是对神圣事业的亵渎。

古代奥运会对弄虚作假者深恶痛绝。第 90 届古代奥运会上，一个名叫利哈斯的选手获得了冠军，他自称是斯巴达人，但经核实，他是另一个城邦的人，于是被取消了名次。古代奥运会对于行贿受贿者更是严惩不贷，不仅要剥夺冠军的称号，还要罚重金以警世人，罚金则用于雕刻宙斯像。第 98 届古代奥运会上，一拳击运动员因买通另外三名敌手取胜，结果四人皆被罚重金。古代奥运会的组织者用这四人的罚金雕刻了四尊宙斯像，其中一尊还刻上以下警句：奥林匹克的胜利不是可用金钱买来的，而需依靠飞快的双脚和健壮的体魄。

“奥林匹克神圣休战”制度

古希腊人在古代奥运会中就已经推出了“奥林匹克神圣休战”制度，城邦之间签订了意义深远的《神圣休战条约》。条约规定，奥林匹亚为神圣的无战争区，任何人不得将战火引入奥林匹亚；奥运会举行期间，所有作战方必须实行休战，违背此原则，就是对神的背叛，各城邦均有权对背叛者进行制裁。

古希腊人为感激普罗米修斯，在奥林匹亚为他修建了庙宇。每逢奥运会开幕之前，奥林匹亚所在的伊利斯城邦必须选派三名经过严格挑选的纯希腊血统的运动员，头戴橄榄枝编就的桂冠，在宙斯神殿的“圣火坛”前，接过希腊少女经过宗教仪式用凹凸镜点燃的太阳火炬，跑遍整个城邦，传谕联合城邦的告示，并宣布奥林匹克竞技会即将举行，“神圣休战”开始，邀请人们参加奥运会。这也是“持火炬跑”的起源。当火炬回到奥林匹亚村时，竞技赛会将在“圣火”中宣布开幕，这“圣火”按照神示，必须要到竞技会结束时才能熄灭。这也是现代奥运会开幕式上点燃“圣火”仪式的渊源。他们所到之处均受到热烈欢迎。这些和平使者一边奔跑，一边高喊：“停止战争，奥运会就要开始！”奥运会虽还未开幕，但“神圣休战月”却先期而至。希腊各城邦之间的道路随之全部自由通行，竞技者纷纷从四面八方奔向奥林匹亚，抓紧训练、跃跃欲试。可容纳四万余人的奥林匹亚竞技场披红挂绿、一片歌舞升平。人们似乎忘记了积怨、仇恨，都全力以赴地准备参加另一场战斗——奥运会角逐。

“神圣休战”一经宣布，整个伊利斯城邦便成为宗教圣地，在“神圣休战”期间，必须停止一切内外战争，任何人不准动用武器并严禁把武器带入奥林匹亚地区；所有道路一律畅通无阻，不准侮辱前去参加盛会的人；任何人不准进行偷盗、抢劫、卖淫等不道德行为；违背“神圣休战”规定的人或城邦将受到联合城邦的惩罚；各城邦的教练员、运动员要做好参加奥林匹克竞技会的一切准备工作，并按期到达集中训练和竞赛的场地。奥林匹克“神圣休战”最初有效期为一个月，后来由于地中海沿岸古希腊的殖民地城邦国家也都来参加，因此休战时间便延长到三个月。

但是，在希腊历史上也曾发生过数次破坏“神圣休战”的事件。根据有关历史披露，首次破坏了《神圣休战条约》的是伊利斯城邦，事情的起因是伊利斯决定要夺回由敌对城主办奥运会的权力，为此兵临奥林匹亚，并打败了那些抢夺者。公元前350年，马其顿国王菲利普的士兵，在“神圣休战”期间抢劫了一个去参加奥运会的雅典人的财物。菲利普知道触犯规定是不可饶恕的，只是托词说事先不知道已经宣布了“神圣休战”。尽管如此，他仍然受到了各城邦的强烈谴责，并受到了应得的处罚。公元前420年，在“神圣休战”宣布后，斯巴达人攻打了伊利斯城邦的一个镇子，伊利斯便根据规定，按每名士兵罚款两个“米那”计算，要斯巴达人交罚金2000米那（相当于20万只羊的价钱）。斯巴达人抱怨说，他们实在不知道“神圣休战”已经宣布，拒不交罚金，伊利斯城邦就毫不客气地禁止斯巴达人参赛。

“神圣休战”延续了1000多年，使古代奥运会摆脱了战争的干扰，成为和平与友谊的盛会，体现了古希腊人渴望和平的意愿，并对现代奥运会产生了深远的影响。

古代奥运会火炬点燃仪式

奥运会期间在主会场燃烧的火焰即是奥林匹克圣火，象征着光明、团结、友谊、和平、正义。古代奥林匹克运动会点燃圣火的仪式，起源于古希腊人类上天盗取火种的神话。大力神普罗米修斯为解救饥寒交迫的人类，瞒着宙斯到阿波罗太阳神处偷取火种带给人间，而火种到了人间后就再也收不回去。宙斯只好规定，在燃起圣火之前，必须向他祭祀。于是古代奥运会开幕前必须举行隆重的点火仪式。

火炬取火仪式

每当奥林匹克运动会举行之前，伊利斯城邦便要选派经过严格挑选的三名纯希腊血统的运动员，在奥林匹亚宙斯神像前，接过古希腊少女经过宗教的仪式在祭坛上点燃的火炬，并高擎火炬，跑遍古希腊全境各个城邦，传谕“神圣休战”的告示。于是火炬成了一道无声而不可抗拒的命令，以至高无上的权威令人们肃然起敬。所到之处，人们无不服从，即使剑拔弩张的地方、激烈交战的城邦也不得不罢戈息兵，听令火炬所带来的训示。

当火炬回到奥林匹亚时，古代奥运会便在圣火中宣布开幕。按照神示，圣火一直要等到运动会结束才能熄灭。后来点燃奥运会圣火的仪式还演变出一项持火炬的接力赛跑，优胜者被授予最高的宗教荣誉。

古代奥运会开幕式

古奥运会是全体希腊人最隆重的宗教祭典活动，因此，各种仪式和礼仪活动都被希腊人视为神圣而不可违背的，否则将受到神的惩罚。

古奥运会的第一天要举行隆重的开幕仪式。首先是由伊利斯城邦的宗教领袖主持祭祀典礼。隆重的祭礼以在祭坛宰杀成群的牲畜开始，它们是人们献给宙斯的祭品。人们把100头公牛宰杀洗净后放在一个很大的平台上，接着，大家把它们的足爪割下来放在坛基上火化，再从剩余的残灰中悟出神的谕示来。在祭祀宙斯后还要祭祀其他众多神祇。

祭神仪式完成后便是运动员、裁判员的宣誓仪式。这一仪式是在市政大厅的宙斯像前举行。运动员要手摸着热气腾腾的猪内脏，向神灵保证自己已严格遵照规定经过了10个月连续不断的训练，并保证在比赛中做到公平竞争。负责对运动员资格审查的官员也必须在宙斯神像前宣誓，保证他们执法公正和没有接受任何贿赂。在运动员举行宣誓后，裁判员也进行宣誓保证公正执法。

最后，参加朝圣的人们纷纷虔诚地把带来的佳肴祭品放上祭坛献给万能之神宙斯，整个古奥运会开幕式的仪式才算完成。

古代奥运会的特色

古代奥运会有三大特色。

第一，古代奥运会是以祭神为主，内容丰富多彩，是形式多样的全希腊综合盛会。

古奥运会不是单一的体育竞技，它是以祭神为主，内容丰富多彩、形式多种多样的全希腊综合盛会。这是其特色之一。

古希腊是一个泛神论的国家，祭神活动的庆典很多。

残缺的宙斯神庙

这些地方为了祭祀神灵，都在一定时期举行盛大的庆典，这四大中心的庆典，经过发展和演变，奥林匹亚的庆典大大地超过其他 3 个，因此也最负盛名。奥林匹亚庆典主要是祭祀主神宙斯，而内容则有朝拜、祝祭众神、诗人朗诵作品、演讲家发表祝词、开展集市贸易等，体育竞技只是其中的一项活动。随着社会的发展，奥林匹亚庆典的这些活动不断扩大和充实。诗人、作家、艺术家、演讲家的表演，逐渐演变成了比赛，优胜者的奖品也是一顶橄榄冠。

奥林匹亚庆典的集市贸易，最早是一种简单的互通有无的活动。后来，增添了艺术品、工艺品、贵重物品的展销。从规模和内容来看，有些像现在的博览会。而庆典的承办者则利用集市贸易征收税款，用以资助盛会。

奥林匹亚庆典的体育竞技，它本身就带有比赛性质，最吸引人，也最受欢迎，所以又叫做奥林匹亚赛会。

古奥运会的这些特色和传统，在最初几届现代奥运会中，仍有所延续和反映。

第二，古代奥运会是希腊各民族文化的一部分，它起到了团结各族人民、维护国家统一、减少和制止战争的积极作用，与政治有着极为密切的关系。

古奥运会是希腊各民族文化的一部分，因而格外受到尊重。古奥运会也确实起到了团结各族人民，维护国家统一，减少和制止战争的积极作用。由此看来，从古奥运会产生起，它就与政治有着非常密切的关系，这是它的又一特色。

古奥运会作为一个规模很大的体育活动，既是显示运动员个人体能、体力、健美的时机，又是对各氏族各城邦力量、生产水平和征服自然能力的检阅。无疑，这些都是古奥运会的积极方面。但是，由于当时社会处于奴隶制时期，它必然带有这种制度的特点，受到很大的历史局限，形成许多消极的东西。最突出的是奴隶主、贵族把古奥运会变成他们显示权威、炫耀豪富，甚至搞政治阴谋的场合。

在公元前 7 世纪 30 年代，有一个叫库隆的运动员，曾获得过古奥运会的冠军。在他成了墨加拉的僭主忒阿革涅斯的女婿之后，身份陡增，权势日大。他就曾利用古奥运会发动过一次政变，企图夺取最高权力。

在最后的几届古奥运会上，希腊的“藩邦”阿尔美尼亚的王子巴拉达斯吉，获得拳击比赛的冠军。在回国的时候，群众把他当做天神一般来欢迎、朝拜。他就利用这一荣誉和声望，夺取了阿尔美尼亚的王位。

虽然，库隆的野心未能得逞，巴拉达斯吉的事例也不多见，但这些清楚说明了古奥运会与政治的关系从来都是密切的。

第三，由古希腊的风俗习惯、艺术风格、地理环境和物质生产等因素决定，“赤身运动”是它的一大特色。比赛时，要求裸体的运动员全身涂上橄榄油，以使身体在阳光的照射下熠熠生光，肌肉更富有弹性，更加显示出运动员健美的体态，使人们从中得到一种美的享受。

另外，古希腊奥运会的规则规定：禁止女子参加和参观比赛，违反者要受到极刑处置。原因有二：一是古代奥运会的大部分比赛项目，在相当长的时间内，要求运动员赤身裸体进行比赛，妇女到场有伤风化。二是古希腊的体育竞技，是宗教庆典内容之一，是不允许妇女出席的。

每逢奥林匹克运动会召开之时，希腊各地乃至最远的殖民地，都有大批世家贵族的子弟赶来参加。他们事先作过长期的准备，过着特殊的生活，勤修苦练。在奥林匹克竞技场上，在掌声雷动的观众面前，他们便毫不介意地赤身裸体，参加许多竞技项目的角逐。他们把展示矫健的身躯和夺取奥运会优胜视为最高的荣誉。

其实，在最初几届奥运会上，运动员并非裸体参加比赛。传说在最初的几届奥林匹克竞技会上，选手在比赛时于腰上束一种叫做“兜裆布”的东西。相传这是从荷马时代传下来的习惯。后来之所以出现“赤身运动”，据说是由于一次偶然的事件引起的。在公元前724年的第15届奥运会上，墨加拿城邦年轻的运动员奥尔西波斯，在赛跑比赛中不慎把束在自己腰上的“兜裆布”给散落了，但他仍然坚持比赛。赤身裸体的奥尔西波斯使观众耳目一新，人们从他身上看到了肌肉的健美，感到男性特有的魅力，给人们留下了深刻的印象，人们觉得裸体竞技更能体现运动员形体的健美和姿态的动人。从此以后，运动员开始不再着任何服饰，而以裸体的面貌出现在奥运会的赛场上。后来，“裸体竞技”便形成了一种风尚，风靡一时，一直延续到古代奥运会行将结束的时候。

裸体竞技前，运动员们都用橄榄油擦身。据说这样做有几大益处：既可以保护皮肤，防止日光曝晒；可使裸露的古铜色皮肤在阳光下熠熠闪光，显得格外矫健优美、英武有力，给人一种美的享受；同时还可以使皮肤滑润，肌肉灵活，富有弹性，有利于比赛。

其实，从文化学角度考察，“裸体竞技”之所以兴起并很快成为风尚，与古希腊人特殊的审美情趣有极为密切的关系。在古希腊人看来有宽阔的胸膛、灵活强健的臂膀、虎背熊腰的躯体、能奔善跳的腿脚的人是最健美的人。而理想的人物，不仅要有思想、有意志、有卓识，还必须是血统好、发育正常、体格匀称，身手矫捷并擅长运动的人。古希腊人不但注重用体育锻炼培养健美的人体，还十分注重对人体健美的表现，而用裸体显露人体的健美是一种最自然的形式。

但是，“裸体竞技”只是适合于一些比赛项目，对于另外一些比赛项目，如采用“裸体竞技”就没法进行。因此，在古希腊，古代奥运会也并不是所有项目都采用“裸体竞技”，如赛马、武装赛跑就必须穿上服饰。

正是由于当时人们对于人体健美的这种认识和追求，使得古希腊人在健身场、竞技场，甚至在庄严的宗教场合也不耻于身体的裸露，以至于他们把展示矫健的肉体看作是一种异常纯洁和高尚的行为。所以，当古代希腊运动员从容自如地脱掉衣服走向奥运会这样带有一定宗教色彩的场所时，受到的是人们坦荡无邪的欣赏和羡慕不已的赞美，绝没有人为此惊骇或指责。而人们能够以一种坦荡无邪的态度去对待裸体竞技，体会到一种健康的纯洁的美感，在热烈的气氛中，运动员们动作更显单纯、自然、悦目，人们也能更好地体会那种矫健纯洁的英武之美。

古奥运会兴衰史

古奥运会从发展到消亡的过程，都和希腊的政治、经济、文化的发展密切相关。在延续了1170年的历史中，每隔四年都如期举行一次运动会，即使希腊在受到敌人威胁时，也没有取消运动会。整个兴衰过程可分为5个阶段。

第一阶段：从公元前776年至前720年，称为“埃拉多斯阶段”（“埃拉多斯”为希腊的古称）。在这个阶段中，奥运会多属于节日庆典的形式，并且带有浓厚的宗教和民族色彩。

第二阶段：从公元前720年至前576年，称为“斯巴达人阶段”。这个阶段斯巴达人的势力达到了全盛时期，男性从12岁起，几乎终身从事军事训练和战争，他们几乎垄断了古奥运会，在古奥运会上获得优胜的运动员中，大部分是斯巴达人。

第三阶段：从公元前576年至前338年，称为“全希腊阶段”。这一阶段古希腊的政治、经济、军事与文化非常发达，正值古希腊的全盛时期。古奥运会成了全希腊人的重大节日，无论是比赛项目还是参加的人数都是空前的。所以，这一时期也是古奥运会的鼎盛时期。

第四阶段：从公元前338年至前146年，称为“马其顿阶段”。由于斯巴达和雅典长期的伯罗奔尼撒战争，使希腊国力大减。公元前338年，希腊军队与马其顿菲利普二世的军队在喀罗尼亚城进行交战，马其顿人获胜，此后，在希腊建立了马其顿的统治。马其顿人为了笼络人心，还保留了古奥运会，但是为了显示其统治的权威，专门训练一批武士去比赛以垄断赛事。因此，在这一历史时期的古奥运会上，大部分运动员是“职业性”的运动员。

第五阶段：从公元前146年至公元394年，称为“古罗马阶段”。古奥运会由衰落走向毁灭。当时罗马帝国日益强大，不断扩张侵略势力，于公元前146年吞并了希腊。公元66年，罗马君主尼罗在奥运会圣地奥林匹亚修建了一座华丽的宫殿，并亲自参加古奥运会战车比赛。以凶暴残忍而闻名的尼罗，使古奥运会变得冷冷清清。公元393年，罗马皇帝狄奥多西一世宣布基督教为国教，他把古奥运会看做对基督教不虔诚的活动，下令取缔了它。翌年应该举办的古奥运会就停止了。这样，历时1100多年，举行过293届的古奥运会就此消亡了。

公元395年，拜占庭人与歌德人在阿尔菲斯河岸发生激战，使奥林匹亚各项设施遭到惨重的毁坏。后来继位的狄奥多西二世，又在公元426年下令焚烧奥林匹亚的建筑物，于是这些象征古希腊辉煌的文化瑰宝，就在这个暴君手里毁于一旦。公元522年和551年，希腊又连续发生了两次强烈地震，奥林匹亚终于遭到彻底的毁灭，成为埋藏在地下的一个废址。

古奥运会充分反映古希腊文化的辉煌成就。虽然它不是国际性的体育竞赛，但为世界体育运动的发展积累了相当丰富的经验，是现代奥运会的雏形与渊源。

1852年1月10日，德国柏林大学教授埃·库尔季斯在遍访伯罗奔尼撒半岛回国后，发表了有关古奥运会的长篇演说，在社会上引起较大的反响。他的发掘奥林匹亚的计划得到政府的支持。

1871 年，德国与希腊达成了全面发掘古奥运会遗址的条约。1875 至 1881 年，由库尔季斯率领的德国学者对奥林匹亚进行了为期 6 年的发掘。1881 年，古奥运会遗址的主要设施终于重见天日。

1887 年，柏林展出了从奥林匹亚发掘出的大量文物，激起人们对奥林匹克运动的憧憬，人们期望奥运会尽快回到现实中来。

古代奥运会赛程

古代奥运会的竞赛章程

在古代奥运会诞生以后，很长的一段时间里，奥运会并没有一个严格的规章制度，每次举办奥运会都由裁判员组织和协调。直到公元前561年，古希腊哲学家卓罗斯为古代奥运会起草了一份竞赛章程，章程上的有关规定一直是奥运会必须遵守的规则。

（1）竞技赛会的组织者由奴隶主贵族的代表人物——地方官员和宗教头面人物具体负责，他们有权决定运动员和观众的资格。

（2）竞技赛会的仲裁委员会由宙斯神殿中的专职祭司和经过选举产生的裁判人员共同担任。

（3）凡在比赛中贿赂裁判或行为不检点的人要被罚以巨款。

（4）竞技比赛只能在个人之间进行，不能在团体之间进行。

（5）竞技者必须是希腊人，必须在政治上、道德上、宗教上、法律上没有污点，其身份必须得到裁判员的证明。

（6）女子不能参加和参观比赛，违者处死。

这些规则集中反映了古希腊奴隶制城邦制度在经济、政治、社会、宗教和文化方面的诸多特征。

古代奥运会的裁判员和教练员

裁判员

古代奥运会的裁判员享有极高的荣誉和极大的权力。他们有以下职责：

（1）奥运会开始前，提前到伊里斯学习比赛规则。

（2）按规定对运动员进行资格审查。

（3）监督运动员训练、讲解运动道德。

（4）向希腊各城邦下达“神圣休战”命令。

（5）带领运动员宣誓。

（6）组织比赛、决定优胜者和执行判罚。

古代奥运会上的第一个裁判员是德尔法国王依费托斯，以后改为由伊里斯人继承。在奥运会最初的 200 年间，只设一名裁判员。公元前 580 年，改为两名裁判员。公元前 480 年，裁判员增为 9 人，并从中选出一名裁判长，开始出现了比较明确的分工：3 人负责五项竞技，3 人负责车马赛，另外 3 人负责其它比赛。公元前 384 年，正式确定裁判员人数为 10 人，不再增减。裁判员要在宙斯神像前举行庄严的宣誓仪式，他们保证不接受贿赂，保证光明正大地履行裁判员的职责。

在奥运会上，如对裁判的判决不服，可以上诉，如确系误判，裁判将被罚以重金，但判决不能被推翻。

教练员

古代奥运会的教练员是从效忠城邦和富有战斗经验的老战士中挑选出来的，他们大多在大型竞技会上获得过优胜，并在文化知识、道德修养、医疗保健、营养卫生、训练方法以及心理学等方面有较高水平，因而深受人们的尊敬和信赖。许多教练员都把古希腊著名医学家和养生家的理论广泛地运用到运动训练中，帮助运动员在大运动量的训练和比赛后，体力得到尽快恢复，以利于提高运动员素质，创造优异成绩。教练员还要努力把竞技者培养成沉着、冷静、善于控制自己的选手，以便应付竞技场上出现的各种情况。

古代奥运会的运动员与优胜者

运动员

古代奥运会有十分鲜明的民族色彩和宗教色彩，所以对运动员的身份有严格的规定：

（1）必须是纯希腊人。

（2）必须是自由人。

（3）必须是男子。

运动员也要在宙斯神像前举行宣誓仪式，他们保证不以非法手段取胜，保证不破坏奥运会规定。当一系列考查合格后，他们的名字就被写在一块木板上，挂到奥林匹亚最显眼处。从这时起，他们便不能以任何理由退出未来的比赛，只能为了夺取冠军而进行不惜一切的拼搏。

优胜者

古奥运会的优胜者在全希腊极受人们的尊敬和崇拜，冠军的称号不仅给优胜者本人，而且也给优胜者的父母和他所在的城邦带来极大的荣誉。在希腊人的心目中，获得奥运会冠军称号的人是宙斯神最喜爱的勇士，是全希腊最优秀的公民，因此，所有参加奥运会的竞技者都认为比赛的目的就是获得冠军。

古代奥运会冠军的奖品是橄榄枝编成的花冠，这是古代奥运会上最神圣的奖品，得到它是至高无上的荣誉。

返回家乡的优胜者要受到隆重的欢迎，城邦政府还要给予优胜者丰厚的待遇，如免除一切赋税，终身由国家供养，在剧场保留最好的位置等。

为了永久纪念优胜者，奥运会还决定在奥林匹亚神庙区给获得过三次冠军的优胜者塑像。为优胜者塑像的艺术家，不少人是古希腊最杰出、最伟大的雕塑家。

古希腊人对一些特别健美的优胜者敬之如神，民间有疾患，皆去求救，对优胜者的崇拜达到了登峰造极的程度。

古代奥运会祭礼仪式

在古奥运会举行期间，差不多每天都有各种不同的仪式，其中以各城邦共同举行的对宙斯神的祭礼最为隆重。

按照传统，这一仪式安排在运动会的第一天举行，参加者只有成年男子。这个仪式每届都由东道主伊利斯人主持，其他城邦的代表，对于宙斯神纵然怀着同东道主一样的虔诚，也只能充当陪祭的角色。

在赫拉神庙和珀罗普斯墓东面的宙斯大祭坛，便是用来举行祭礼仪式的地方。每逢举行这隆重仪式的时候，祭坛四周总要张灯结彩，装点一新。坛上还摆放着许多花圈和珍奇的供品。

当祭司宣布朝圣仪式开始，祭坛上随即燃起圣火，鼎沸的人群顿时鸦雀无声，聆听着祭司们的祈祷之声。此刻，来自各地城邦的长老们已聚集在祭坛的前列，由伊利斯城邦的宗教头面人物主持着祭祀典礼。

隆重的祭礼是以在祭坛宰杀成群的牲畜开始。这些牲畜是人们献给宙斯的牺牲品。届时，人们把 100 头公牛宰杀洗净后放在一个很大的平台上。接着，大家把它们的足爪割下来放在坛基上火化，再从这些残灰中悟出神的谕示来。牲畜的躯体仍留在原处，任飞来的苍鹰啄食。如果苍鹰不领受这番好意，只是把牲畜撕碎后带到天上再抛丢下来，就被认为是最不吉祥的征兆。

每届古奥运会上，在主奠宙斯神后，便按顺序依次敬祭第一祭坛神祇——宙斯和海神波塞冬；第二祭坛神祇——赫拉和智慧女神雅典娜；第三祭坛神祇——太阳神阿波罗和猎神阿耳忒弥斯；第四祭坛神祇——酒神狄俄尼索斯和三个命运女神摩依拉；第五祭坛神祇——森林女神狄安娜和河神阿尔菲斯；第六祭坛神祇——木星萨顿和星河仙女。因为在每个祭坛上都各有两个神位。所以，人们每祭一坛都得围着这个祭坛绕上两圈，才将供物献上。

在奥林匹亚，大小不同的祭坛还有 60 多个，在祭祀宙斯神这天，所有祭坛的神祇都会沾光，因为伊利斯人按传统要在每个祭坛上都摆放供物。

古代奥运会宣誓仪式

古奥运会的宣誓仪式在市政大厅的宙斯像前举行。当年，宙斯像共有 9 个，其中供奉在市政大厅内的那一尊最大。他那威严的形象使邪恶的人感到恐惧。这尊塑像的手上握着雷电。神像的前面，便是竞技者、竞技者的父兄和教练进行宣誓与大会供奉礼品的地方。

宣誓时，运动员和他们的父兄一起要面向宙斯像宣誓自己从来没有做过任何违背古奥运会规章的事情。当时运动员宣誓的誓词是："我谨以公正、纯洁和诚信的态度，遵守本章程的各项条款；决不以任何不正当的方式用于竞技，违背者甘愿接受神的严厉惩处。"然后即是运动员恭行宣誓礼。

尔后，参加朝圣的人们纷纷把带来的佳肴和祭品虔诚地放上祭坛，奉献给主宰人类祸福的万能之神——宙斯。运动会的裁判员也在这里作类似的宣誓，他们保证不接受贿赂，要光明正大地履行裁判员的职责。

宣誓仪式结束后，人群围绕祭坛，或大声祈祷，或欢呼雀跃，沉浸在一片狂热的宗教气氛之中。他们有的在委婉动听的民歌声中，情不自禁地跳起了优美多姿的传统舞蹈，向神灵表达节日的喜悦；有的则为激昂的场面所振奋，即席赋词作诗，朗诵他们华丽的诗篇；有的则把形象优美、诗意盎然的节目自演自唱，自得其乐；有的则随着铿锵有力的民族乐曲的旋律载歌载舞，欢娱无比。古希腊人那股自发的、声气相通的、富有感染力的热情，此时此刻在此种环境中得到普遍的、适宜的、热烈的发挥。

以后，各城邦的运动员便在浓厚的宗教色彩形式下，一面进行各类祭祀庆典活动，一面在各种体育场馆进行竞技比赛。

根据历史文献的描述，古奥运会具有宗教意味的宣誓仪式，特别是刻在宙斯像台基上的对运动员的警语，确曾使一些信仰虔诚的裁判员和竞技者不敢有越轨行为。

古代奥运会抽签仪式

在宣誓仪式之后便举行抽签。古奥运会用抽签的办法来决定竞技者的分组和赛马的起跑位置。其他各项（角力、摔跤、拳击等）比赛进行前，也是用抽签的办法来决定比赛次序和分组。抽签的结果对竞技者能否夺得冠军极为重要。因此，无论是运动员还是裁判员在抽签时都十分认真。

抽签时，裁判员取出一个祭神银壶，里面装着一块抽签号码，上面写着希腊字母。如果是分组抽签，签号便组队编排；如果是决定次序，每个签号上的数字便按照由小到大的顺序填写。竞技者每人抽出一个签后，由裁判员查验，按签上的号数分组或决定比赛次序。如分组时轮空，便可直接进入下一轮比赛，这种轮空的运动员叫做“艾斯菲德尔”。

当时曾出过一次抽签的笑话。当某届古奥运会进行角斗比赛抽签时，正好有一个叫埃格勒斯的人参加。据说这个自出世以来就不能说话的人，在角斗场上却是一个经验丰富的老手。抽签时，裁判员发生错误，埃格勒斯深知抽签关系重大，一时性急，竟脱口说出话来，从此哑病根除。

我们现在显然没有必要从现代医学的角度来对这个笑话的真实性进行考究，但是，毫无疑问，它是我们了解古奥运会赛前抽签作用的有价值的资料。

古代奥运会颁奖仪式

古奥运会的颁奖仪式是庄严和隆重的。在天神主神宙斯像前设一个主持者的席位。报导官把优胜者领至席前，主持者站起身来，从一个特制的三脚台上，取下橄榄冠，给得胜运动员戴上。授冠同时，宣布运动员的名字、比赛成绩、所属的城邦或地方，还特别宣布运动员父母的名字，并加以赞扬。这时，群众唱歌、奏乐、诵诗、鼓掌，并向得胜运动员投掷鲜花，气氛热烈而庄重。

奖给得胜运动员以橄榄冠的做法，始于公元前752年的第7届古奥运会。据说还发一条棕榈枝，运动员右手持枝，以示荣耀。

橄榄冠是古奥运会神圣至上的奖品，是最高的荣誉。古奥运会制作橄榄冠的程序非常讲究而神秘。据说，橄榄冠上的橄榄枝叶必须由一个双亲健在的12岁儿童，用纯金刀子从神树上割下来，然后精心编成。

在古希腊橄榄有它的特殊地位。首先，橄榄可以酿酒、榨油和食用，还可提炼香料、照明油脂和药材，用途很广，经济价值很高。人民生活与它的关系极为密切，由此便对橄榄十分崇敬。其次，古希腊是一个泛神论的国家，如酒神、山神、河神、树神、兽神，甚至人也是神，等等。人们对橄榄十分虔诚，也是不无道理的。再次，古希腊各城邦间战争连绵不断，人民感到厌倦，总想用一种活动、一种象征，来唤起人们制止战争，争取和平。古奥运会、橄榄冠，在一定程度上确实起到了这种作用。奥运会、橄榄枝、和平，在古希腊已成为同义语，甚至流传至今。

在奥林匹亚神殿举行隆重的颁奖仪式之后，运动员便陆续回到自己的家乡。届时，各城邦为了欢迎自己的运动员胜利凯旋，又组织盛大的集会。被城邦选派出来的300名体魄健壮的青年，着盛装、骑骏马，整齐壮观地到村外迎接，村民们在城邦官员的带领下，纷纷拥向街头，载歌载舞，欢呼致意，庆贺自己的运动员得胜荣归。

后来，希腊还规定免去优秀运动员对国家的义务。在剧场或节日盛会上，还为他们设置荣誉席位。有的城邦还发给有功绩的运动员终身津贴。

首届古代奥运会

有史料记载的第1届古代奥运会是公元前776年在希腊的奥林匹亚举行的，是古希腊人最盛大的祭典活动。

古奥运会竞赛项目最初只有赛跑1项，以后陆续增加了摔跤、五项竞技、拳击等。对获胜者的奖励主要是荣誉性的，优胜者得到的是橄榄枝编成的花冠和棕榈枝。古奥运会比赛从清晨开始，有时进行到深夜，刮风下雨比赛也不停止。

古代奥运会的第一个冠军名叫科莱巴，是一个富翁的私人厨师。尽管幼时生性好动，并显示出超人的跑步天赋，但在长大后，科莱巴一心研究厨艺，成为了一名出色的厨师。他的好手艺让一位大富翁“垂涎三尺”。后来，科莱巴被这位富翁以高薪聘请为家庭厨师。几年后，第一届奥运会即将召开的消息让科莱巴跃跃欲试，幼时的天赋怎能白白荒废呢？第一届奥运会只有赛跑一个项目。经过几个月的训练后，科莱巴出现在奥运会田径场上。在小组赛，他获得第一，成功进入决赛，这让他紧张而兴奋。也许所有进入决赛的运动员和科莱巴的心情是一样的。由于过分紧张，有人抢跑。为此，裁判生气了。他喝令这名犯规的运动员趴下，并用鞭子抽打他的屁股。最后，裁判宣布，取消其参赛资格。比赛重新开始，一声令下之后，科莱巴和其他选手一起疾驰而出。看台上，呐喊声震耳欲聋。在接近终点的最后时刻，科莱巴还稍稍落后。此时，他猛然鼓足劲，用力摆动双臂，几个箭步之后，他抢先到达终点。出乎意料的比赛结果使观众为之疯狂，人们长久地欢呼着科莱巴的名字。

为了纪念历史上第一个奥运会冠军，人们在阿尔菲斯河岸的花岗岩石柱上刻下科莱巴的名字，使后人能永久参拜他。

古希腊人规定每四年举行一届古奥运会，并在夏至（6 月 22 日）后第一个望月日开幕。会期最初只有 1 天，公元前 472 年确定为 5 天。

古代奥运会比赛项目

场地跑

公元前 776 年的第一届古代奥运会只设立了一个比赛项目，就是短距离跑，也叫“场地跑”。传说，在古代奥林匹亚祭祀圣殿上，最优美壮观的场面就是点燃赫拉神坛的“圣火”，古希腊人都想获得如此殊荣，但是由于人数过多，让谁来点燃圣火就成了当时的一大难题。所以人们就以竞赛的形式看谁先跑到神坛谁就获得点燃圣火的权利，赛跑运动也因此盛行起来，并且被列为第一届古代奥运会竞赛项目。

场地跑的比赛距离为192.27m，相传是大力神脚长的600倍，古希腊人称之为“斯泰德”。场地跑比赛用的跑道并没有分道线，仅在每隔一米的地方放一块石头作为分道标志，起跑线和终点线也仅仅以插在地上的标枪作为标志。运动员起跑时在脚后放一块石头用来借力助跑，这也是现代短跑运动中起跑器的最早雏形。

在古代奥运会上，场地跑并不以计算时间的方法来确定优胜者。由于每届参加比赛的人数太多，比赛只能分批进行，并且只有在每轮比赛获得第一名的选手才有资格进入下一轮。所以，场地跑只有一位优胜者，而其他选手都意味着失败。奥运历史上第一位场地跑的冠军是一位名为科莱巴的厨师，他也是古代奥运会历史上的首位冠军。不难看出，场地跑在古代奥运史上有着极高的地位，在奥运会比赛中一直起着主导作用。

长距离赛跑

赛跑是人类最基本的体育活动，古代奥运会的赛跑比赛包括持火炬赛跑、长距离赛跑、中距离赛跑、马拉松等。在公元前720年的第15届古代奥运会上，长距离赛跑被正式列为比赛项目。古希腊人把长距离赛跑称为“道力霍萨”。“道力霍萨”的距离一般是“斯泰德（192.27m）”的7至24倍，具体的距离不固定，此后每一届都有变化，但都是在1400m到4800m之间。

从第14届古代奥运会开始，起跑线上的标枪被石板线取代，起跑石板线是分段式的，共有20段，每段还可有两条平行槽。长距离赛跑的运动员当时的起跑姿势是站立式，双脚一前一后，身体前倾在起跑槽上。

从古代奥运会长距离赛跑的距离看，这项比赛相当于现代奥运会的中长跑比赛，如3000m和5000m，这类比赛对运动员的最基本要求就是耐力，运动员在比赛中还需要在速度和耐力之间作平衡。在中长跑比赛中，运动员所运用的战术也至关重要，对于有实力冲击冠军的选手，其比赛中各阶段所处的排位是领跑还是紧跟领跑将根据情况而定。在最后冲刺跑阶段，运动员要运用自己的全部力量，克服疲劳，力争在最后阶段冲刺到达终点，以此来争取一个理想的成绩。

马拉松

马拉松是一项长跑比赛项目，它的由来还要追溯到公元前 490 年 9 月 12 日的一场战役。这场战役发生在离雅典不远的马拉松海边，当时雅典对波斯的反侵略成功，为了把胜利的消息迅速告诉雅典人，奥林匹亚选中了有“飞毛腿”之称的斐力庇第斯。尽管这位长跑能手在战斗中受了伤，但还是毅然接受了这项艰巨的任务。为了让故乡人早点知道好消息，他用尽所有力气从马拉松跑到了雅典广场，并激动地喊道“欢乐……吧！雅典人，我们……胜利了！”随后他便倒地牺牲。

后来，人们为了纪念斐力庇第斯，在第一届现代奥林匹克运动会上将马拉松赛跑设立为正式比赛项目，并且在这次奥运会上，运动员的比赛路线还沿用了当年斐力庇第斯所跑的路线，距离约为 42km，后被精确为 42. 195km。从 1908 年的第 4 届伦敦奥运会开始，马拉松被安排为奥运会最后一个比赛项目，并把终点设立在奥林匹克场馆内。在第 28 届雅典奥运会上，首次将马拉松比赛的颁奖典礼安排在万众瞩目的闭幕式上举行，这也是雅典奥运会的创新之举，更显示出了人们对斐力庇第斯的敬意和对奥林匹克的信仰。马拉松比赛的这一颁奖设计随后被北京奥运会和伦敦奥运会延用。

马拉松比赛是奥运会的“灵魂”之一，这项运动的真谛不在于赢得金牌，而在于在艰辛的过程中练就不可估量的坚韧性格和克服困难的巨大力量。

掷铁饼

掷铁饼运动起源于公元前 12 世纪到公元前 8 世纪古希腊人投掷石片的活动，在公元前 708 年第 18 届古代奥运会上被正式列为比赛项目。古代人为了生存，经常用石块投掷飞禽走兽和采集树果。后来，这项仅为生存的活动逐渐演变成一项体育运动。掷铁饼运动在当时的希腊深受

掷铁饼者雕像

人民喜爱，在民间也广泛开展。

在古代奥运会的掷铁饼比赛中，铁饼最初是用石头制成的，略呈圆形，中心厚度比边缘大，比赛时不限定运动员的姿势，竞技者在手上涂满沙子或泥土，持铁饼前后摆动，在只够一人活动的石头台座上正面站立将铁饼掷出。投掷成绩用木桩标定，最远者用标杆示明，以投掷的远度和姿势的优美程度来判定优胜者。随着这项运动的发展，运动员手中的饼改由青铜制成。

为了颂扬这项运动的精神，著名雕像《掷铁饼者》生动形象地塑造了运动员在投掷铁饼瞬间的优美动作，投掷者全神贯注，用力张开双臂，旋转的姿态富有韵律和节奏感，充分体现了投掷者的曲线美。在现代奥运会中掷铁饼比赛的姿势就是依据这尊雕塑而定的，而且铁饼的形状也和雕塑中的一模一样。所以古希腊人进行的掷铁饼运动深深影响了现代掷铁饼运动。

跳远

作为古代奥运会上唯一的跳跃性竞技项目，跳远原本是用来训练战士跨越沟壑、溪流之类的障碍。古代奥运会首次正式跳远比赛是在公元前 708 年举行的，当时跳远也被列为古代奥运会五项全能运动之一，距今已有 2700 多年的历史。

科学家从绘有古代奥林匹克运动场面的陶瓷器皿表面的图画中发现，当时的运动员们在立定跳远时都手持一种器具。这种器具一般是将石头或铅块制成适合于手持的形状，重量为 2 至 9kg。起跳时尽力向前摆，以产生一种带动身体朝前跳跃的推动力，落地时则向后摆，使身体有一股冲力，这种手持负重物的方法实际上能够使人跳得更远。由此我们可以看出古希腊人已经将力学巧妙地运用到了体育运动中。但是，如果运动员在腾空的过程中不在双手高于肩膀时将助推器抛出，那么在落地时很有可能会向后坐在地上。所以，这要求运动员有很好的身体素质，并进行长期和专业的训练。

另外，古代跳远比赛还有一大特色就是在比赛时有吹笛手伴奏，选手需要根据节奏起跳，这样更有助于竞技者的技巧发挥，并且会使动作显得更优雅。

掷标枪

标枪在石器时代是一种狩猎武器，后来多用于军队装备，是人类历史上最早的远程兵器，希腊斯巴达人的轻装步兵可将标枪投掷 20 至 60m。中国原始社会已有对标枪的记载，但到宋代标枪才成为军队常规武器，又称“梭枪”，中国历史上最善用标枪的是元朝蒙古军。

标枪作为“古代五项竞技”之一（另外四项为掷铁饼、跳远、赛跑和角力），从公元前 708 年第 18 届古代奥运会开始，被列为正式比赛项目。标枪分为投准和投远两种，枪长约 1.6m，区别在于投准时安装有锋刃的矛头，投远时安装无锋刃的矛头。标枪的中前部用细皮条缠绕，为了提高投掷的精准度和距离，投掷者在投掷时将食指和中指插入皮套来把握住标枪的重心，以使标枪保持飞行方向，投得更远。

在完全退出军事舞台之后，标枪成了一个纯粹的田径运动项目。现代奥运会第一次正式出现标枪比赛是在 1792 年的瑞典奥运会，而男子和女子标枪分别于 1908 年和 1932 年被列为现代奥运会的正式比赛项目。男女标枪在比赛中使用的标枪的规格是不同的，男子标枪重 800g，长 260 至 270cm；女子标枪重 600g，长 220 至 230cm。

投掷标枪需要很强的腕力和极高的精准度，对力量素质的要求也比较特殊，因此，其训练是一个非常艰苦的过程，训练方法的采用及训练负荷量的控制都有很强的专业性。

角力

角力是一项古老的运动，也是我国古代比较常见的体育活动之一，比赛为两人徒手相搏。现代摔跤运动尚沿用角力之名，如古典式角力、自由式角力。

角力在公元前 708 年的第 18 届古代奥运会上被列为正式竞赛项目，它同时也是五项全能运动项目之一。在古代奥运会角力比赛上，比赛规则很简单，也没有体重级别之分，因此参赛者往往都是身高体壮的大力士。在比赛之前，由抽签决定对手。比赛中，只要肩、胸、膝等部位触地，即被判为失去一分，失去三分便被判为失败。取胜的人再抽签分组继续比赛，直到场上只剩下一人为止，即最终的冠军产生。

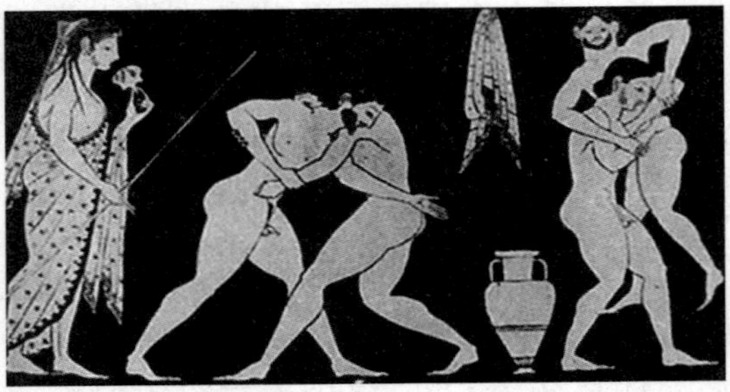

古希腊瓶画中的裁判与角力比赛图案

在古希腊，这是一项深受人们重视并且最为普及的竞赛活动。据史料记载，斯巴达的著名选手古斯波芬曾在公元前 624 年至公元前 608 年间，连续夺得五届奥运会的角力冠军，是当时最著名的奥运明星。

角力比赛一般在泥浆里进行，因为希腊人认为泥浆对皮肤好并且在摔倒时不易受伤。而且，由于泥浆会导致选手身体很滑，减少了摩擦力，很难牢牢抓住对方，所以使比赛更加激烈和有趣了。

现今国际角力运动中，有希腊罗马式、自由式和女子角力赛三个项目。古代奥运会的角力比赛是现代摔跤运动的雏形，为现代摔跤运动奠定了良好基础。

五项全能

五项全能运动是在公元前 708 年第 18 届奥运会上被正式列为竞赛项目。在公元前 776 年的第一届古奥运会上只开设了一个项目，就是

"斯泰德"（场地跑），到了 18 届古奥运会，增设了跳远、掷铁饼、掷标枪和角力等几个项目。为了将这几项综合起来，赛会的仲裁委员会又开设了五项全能运动。当时的五项全能运动，乃是由徒步赛跑（即"斯泰德"竞技）、跳远、掷铁饼、掷标枪和角力五个单项竞赛项目所组合成的运动项目，也是古代奥运会上最引人注目、用以确定希腊最佳全能运动员的一项最重要的竞赛项目了。

在古代奥运会上，决定五项全能运动优胜者的方法与现代大不相同。至于那时比赛项目的排列次序如何，目前尚无确切的材料可以证实，但有一点似乎可以断定：当时五项全能运动的比赛，是以角力竞技为最后项目的。因此，即使其他四个项目都得到第一名，而角力成绩不佳，也不能获得这个项目的优胜。所以，每逢进行该项目的角逐时，均需要首先进行其他四个项目的淘汰比赛，然后才选出两名决赛选手在场上对垒。只有最后在角力比赛中的获胜者，才是五项全能运动的真正优胜者。角力比赛在五项全能比赛中是最重要的一项，直接影响到参赛者的名次。

在古代奥运会上，参加五项全能比赛的运动员是不多的，而且对一些竞技者来说，他们淘汰了其他人之后，自己也被淘汰的情况是很平常的，因为胜利不是用累积分的方式来确定的。在古希腊，只有那些角力竞技中的出类拔萃者，才有希望获得全希腊及奥运会上的最高荣誉，而不是以其余四项的成绩来衡量的。

当时人们这样认为："惟有角力竞技最能体现一个竞技者的身体训练成果及竞技的能力。"因此，一个五项运动的全能优胜者，不仅要具有作为一个战士能跑善跳的矫健身手，更为重要的是要具备战斗的能力以及一个健美的体型，这就是处于当时古代希腊人所要选就的、最为理想的希腊战士的光辉形象。

现代奥运会也有全能项目的比赛。在田径项目中有，体操项目中也有。田径项目中的全能比赛和古代奥运会的五项全能比赛较为相似，但是也有很大的区别。

拳击

拳击是一项有着悠久历史的体育活动，早在公元前1500年的希腊壁画上就有戴手套进行比赛的场面。在古代拳击运动中，运动员可以任意使用摔、打、踢、蹬等动作，甚至将对手致死。所以说拳击在古代是一项非常残酷的体育活动。

由于这个项目的危险性和暴力性，古希腊的君王未在首届古代奥运会中将这个项目列入比赛。公元前688年的第23届古代奥运会上，拳击运动出现在奥运赛场上，随后逐渐成为古代奥林匹克运动会中占有重要地位的竞技项目。但由于其残酷性，初期古代奥运会禁止青少年参与这项活动。直到公元前616年的第41届古代奥运会上，少年业余拳击比赛才被认可。

现代拳击起源于英国，并在20世纪八九十年代风靡全球，著名的运动员有阿里、霍利菲尔德、泰森等。值得一提的是，拳王阿里被誉为世界拳坛的传奇人物，在他的拳击生涯中获得过1枚奥运金牌和22次“拳王”称号。获得奥运金牌之后，他在美国仍然因为肤色受到种族歧视，一怒之下，他将金牌扔进了大海。

阿里在获得无数殊荣之后还为人类进步作了更多的贡献，他敢于挑战种族歧视、挑战法律的不公、挑战发动战争的政客。1996年美国亚特兰大奥运会的圣火就由这位当时已患帕金森综合症的“拳王”点燃。

武装赛跑

武装赛跑是一项为军人设置的比赛，从公元前520年第65届奥林匹克竞技会开始被列为正式比赛项目。这项炫耀武力的比赛始终是统治阶级最重视的一项竞赛项目，这个传统一直延续到古代奥运会结束。

武装赛跑的起源也具有很浓厚的军事色彩。相传它起源于埃利斯人对阿卡迪亚人的战争，战争一直进行到竞技会举行之前，最后埃利斯终于在竞技会举行的月份里赢得了战争的胜利。埃利斯战士急于向同胞报捷，身着戎装跑进了赛场。人们为了纪念这件事，便把武装赛跑列为竞赛项目。

武装赛跑是一个综合军事训练项目，能培养军人勇敢顽强的品质，参赛者多为军人。最初，竞技者身着铠甲，头戴盔帽，腿裹护胫，左手执圆形盾牌。比赛起跑时采用跪姿，起跑者必须两膝微屈，左臂向前下伸，指头触地支撑上体重量。采用这种姿势起跑，容易使身体重心失去平衡，很不科学。又考虑到身着甲胄太重不利于比赛，因此才规定竞技者只戴头盔、手持盾牌参加角逐。

罐子上所描绘的武装赛跑项目

参赛者就这么全副武装地在场地上赛跑。武装赛跑被列为奥运会的项目也说明了体育的发展受到了战争的影响和推动。

在现代奥运会中，也有专门为军人而设立的竞赛项目，那就是现代五项，它由射击、游泳、击剑、马术和越野跑五个项目组成。

吹鼓手赛跑、传令官赛跑

裁判员在古代奥运会上享有极大的权力，但同时也是最辛苦的。他们要负责比赛中各个方面的事宜，包括在比赛中要主持正义，以保证运动员们公平竞争，还要向希腊各城邦下达“神圣休战”指令、组织比赛、决定优胜者和执行判罚。最初，古代奥运会的比赛只有一名裁判，由国王亲自担任。后来随着比赛项目的增加，裁判员的数量也在增多，享有较高声誉的官员贵族也逐渐可以担任比赛裁判。但是他们没有什么荣誉，是无偿奉献。所以为了感谢裁判员对古代奥运会的巨大贡献，并鼓励他们的工作，公元前 396 年的第 96 届古代奥林匹克运动会，专门为裁判员们开设了吹鼓手赛跑、传令官赛跑比赛。

吹鼓手和传令官都是在古代奥运上担任裁判任务的工作人员，在古代奥运会所有项目比赛完之后他们再进行赛跑比赛。赛跑的距离和场地跑的距离一样。虽然这种比赛算不上真正意义的为胜利而战，但是，这却是古代奥林匹克运动会专门为裁判员开设的荣誉性比赛。

轻装赛跑

在轻装赛跑诞生之前，古代奥运会有一种赛跑项目叫做武装赛跑。由于运动员抱怨武装赛跑中，笨重的盔甲影响水平的发挥，认为如果能够轻装上阵一定会跑得更快。到了公元前4世纪时，比赛规则逐渐演变为参赛运动员只拿一块盾牌。这一事件说明奥运会的比赛越来越回归于体育本身，而不再受战争和军事的影响。

轻装赛跑

在现代体育的发展中，运动员的着装越来越重要，因为比赛服是否轻便、是否舒适将对运动员的比赛心理和水平发挥造成直接的影响。轻装赛跑就有如“轻装上阵”，运动员在轻松的心态下和良好的比赛环境中才会有更好的发挥。

战车赛

战车赛是古代奥林匹克特有的运动项目，在公元前680年第25届奥运会上被列为竞技项目。那时候这项运动只有贵族才能参加。在奴隶制度的社会里，车主一般并不亲自驾车比赛，而是雇人替他比赛，但是如果获得胜利，获胜者却是车主，而不是驾车的勇士们。战车赛的比赛规模十分壮观，设备豪华，场面惊险刺激，深受希腊人的喜爱。但是战车赛是一项非常危险的体育项目，在比赛的过程中，战车与战车之间会发生碰撞，甚至有时候战车会失去控制冲向观众。战车要在比赛场上跑

12 圈才算完成比赛，约有 40 辆战车参加比赛，最后只有一辆能够完成整场比赛，可见古代战车赛的难度和危险性都是极高的。

战车赛选择在竞技场里举行，竞技者都手扬长鞭，拼命催马前进。在起点设标志柱，终点设转向柱，以一个来回为一圈。最初的比赛为四马拉战车赛，到公元前 500 年第 70 届奥运会时增加了骡子拉战车赛，但不久就取消了，后来还陆续增加了双马拉战车赛和幼马拉战车赛，比赛场面都十分激烈。赛车驶近转向柱的时候，号手会吹响号角，以此来提醒驾驭者们注意安全，另一方面也是对这些冒险驾车参加比赛的勇士们表示敬意和鼓励。

赛马

赛马是历史最悠久的运动之一，广义而言是人类使用马进行比赛的赛事。罗马帝国时代的二轮战车比赛就是较早的例子，又或者如同挪威神话中神奥丁和巨人赫朗格尼尔之间的战马比赛。在中国古代，田忌赛马的故事也被广泛流传。

赛马比赛是在公元前 648 年的第 33 届古代奥运会上被列为比赛项目的。当时的比赛保护措施不够完备，马匹无鞍、无镫，全凭竞技者的技艺比赛，这使一些参赛选手在比赛中从马上摔下受伤甚至当场死亡。在古代奥运会上，参加赛马的选手往往是贵族的奴隶，奴隶主们既想夺冠军，又担心自身安危，所以他们让奴隶代为驾车骑马。如果得胜，橄榄枝花冠要戴在奴隶主的头上。

现代赛马运动起源于英国，英国是世界上赛马运动最发达的国家，英国的赛马和育马受到全世界的景仰，其竞赛方法和组织管理远比古代赛马先进和科学，比赛形式也进而发展为平地赛马、障碍赛马、越野赛马、轻驾车比赛和接力赛马等不同种类。如今，赛马不可避免地与赌博联系在了一起，我们经常可以在电影中看到观众在赛马场赌马的场景。

赛马业已经成为社会各阶层、男女老少、全民参与的一项社会娱乐活动。赛马既保留了绅士风范，其高雅性又是英国文化中不可或缺的重要组成部分。

持火炬赛跑

在古代奥运会上，持火炬赛跑是希腊人祭祀仪式中一个不可或缺的项目。由于古代奥运会是为祭祀宙斯举办的庆祝活动，因此在奥运会开始之前，奥林匹亚所在地伊利城邦要选派 3 名经过严格挑选的纯希腊血统的运动员在宙斯神庙前的“圣火坛”接过圣火，并跑遍希腊全境，以告诉人们奥运会就要开始了。

这样，希腊各城邦就要做好准备迎接盛会的到来。持火炬赛跑后来演变成了现今的圣火接力和点燃仪式。1934 年，国际奥委会雅典会议决定，恢复古代奥运会的圣火仪式。从此，在每届奥运会期间，主办城市的主体育场都将燃起奥林匹克圣火，圣火在闭幕式上熄灭。国际奥委会还规定，奥运火种必须来自古希腊奥运遗址——奥林匹亚，采取火炬接力方式从奥林匹亚传到主办国，以此来象征现代奥运对古希腊奥运精神的传承。现代奥运会火炬传递仪式从 1936 年的德国柏林奥运会开始。1936 年 7 月 20 日，在奥林匹亚举行了隆重的火炬点燃仪式，12 名身着古希腊服装的少女点燃了第一支火炬，随后正式开始了每人手持火炬跑 1 千米的火炬接力。火炬由希腊开始，整个行程共 3422 千米，于 8 月 1 日抵达柏林运动场的开幕仪式。从这届奥运会开始，火炬接力便成为奥运开幕式前不可缺少的仪式。

青少年竞技比赛

古代奥林匹克运动会对除女人与奴隶外的所有的希腊人开放，裁判根据年龄、体格和力量的大小，将所有运动员分为成年组和青年组，比赛分开进行。之所以不限制青少年参加奥运会，是为了鼓励青少年多参加体育活动，加强身体锻炼。从公元前 632 年第 37 届奥运会开始，一些少年竞技项目逐渐被列为奥运竞赛项目。参加少年比赛项目的竞技者年龄限定为 17 至 20 岁。据资料记载，古代奥运会曾先后举行过 24 个项目的比赛，其中成年人 18 项，少年比赛有 6 项。

当时奥运会上设立的青少年比赛项目主要有少年赛跑、少年角力等。这些青少年项目有的和成年人相同，只是在规则的要求、动作的难度方面均低于成年人。但是，也有个别项目，如拳击等竞技比赛，有些城邦国家是严禁本城邦少年运动员参加的。连非常注重青少年训练的斯巴达城也曾有一段时期不允许斯巴达青少年参加这些运动。

禁止青少年参加这些比赛的原因有两个：其一是这些运动对未成年人的身体成长有较大的伤害；其二就是为了保护青少年尚未成熟的心理，古希腊人不希望自己城邦的少年选手在他们还未成年的时期，就在竞技比赛中养成一种“承认失败的坏习惯”，这样有碍于他们树立效忠城邦的信念。

可见，在古代奥运会期间，青少年竞技比赛对促进青少年运动员身体的全面发展，以及运动技术水平的提高都起到了积极的作用，并为他们日后步入成年运动员的行列奠定了良好的基础。

现代奥运会赛事组织

现代奥运会概况

现代奥运创始人——顾拜旦

顾拜旦是现代奥林匹克运动的创始人，国际奥委会第二任主席，法国社会活动家、教育家。顾拜旦出生于法国巴黎一个贵族家庭。幼时被送入军校，但他的志趣不在从军和从政，而在历史和教育。中学时代顾拜旦就对古希腊历史产生浓厚兴趣。1887 年他曾提出举办类似古奥运会的比赛，而且要求扩大到世界范围。

1889 年，顾拜旦利用万国博览会举办之机，召开体育会议和学生运动会，呼吁各市修建体育设施和在学校考试科目中加进体育测验。其间，与同伴一起成立“法兰西竞技运动协会”，并于 1890 年担任该协会的理事长。

1892 年，“法国体育联合会”会议在巴黎召开。顾拜旦在会议上第一次正式倡议举行现代奥运会，并提议把古奥运会的理想作为现代体育竞赛的指导思想。在他的组织和积极推动下，1894 年 6 月，国际体育界在巴黎举行代表大会，国际奥委会诞生。顾拜旦被选为秘书长和国际奥委会委员，亲自起草、制定了国际奥委会的第一部宪章。

1896 年，在雅典举行第 1 届奥运会之后，顾拜旦继泽・维凯拉斯之后当选为国际奥委会主席。任职期间，他努力维护用奥林匹克精神开展体育竞赛这一宗旨，使奥林匹克运动得到进一步开展，对奥林匹克运动的发展作出了不朽的贡献。由于这一功绩，他被誉为“奥林匹克之父”。

1925 年，顾拜旦辞去担任 28 年之久的主席职务，并被推戴为终身名誉主席。1928 年，他又创立奥林匹克研究所，而且设置了体育教育国际事务局。1937 年 9 月 2 日，顾拜旦因病逝世。依照其遗愿，他的心脏被安葬在希腊奥林匹亚大理石纪念碑下，以便能永远感知奥林匹克运动发展的脉搏。

现代奥运创始人顾拜旦

《奥林匹克宪章》

《奥林匹克宪章》是国际奥委会制定的关于奥林匹克运动的最高法律文件，是约束所有奥林匹克活动参与者行为的最基本标准和各方进行合作的基础。

《奥林匹克宪章》随着奥林匹克运动的发展而逐渐完善。1894 年国际奥委会成立时没有制定具体的规章制度，只是确定了一些基本的意向与原则。随着奥林匹克运动的发展，国际奥委会在保持奥林匹克基本原则和精神始终如一的前提下，针对不断变化的情况，对《奥林匹克宪章》作过多次修改。现行的《奥林匹克宪章》是在国际奥委会 2000 年 9 月 11 日于悉尼举行的第 111 次全会上批准生效的。该宪章由“基本原则”、“奥林匹克运动”、“国际奥林匹克委员会”、“国际单项体育联合会”、“国家奥林匹克委员会”和“奥林匹克运动会”6 个部分组成，共有 74 款，对奥林匹克运动的思想、组织、活动和制度等重要方面作了明确规定。

《奥林匹克宪章》主要阐述了奥林匹克运动的宗旨，确定了奥林匹克运动的目标，规定了奥林匹克运动的发展方向；界定了奥林匹克主义和奥林匹克精神等重要概念，奠定了奥林匹克运动实现其目标的思想基础；将奥林匹克运动组织体系以法律条款的形式固定下来，对奥林匹克大家庭的各个成员，特别是对国际奥委会、国家奥委会和国际单项体育联合会这三大支柱在奥林匹克运动中各自的位置、功能、任务以及相互之间的关系作了清晰的表述和规定，既保证了它们各自的独立性，又使它们互相联系，形成一个完整的功能体系，从而提供了一个与奥林匹克运动相应相称的组织基础；界定了奥林匹克运动的基本内容，如奥运会、大众体育活动及奥林匹克教育与文化活动。

奥林匹克精神

奥林匹克精神的产生是现代社会文明的一大奇迹，它是随着第 1 届奥林匹克运动会的举行而诞生的。奥林匹克精神的目的在于促进人类的精神发展，以此造就全面发展的人。它的意图是教育人，锻炼人的性格，培养人的道德，发展古希腊人的理想——“美丽、健康”。奥林匹克精神的教育对象不只是那些参加体育运动的人，还包括其他所有热爱和关心体育运动的人。《奥林匹克宪章》指出，奥林匹克精神就是互相了解、友谊、团结和公平竞争的精神。奥林匹克精神对奥林匹克运动有十分重要的指导作用。

对文化差异的容忍和理解是奥林匹克精神所着重强调的。奥林匹克运动是国际性的运动，它不可避免地面临着世界上文化间的各种差异及由此引发的各种问题。来自各国的运动员、教练员、体育官员以及观众生有不同的肤色，穿着不同的服装，讲着不同的语言，习于不同的生活方式，进行不同的宗教仪式，用不同的行为表达自己的喜怒哀乐。这些种族的和文化的差异又常常由于各国间在政治体制、经济制度和意识形态等方面的冲突而强化。从一定意义上讲，定期举行的奥运会将世界上所有的体育文化集中在一个狭小的空间和时间范围内，于是不同文化间的差异尤为引人注目。奥林匹克精神强调互相了解、友谊和团结，就是要形成一种精神氛围，从而使文化差异成为促进人们互相交流的动因，而不是各自封闭的藩篱。

竞技运动的公平与公正同样是奥林匹克精神的主旨之一。奥林匹克运动以竞技运动为其主要活动内容，竞技运动最本质的特征就是比赛与对抗。在直接而剧烈的身体对抗和比赛中，运动员的身体、心理和道德得到良好的锻炼与培养，观众也得到感官上的娱乐享受与潜移默化的教育。但是，竞技体育的教育功能和文化娱乐功能的基本前提条件是公平竞争。只有在公平的基础上竞争才有意义，各国运动员才能保持和加强团结、友谊的关系，奥林匹克运动才能实现它的神圣目标。

奥林匹克宗旨

奥林匹克运动宗旨是："通过没有任何歧视，具有奥林匹克精神——以友谊、团结和公平精神互相了解——的体育活动来教育青年，从而为建立一个和平的更美好的世界作出贡献。"（《奥林匹克宪章》）这一宗旨具有以下基本含义：

第一，奥林匹克运动的目标是促进人类社会向真、善、美的方向发展。

进入工业社会以来，人类社会在开始大规模、全方位交往的同时，也出现了剧烈的国际冲突，再加上人类掌握了毁灭其自身的武器手段，使得今天的社会面临着前所未有的威胁。此外，当代世界各国面临着诸多必须大家协作才能应付的问题，如环境问题、难民问题、地区冲突问题、贸易壁垒问题等。奥林匹克运动试图筑起沟通各国人民之间联系的桥梁，增进不同民族、不同文化的人们之间的互相了解，促进世界和平，减少战争的威胁。奥林匹克运动宗旨与人类社会正义事业所要达到的目标是一致的，它在一定程度上满足了现代国际社会的需要，对进入现代社会以来的人类有直接的现实意义，并已成为世界和平事业的一个重要组成部分，在当代国际社会中占有重要地位。

第二，奥林匹克运动试图以富有人文精神的体育运动作为实现自己宗旨的途径，在世界各国青年间建立起友谊的纽带。

正如国际奥委会第4任主席埃德斯特隆所说：“奥运会无法强迫人们接受和平，但是它为全世界的青年人像亲兄弟一样欢聚一堂提供了机会。”事实的确如此，如2000年在澳大利亚悉尼举行的第27届夏季奥运会上，朝鲜和韩国的运动员就手拉手地同时出现在赛场上。

奥林匹克运动宗旨使奥林匹克运动的目的并不限于促进这一运动的参与者个人的发展与完善，还要承担起更大的历史使命和社会责任，这就是促进不同国家、不同文化之间的相互了解，从而促进和维护世界和平。将体育运动的作用提高到不仅促进人的全面发展，而且与社会的发展联系起来，明确地将体育运动作为一种改造社会的力量，并有意识地将这种力量应用到这样广阔的范围，应该说是奥林匹克运动的一大创举。

奥林匹克标志

奥林匹克标志最早是根据1913年顾拜旦的提议设计并后经《奥林匹克宪章》确定的。起初国际奥委会采用蓝、黄、黑、绿、红色作为五环的颜色，是因为它们能代表当时国际奥委会成员国国旗的颜色。1914年在巴黎召开的庆祝奥运会复兴20周年的奥林匹克全会上，顾拜旦解释了他设计会标的思想：“五环——蓝、黄、绿、红和黑环，象征世界上承认奥林匹克运动，并准备参加奥林匹克竞赛的五大洲。第6种颜色白色——旗帜的底色，意指所有国家都毫无例外地能在自己的旗帜下参加比赛。”因此，相互环扣一起的作为奥运会象征的5个圆环，便体现了顾拜旦提出的可以吸收殖民地民族参加奥林匹克运动会，为各民族间的和平事业服务的思想。自1920年第7届安特卫普奥运会起，五环的5种颜色象征五大洲，环从左到右互相套接，上面是蓝、黑、红环，下面是黄、绿环。整个造型为一个底部小的规则梯形。其中蓝色代表欧洲，黄色标志亚洲，黑色意指非洲，绿色喻作澳洲，红色象征美洲。但是，《奥林匹克宪章》规定5个环也可以是单色。

《奥林匹克宪章》规定：奥林匹克标志是奥林匹克运动的象征，是国际奥委会的专用标志，未经国际奥委会许可，任何团体或个人不得将其用于广告或其他商业性活动。国际奥委会还要求各国采取必要的措施，保护奥林匹克标志，以保证奥林匹克运动的权威性，避免奥林匹克标志被滥用。

奥林匹克五环标志

奥林匹克会旗

奥林匹克会旗的图案是在白色无边的绸布上镶绣 5 个彩色的相互套连的环。旗为长方形，环的颜色由左至右为蓝、黄、黑、绿、红。它最早是在 1913 年根据顾拜旦的建议而确定的。1914 年，在巴黎奥林匹克代表大会上，为庆祝国际奥委会成立 20 周年，首次升起了奥林匹克会旗。1920 年安特卫普奥运会时，比利时国家奥委会绣了同样的一面锦旗并将其升起。会后将这面旗帜赠与国际奥委会，这面旗就成了国际奥委会的正式会旗。从此以后，历届奥运会都有会旗交接仪式。

会旗交接仪式的一般程序是：闭幕式上，由本届奥运会主办城市的市长将旗交给国际奥委会主席，主席再将旗递交给下届主办城市的市长。奥运会闭幕后，将旗帜保存在市府大楼。但是，自安特卫普奥运会后使用的是一面代用品，图案一样，只是规格要大一些。

冬季奥林匹克运动会会旗是 1952 年挪威奥斯陆市赠送的，其交接和使用规则与夏季奥运会会旗相同。

奥林匹克格言

奥林匹克运动有一句著名的格言：“更快，更高，更强。”近百年来，这一格言成为体育运动爱好者的座右铭，成为奥林匹克运动的口号，人们为此而在运动场上勇敢拼搏。这一格言是顾拜旦的好友、巴黎阿奎埃尔修道院院长迪东在他的学生举行的户外运动会上鼓励学生们时说的："在这里，你们的口号是：更快，更高，更强。"顾拜旦借用过来，将这句话用于奥林匹克运动。1920年，国际奥委会将其正式确认为奥林匹克格言，在安特卫普奥运会上首次使用。此后，奥林匹克格言的拉丁文便出现在国际奥委会的各种出版物上，成为奥林匹克标志的一部分。第6次国际奥林匹克代表大会举行时，又通过了把"更快，更高，更强"格言作为国际奥委会会徽的构成部分的决议。

"更快，更高，更强"的奥林匹克格言充分表达了奥林匹克运动倡导的不断进取、永不满足的奋斗精神。虽然只有短短的6个字，但其含义非常丰富。它不仅希望运动员在竞技运动中有更高的境界，要不畏强手、敢于斗争、敢于胜利，有勇往直前、不断进取的精神，而且鼓励人们在自己的生活和工作中不甘于平庸，要朝气蓬勃，永远进取，超越自我，敢于征服大自然，克服大自然给人类带来的各种各样的限制，挣脱自然的束缚而取得更大的自由，将自己的潜能发挥到极限。

奥林匹克名言

1908年7月24日，在伦敦第4届奥运会举行闭幕式后，英国政府举行了盛大的招待会。当时的国际奥委会主席顾拜旦在宴会上发表即席演讲，引用了在美国圣保罗组织的一次运动员授奖会上宾夕法尼亚大主教的一段话："对奥运会来说，取胜没有参加更重要。"顾拜旦引用了这句话后还作出精辟的解释："生活中重要的不是凯旋而是奋斗，其精髓不是为了获胜而是使人类变得更勇敢、更健壮、更谨慎和更落落大方。这是我们国际奥委会的指导思想。"此后，由这位大主教的"取胜没有参加更重要"引申出来的"参与比取胜更重要"成为奥林匹克运动广为流传的名言。

"参与"的可贵之处在于"参与者"有着高尚的品质、真诚的态度、奉献的精神和对理想的追求，其意义远远超过了名次和奖牌。在参与中，运动员才能不断地超越自己和超越他人，才能在"更快，更高，更强"之中寻找自我、实现自我。所以，"参与"意识是世界各国和各地区运动员参加奥林匹克运动的精神支柱。

奥林匹克圣火

奥运会期间在主会场燃烧的火焰就是奥林匹克圣火。它象征着光明、团结和友谊，象征着和平与正义。

在古希腊，每当奥运会举行前，人们都要高举着在赫拉神庙前点燃的火炬，奔赴各个城邦，去传递停战的神谕和奥运会召开的消息。现代奥林匹克运动创立后的一段时间，并没有继承下这个传统。1912 年顾拜旦提出了点燃奥林匹克圣火的建议，但由于第一次世界大战的爆发，这一建议未能实施。在 1920 年的安特卫普第 7 届奥运会上，为了悼念第一次世界大战中死去的人们，主办者在主会场曾点燃了象征和平的火炬，但当时没有进行火炬传递活动，而且火种也不是从古奥林匹亚采集的。直到 1934 年，国际奥委会在雅典正式作出决定：在奥运会期间，从开幕到闭幕，主会场要燃烧奥林匹克圣火，而火种必须采自希腊的古代奥林匹克遗址——奥林匹亚，并以火炬接力的形式传到奥运会主办城市。从此，圣火传递成为每一届奥运会必不可少的仪式。

冬季奥运会于 1952 年开始点燃“圣火”，但最初不在奥林匹亚，如 1952、1956、1960 年 3 届冬奥会都是在挪威的莫尔盖达尔村点燃的，直到 1964 年才开始改在奥林匹亚。

北京奥运会圣火取火仪式

《奥林匹克宪章》规定：奥运会组委会负责把奥林匹克圣火带入奥林匹克体育场；由有关国家奥委会主持的庆祝奥林匹克圣火的传送和到达的仪式必须尊重奥林匹克礼仪；国际奥委会执行委员会须批准任何与奥林匹克圣火有关的火炬传递安排；奥

林匹克圣火必须置于体育场内显著位置、清晰可见，如果体育场结构允许，还可以从场外看见。

国际奥林匹克组织机构

国际奥委会

国际奥委会是国际奥林匹克委员会的简称，是一个国际性的、非政府的、非营利的综合体育组织。它成立于1894年6月23日，总部设在法国巴黎，1915年迁往瑞士洛桑。1981年9月17日，国际奥委会得到瑞士联邦议会的承认，确认其为无限期存在的具有法人资格的协会。

国际奥委会是奥林匹克运动的最高权力机构。国际奥委会按照《奥林匹克宪章》领导奥林匹克运动。其具体任务是：促进体育运动和运动竞赛的协调、组织和发展；与官方或民间的主管组织和当局合作，努力使体育运动为人类服务；保证奥运会正常举行；反对危害奥林匹克运动的任何歧视；支持和促进体育道德的发扬；努力在运动中普遍贯彻公平竞赛的精神，清除暴力行为；领导开展反对体育运动中使用兴奋剂的斗争；采取旨在防止危及运动员健康的措施；反对将体育运动和运动员滥用于任何政治的和商业的目的；努力使奥运会在确保环境的条件下举行；支持其他致力于奥林匹克教育的机构。

国际奥委会享有对奥运会的全部权利，包括对奥运会的组织、开发、广播电视和复制的权利；有关奥林匹克标志、奥林匹克会旗、奥林匹克格言和奥林匹克会歌的一切权利。

国际奥委会有权撤销对国际单项体育联合会的承认；有权从奥运会比赛项目中撤销运动大项、分项或小项；有权取消对国家奥委会的承认，甚至有权取消奥运会组委会承办奥运会的权利。不仅如此，它还具有对一切参与奥运会的违章人员，从运动员、裁判员到代表团官员、管理人员进行处分的权力。当然，国际奥委会需要依据《奥林匹克宪章》来行使自己的权力。

国际奥委会在组织机构上分为全体会议、执行委员会和主席。国际奥委会工作程序分为正常程序和紧急程序。在正常情况下，全会由主席或副主席主持，以全体委员的半数加 1 为法定人数，执委会以 6 人为法定人数。决定以多数票（至少 30 票）通过。紧急程序是指在紧急情况下，国际奥委会可以用通信方式表决。

奥林匹克三大组织

奥林匹克三大组织，是指在奥林匹克大家庭的诸多成员中起支撑作用的国际奥委会、国家奥委会和国际单项体育联合会。由于这三个组织系统对奥林匹克运动的生存与发展起着至关重要的作用，缺一不可，故常被人们称之为“奥林匹克三大支柱”。

三大组织在奥林匹克运动中承担着不同的任务：国际奥委会负责领导和协调；国际单项体育联合会负责各种技术性事务，如组织比赛、制定竞赛规则等；国家奥委会则负责在本地区开展各种活动，组队参加奥运会等。国际奥委会十分重视这种团结合作的关系，并采取各种措施加强三者之间的联系。

三个组织系统的领导层中保持一定数量的人员兼职。国际奥委会的委员中有不少国际单项体育联合会和国家奥委会的负责人，如曾任国际田联第一任主席的埃德斯特隆和曾任副主席的布伦戴奇就担任过国际奥委会主席。国际奥委会委员是其所在国家的国家奥委会的当然成员。国家奥委会又有国际单项体育联合会下属的国家单项协会的代表。于是在组织上，三大支柱形成了你中有我、我中有你的交叉态势，这有利于加强各组织间的沟通。

国际奥委会还十分注重加强组织间的协商，保持信息渠道畅通，国际奥委会在总部设立了专门与各国家奥委会和国际单项体育联合会联络的部门，保持日常通讯畅通无阻。

定期举行双边会议也是三大支柱之间沟通的重要形式。通过双边会议，三大支柱得以在重要问题上达成共识，在行动上保持一致。国际奥委会执委会、国际单项体育联合会和国家奥委会分别至少每两年举行一次联席会议。

在一些重要的事务中，国际奥委会允许国际单项体育联合会和国家奥委会参与决策过程。如在对申办奥运会城市的调查委员会中有国际单项体育联合会和国家奥委会的代表。

另外，国际奥委会还通过“奥林匹克销售计划”，对出售奥运会电视转播权等收入进行分配；通过建立奥林匹克团结基金等方式，给国际单项体育联合会和国家奥委会以越来越多的经济支持。

奥运会举办城市的确立

奥运会的举办

《奥林匹克宪章》为奥运会的举办规定了具体的条款：

（1）奥林匹克夏季运动会在奥林匹克周期的第一年举行。

（2）从1994年第17届奥林匹克冬季运动会开始，奥林匹克冬季运动会在奥林匹克周期开始后的第三年举行。

（3）国际奥委会将主办奥林匹克运动会的荣誉，授予被选定为承办奥运会的城市。

（4）奥林匹克运动会在一年中举行的时间必须在主办城市的遴选开始前由申办城市提交国际奥委会执行委员会批准。

（5）奥林匹克运动会如在应举行的那一年没有举行，主办城市的主办权则被取消。

（6）附则：奥林匹克夏季运动会的举办时间不超过16天，奥林匹克冬季运动会的比赛期限不得超过12天。

主办城市的遴选

主办城市的遴选原则

（1）遴选主办城市是国际奥委会的独特权力。

（2）只有申办资格经本国奥委会批准的城市方可申请举办奥林匹克运动会。举办奥林匹克运动会的申请须由有关城市的政府在取得国家奥委会同意后向国际奥委会提出。该城市政府和该国家奥委会必须确保奥林匹克运动会的组织使国际奥委会满意并符合其要求的条件。如果一个国家有几个城市同时要求举办同一届奥林匹克运动会，则由国家奥委会决定提名哪个城市参加遴选。

（3）候选城市资格经国家奥委会批准，将受国际奥委会相关规则的约束。

（4）如果一个城市没有向国际奥委会提交一份由所在国政府签署的文件，向国际奥委会保证该国家将尊重《奥林匹克宪章》，则奥林匹克运动会的举办权将不被授予该城市。

（5）任何申请举办奥林匹克运动会的城市必须以书面形式保证尊重国际奥委会执行委员会颁布的申办城市条件，以及管辖奥林匹克运动会比赛项目的各国际单项体育联合会制置的技术标准。国际奥委会执行委员会应确定举办城市遵循的申办程序。

（6）申办城市应提出令国际奥委会执行委员会满意的资金保证。这种保证可以由城市本身，地方、地区或全国性的公共团体，国家或其他第三方提供。在决定奥林匹克运动会主办城市的国际奥委会全会召开前至少6个月，国际奥委会须公布所要求资金保证的性质、形式和确切内容。

（7）对主办城市的遴选应在一个没有申办该届奥林匹克运动会的城市的国家进行，在充分考虑了申办城市评估委员会的报告后决定。除特殊情况外，遴选工作必须在奥林匹克运动会举行前7年举行。

主办城市的遴选程序

根据顾拜旦的理想，奥运会应该由世界各国城市轮流主办，这样有利于奥林匹克精神的传播。国际奥委会确定奥运会举办城市目前采用的程序是：

（1）由申办城市向国际奥委会提出书面申请。由于现代奥运会筹备工作需要足够的时间才能完成，国际奥委会在奥运会举行的前8年即开始招标，并规定明确的截止日期。举办奥运会的城市须在此日期前以正式的书面形式向国际奥委会提出申请。申请报告必须经本国奥委会的批准，并由该国政府签署表示支持。如果同一国家有两个以上的城市拟申办，由该国奥委会从中确定一个，也就是说，国际奥委会只允许每一个国家有一个城市申办同一届奥运会。

（2）国际奥委会执委会对提出申办的城市进行初步筛选。国际奥委会执委会对各提出申办城市的进行“资格”审定，根据申办城市自己的陈述以及对该城市基本情况的了解，筛选出数个城市“入围”，进人正式的申办程序。

（3）国际奥委会评估委员会对申办城市进行实地考察。国际奥委会和负责奥运会项目的国际单项体育联合会发出对申办城市各种条件进行调查的有关表格和问卷，这些问题非常具体和详尽，涉及到举办奥运会的各个方面。申办城市将自己对这些问题的回答汇总，装订成长达数百页的申办报告，实际上就是一个非常详细的举办奥运会的计划。在国际奥委会全会表决前6个月送交国际奥委会。然后，国际奥委会组成评估委员会，该委员会由以下各方代表组成：国际奥委会委员、国际单项体育联合会代表、国家奥委会代表、前奥运会组委会代表、运动员代表、环境保护及财政方面的专家等。评估委员会委员亲自赴各申办城市进行实地考察，并将考察的结果以书面报告形式呈交国际奥委会，发放给每一位委员，作为委员在最后的全会表决时的参考依据之一。

（4）国际奥委会全会投票，确定举办城市。奥运会举办城市的最后确定权完全由国际奥委会全会掌握。具体形式是在奥运会举办前7年召开的国际奥委会全会上，由全体委员秘密投票表决。在投票中，只要某个申办城市获得半数以上的选票，即被确定为举办城市。在有几个城市竞争的情况下，采用多轮投票的方法，每一轮淘汰票数最少的一个城市。如果两个城市票数相同，则增加一次专为这两个城市的投票，从中淘汰一个。国际奥委会主席不参加投票，如最后一轮两个城市票数相等，则由主席投出一票，来决定主办者。

（5）国际奥委会与举办城市签约。举办城市确定后，该城市即与国际奥委会签订正式的协议——“举办城市合同”，承担具有法律约束力的责任，保证组委会将遵照《奥林匹克宪章》和国际奥委会的指示，不折不扣地履行协议中的各项条款。

由于最后结果由全体委员秘密投票产生，投票的公正性受到委员个人品质或其他因素的影响。为了防止申办中出现腐败行为，国际奥委会改变了以前每位委员直接去申办城市考察的做法，改为组织评价委员会集体考察，并规定国际奥委会委员不得接受价值150美元以上的礼品。

申办城市评估报告

申办城市评估委员会在研究所有候选城市的候选资格、视察场地，至迟在选定奥林匹克运动会主办城市的国际奥委会全会召开前两个月向国际奥委会呈交一份所有候选城市资格的书面报告。书面报告应包含民意、环保、预算、市场潜力、体育竞赛、残运会、奥运村、交通、住宿接待、电讯和陈述质量等内容。

奥运会的参赛要求

运动员参赛资格

各国际单项体育联合会根据《奥林匹克宪章》规定其比赛项目的参赛资格标准，该标准必须提交国际奥委会执行委员会批准。参赛资格标准由国际单项体育联合会及其下属的全国单项体育协会和国家奥委会在各自职责范围内实施。

运动员的参赛伦理

所有参加奥运会的运动员都应尊重公正比赛和非暴力精神，并在运动场上表现出来；不使用国际奥委会或国际单项体育联合会规则禁用的药物和方法；尊重并遵守国际奥委会医务条例的一切方面。

参加奥林匹克运动会的任何运动员，在奥林匹克运动会期间不允许将他本人、他的名字、图像或运动成绩用于广告目的。

运动员报名或参加奥林匹克运动会不应取决于任何经济上的考虑。

运动员的资格审查

一个运动员要想参加奥运会的比赛，首先必须符合下列基本的要求：运动员所属的国家和地区奥委会必须是国际奥委会的成员，运动员必须遵守国际奥委会章程，遵守经国际奥委会批准的国际单项体育组织的规则。国际奥委会章程中还有一些具体的要求，包括不使用禁用的药物和方法，公正比赛和非暴力精神等。运动员如果违反这些规定，将被取消比赛资格，所取得的成绩无效。

除了以上基本要求，还有另外一些限制，其中包括：

1. 年龄限制

奥运会的运动员除了在国际单项体育联合会的竞赛规则中由于健康原因有所规定外，没有其他的限制。但是在征得国际奥委会同意的前提下，单项体育组织可以对本项目运动员的年龄进行限制。如国际足联规定，参加奥运会的每个队中只能有 3 名球员年龄在 23 岁以上。

2. 运动员的国籍

参加奥运会的运动员必须是选派他参赛的国家奥委会所在国的国民。如果一个运动员同时是两个或两个以上国家的国民，他只能代表其中一个国家参加奥运会，这个国家由他自己选择；曾经在奥运会、洲或地区的运动会、被有关国际单项体育联合会承认的世界锦标赛或地区锦标赛中代表一个国家的运动员，如果他改变了自己的国籍或取得新国籍，必须在改变国籍或取得新国籍 3 年以后，才能代表新国家参加奥运会，但是如果取得了有关国家奥委会和国际单项体育联合会的同意以及国际奥委会执委会的批准，这个期限可以缩短甚至取消。如果一个运动员所在的国家是新独立的国家，或他所属的国家奥委会是新被承认的，这个运动员可以选择代表新的或原来所属的国家参加奥运会，但这样的选择机会只有一次，例如，苏联解体后，现属新独立国家的运动员可以选择代表新的国家，也可以选择代表俄罗斯参加奥运会。在奥运会中涉及到运动员国籍问题的一切争端，都由国际奥委会执委会根据以上原则来解决。

奥林匹克仪式

奥林匹克仪式是指围绕奥运会而举行的一系列礼仪性的活动，主要有圣火传递仪式、奥运会开幕式和闭幕式、发奖仪式等。它们集中体现了奥林匹克运动的各种文化特征，是奥林匹克文化中最引人注目的部分。这些仪式不仅给奥运会以浓烈的节日气氛，而且大大提高了奥运会的境界，使它庄严、神圣，具有强烈的感染力，以此净化人们的心灵，弘扬奥林匹克崇高的理想。

顾拜旦认为，只有把现代奥运会办成一个神圣的体育盛会，办成一个与多种文化形式合为一体的盛大的文化节日，才能发挥奥运会应有的作用。为了实现这一目标，他强调现代奥运会应当体现出两个境界：美和尊严。他指出："任何一个研究过古代奥运会的人都会发现其深远影响的两个基本原因是美和尊严。如果现代奥运会要产生我们期望的影响，它也应该显示出美，激发出人们的崇敬——一种能无限制地超越我们今天最重要的体育竞赛所表现出的所有的美和尊严。"在这种思想的指导下，奥运会逐渐形成了一整套特有的恢弘庄严、华彩而凝重的传统仪式，如作为奥运会前奏和千万人参加的圣火传递，盛大的开幕式中的入场仪式，点燃圣火，运动员、裁判员的庄严宣誓，严肃而热烈的授奖仪式，欢快而充满激情的闭幕式等。

圣火传递

圣火传递的演变

1896 年举行第 1 届奥运会时，人们都自然而然地记起了奥林匹克“点圣火”活动。东道主希腊王国为表达法国人皮埃尔·德·顾拜旦发起举办现代奥运会的良好愿望，展示奥运会的伟大意义与光明前途，特别在开幕式上安排每个运动员高擎一个火把入场。闪烁的火光，壮丽的情景，使在场的数万名观众感到异常新奇和兴奋。可以说，这就是现代奥运会举行火炬接力和点燃主运动场主火炬活动的雏形。

但是，现代奥运会恢复后，在最初的几届并没有将古代奥运会这种传统继承下来。1912 年，顾拜旦首次提出点燃奥林匹克“圣火”的建议，但接着第一次世界大战爆发，未能施行。1920 年，安特卫普奥运会时，协约国为了庆祝世界大战结束，希望人类不再有战争，在运动会期间燃烧了象征和平的奥运会火焰，并决定从 1928 年阿姆斯特丹奥运会开始，恢复古代奥运会这种传统。但是，现代奥运会奥林匹克“圣火”从奥运会故乡奥林匹亚点燃火炬，然后再将火炬接力到主办国，是从 1936 年开始的。提出这个倡议的是柏林奥运会筹委会负责人之一西迪姆。

无论是在希腊毗邻的欧洲国家，还是在远隔重洋的其他洲，奥林匹克火炬得从奥林匹亚宙斯庙旁点燃，然后，或徒步跑，或乘车，或坐飞机轮船，跨过崇山峻岭，穿过蓝天白云，越过海洋湖泊，一站一站地将火炬传到主办国。

圣火传递的程序

在奥林匹亚点燃火炬时，要举行隆重的仪式，往日宁静的奥林匹亚这时热闹非凡。主办国的一些官员，通讯社的记者等都来到这里。柏林奥运会时，国际奥运会的奠基人，当时国际奥委会的名誉主席顾拜旦亲赴会场，并发表了演说。仪式开始时，10 余名希腊少女身着民族服装，

北京奥运火炬传递

在一名希腊著名女演员带领下，载歌载舞。同时，人们用聚光镜聚集阳光引燃火炬。当熊熊火焰升起时，观众雀跃，掌声雷动。然后进行接力跑将火炬从奥林匹亚传到雅典，到雅典时，希腊政府首脑亲率内阁官员迎接，并发表祝词。火炬途经各国时，政府要员都出面迎送，并派本国一些著名运动员参加火炬接力。火炬必须在奥运会开幕前一天到达奥运会主办城，在第2天大会开幕时，再进行火炬接力跑到奥运会主体场，最后由一人高擎火炬，穿过聚集在运动场的各国运动员行列，登上火焰塔，点燃奥林匹克“圣火”。“圣火”一直燃烧到大会闭幕时止。

担任火炬接力最后一棒跑是一项非常光荣的使命，大都由一些知名运动员担任。

圣火传递的意义

奥林匹克“圣火”，象征着和平、正义，象征着友谊、团结，也象征着青春的活力，现在一些重大国际性运动会（各洲的运动会），甚至全国性的运动会，都仿效奥运会的做法，先点燃火炬。但从奥林匹亚取得火种，似乎只是奥林匹克运动会的“专利权”。不过，由奥林匹亚点燃的火炬，尤其是从1936年第11届柏林奥运会起，每一届火炬的制作都具不同特点，成为奥运会历史上一道独特的艺术风景线。

开（闭）幕式

开幕式的具体程序

开幕式和闭幕式是奥运会期间最隆重的仪式，也是奥林匹克运动奉献给世界最绚丽的人类文明之花，它是体育与艺术最完美的结合。开幕式举行之日也成为了全球最盛大的节日，常常会吸引数10亿观众在同一时刻坐到电视机前。

开幕式历来都是奥运会的重头戏。在开幕式上既要反映出以和平、团结、友谊为宗旨的奥林匹克精神，也要展现出东道国的民族文化、地方风俗和组织工作的水平。同时还要表达对世界各国来宾的热情欢迎。开幕式上，除了进行一系列基本的仪式外，一般都有精彩的富有民族特色的团体操和文艺或军事体育表演。开幕式主要有以下仪式：

（1）奥运会组委会主席宣布开幕式开始。

国际奥委会主席和奥运会组委会主席在运动会场的入口迎接东道国国家元首，并引导他到专席就座。

（2）各代表团按主办国语言的字母顺序列队入场，但希腊和东道国代表团例外，希腊代表团最先入场，东道国最后。

（3）奥运会组委会主席讲话，国际奥委会主席讲话。

（4）东道国国家元首宣布奥运会开幕。

（5）奏奥林匹克会歌，同时奥林匹克会旗以水平展开形式进入运动会场并从赛场的旗杆上升起。

（6）奥林匹克火炬接力跑进入运动场，最后一名接力运动员沿跑道绕场一周后点燃奥林匹克圣火，然后放飞鸽子。

（7）各代表团的旗手绕讲台成半圆型，主办国的一名运动员登上讲台。他左手执奥林匹克旗的一角，举右手，宣读以下誓言：

“我以全体运动员的名义，保证为了体育的光荣和我们运动队的荣誉，以真正的体育道德精神参加本届奥林匹克运动会，尊重并遵守指导运动会的各项规则。”

紧接着，主办国的一名裁判员登上讲台，并以同样的方式宣读以下誓言：

“我以全体裁判员和官员的名义，保证以真正的体育道德精神，完全公开地执行本届奥林匹克运动会的职务，尊重并遵守各项指导运动会的各项规则。”

（8）奏或唱主办国的国歌，各代表团退场。

这些仪式结束以后，进行团体操或其他表演。这是历届奥运会开幕式工作量最大、准备时间最长、花费最多的项目，东道国往往提前一两年准备，并挖空心思，以期能以恢弘的气势、独特的民族精神吸引来宾。开幕式的成功与否，很大程度上取决于团体操和表演的效果。

北京奥运开幕式

闭幕式的具体程序

与开幕式突出的庄严、隆重相比，闭幕式则多一些欢乐的气氛。其中必不可少的程序有：

（1）各代表团的旗手按开幕式的顺序成一列纵队进场，在他们后面是不分国籍的运动员队伍，旗手在讲台后形成半圆形。

（2）国际奥委会主席和当届奥运会组委会主席登上讲台，希腊国旗从升冠军国旗的中央旗杆右侧的旗杆升起，主办国国旗从中央旗杆升起，下届奥运会主办国的国旗从左侧旗杆升起。

（3）主办城市市长登上讲台并把会旗交给国际奥委会主席，国际奥委会主席把旗交给下届奥运会主办城市市长。

（4）奥运会组委会主席讲话，国际奥委会主席致闭幕词。

（5）在号声中奥林匹克圣火熄灭，奏奥林匹克圣歌的同时，奥林匹克旗从旗杆上徐徐降下，并以水平展开形式送出运动场，旗手紧随其后退场，同时奏响欢送乐曲，各代表团退场，最后进行精彩的文艺表演。

文艺表演

1. 文艺表演的意义

开幕式主要由入场仪式、宣布开幕和宣誓仪式以及大型表演三部分组成，按国家顺序入场的开幕式是从 1908 年开始的。开幕式中最有特色的活动是历届奥运会开幕式上举行的大型体育文艺表演。

奥运会的开幕式表演具有极高的艺术性。为了搞好开幕式表演，各国奥运会的组织者都在全国范围内挑选最优秀的创作、编导和表演人员，动用最先进的演出设备，以求得最佳的艺术效果。萨马兰奇说过，奥运会的开、闭幕式主要用来向不计其数的观众展示举办国的文化。从奥运会的历史传统来看，奥运会的东道主都是利用开、闭幕式向全世界展示本民族的历史、文化和艺术。由于世界各个国家的文化有着截然不同的特色，使得奥运会的开、闭幕式显示出鲜明的民族风格。

2. 文艺表演的内容

奥运会的开、闭幕式四年一度，但是却绝无雷同重复的感觉，每一届都有自己独特的艺术吸引力，每一届都有自己鲜明的艺术风格。开、闭幕式的设计者总是不遗余力地将自己民族独具特色的东西展示给世界。

3. 大型团体操表演

奥运会上的开、闭幕式上表演更加完整地体现了这一国际性大型活动的艺术特色。如开幕式的大型团体操，就典型地反映了主办国文化风俗特征和民族审美情趣。由于文化背景、主题以及创作者的审美修养和思路不同，历届奥运会开幕式团体操呈现出丰富多彩的风格，有古典式的、史诗式的、抒情式的、颂歌式的，等等。

北京奥运会开幕式文艺表演

大型团体操设计要考虑到电视转播，这是为几十亿不能到现场观看的人们服务的，那么在编排上既要作为一场真正的演出，又要为电视转播效果的优劣设想，尽管这是负责转播的技术人员的事，但设计者与电视转播编导们的通力合作，已成为电视转播奥运会必不可少的前提条件。纵观近 20 年来数届奥运会文体表演，尽管在编排上因考虑电视转播的效果而多少受到纯艺术工作者的批评，但毕竟得到电视观众的首肯。奥运会文体表演不同于舞台表演，这是一项技术性较强的大型艺术活动，她的魅力也在于此，调用了灯光、音响、激光束、声控等多种技术手段，将人体运动、音乐、舞蹈融为一体，具有极强的感染力。

颁奖仪式

无论是在古代奥林匹克竞技中还是在现代奥运会上，向运动员颁奖都是十分隆重而激动人心的事。同时，由于颁奖活动融入了较为丰富的艺术形式，因而，其文化艺术的氛围十分浓厚。在古希腊奥林匹克竞技颁奖时，传令官先公布冠军的名字、国家及父母的名字，再把胜利者带到裁判席前；裁判官向胜利者表示祝贺后，从宙斯神庙的三脚鼎上拿起橄榄花冠给冠军戴上。

现代奥运会的颁奖仪式实际上和古代奥运会非常相似，但它的举行必须根据国际奥委会规定的礼仪：即在奥运会期间，奖章应由国际奥委会主席（或由他选定的委员）在有关的国际单项体育联合会主席（或其代表）陪同下颁发。如果可能，在每项比赛结束后，立即在举行比赛场地以下述方式颁奖：奥运会的颁奖仪式自 1932 年始为一、二、三名设置高度不同的授奖台。获得前三名的运动员身着正式服装或运动服登上领奖台，面向官员席。冠军站的位置比亚军（右侧）和季军（左侧）站的位置稍高。然后宣布他们的名字和其他奖状获得者的名字。冠军代表团的旗帜应从中央旗杆升起，第 2 名和第 3 名的代表团的旗帜分别从紧靠中央旗杆右侧和左侧的旗杆升起。奏冠军代表团国歌时，奖章获得者应面向旗帜。

升国旗和奏国歌的仪式增强了颁奖仪式的民族主义色彩，激发了有关国家运动员和民众爱国主义热情，从而也增强了奥林匹克运动的影响力，对奥林匹克的发展起到了很好的促进作用。

奥运会口号

奥运会口号是奥运会理念的高度概括和集中体现，往往有很强的情感亲和力和心灵震撼力，很容易被不同背景的人们接受、记忆和传诵。自从 1896 年在雅典奥运会上提出了“更高、更快、更强”的响亮口号，从此奥林匹克口号就成了奥林匹克的重要组成部分和明显标志。

历届奥运会的口号是留给我们的一笔非常丰富的遗产。1968 年墨西哥奥运会提出了“全世界青年们相互了解、增进团结”的口号，1972 年慕尼黑奥运会提出了“光明、清新、慷慨”的口号，1984 年洛杉矶奥运会口号“加入我们”简洁明快，而 1988 年汉城奥运会则表达了“人类和谐”的祈愿。

最近几届奥运会，各国对奥运口号的文化蕴涵和激励功能更加重视，并不断开发出口号的新功能。

1992 年，巴塞罗那奥运会响亮地喊出了“永远的朋友”（Friends Forever）这一口号，表达了全世界人民所共同企盼的和平与友谊。巴塞罗那奥运会还使用过“艺术与文化”的口号，在其后的巴塞罗那世界文化博览会上继续发挥了重要的作用。

1996 年，亚特兰大奥运会提出了“和谐、光辉、优雅”（Harmony Radiance Grace）的口号。这个口号原是亚特兰大奥组委为完成本届奥运会的形象与景观设计而提出的，用于指导视觉系统设计的理念：“和谐”代表世界各地的运动员团结在一起，“光辉”代表奥林匹克百年纪念的光芒照亮全球，“优雅”是主办城市和美国南部的特点。

2000 年悉尼奥运会的口号是“分享奥林匹克精神”（Share the Spirit）。其实这个口号在 1992 年悉尼申办第 27 届奥运会时就提出来了。这一口号很好地表达了全世界人民共同分享奥运的愿望。它简洁生动的语言和深刻的精神内涵深深打动了人们的心，是非常成功的奥运口号。悉尼奥运会还使用过“绿色奥运”的口号，也起到了展示悉尼的独特性的作用。

2002 年盐湖城冬季奥运会提出的口号“点燃心中圣火”（Light the Fire within）是奥林匹克口号史上的一个非常成功的案例。2002 年盐湖城冬季奥运会曾陷入举世瞩目的申办丑闻之中，为了重塑盐湖城冬奥会的公共形象，主办者煞费苦心设计了“点燃心中圣火”的口号。“圣火”是正义和光明的象征，点燃心中的“圣火”表达了本届冬奥会自身的正义和光明。2002 年盐湖城冬奥会开幕时，“9·11”事件阴影未除，这时候“心中的圣火”成了美国人民和世界爱好和平人民“心中的光明”。“点燃心中圣火”被国际奥委会认为是有史以来最为成功的一句奥运口号。

2004 年雅典第 28 届奥运会，自豪地喊出了“欢迎回家”（Welcome Home）的口号。这一口号显示了希腊对自己古老哲学文化的信心，包含了雅典奥运会对全球奥林匹克大家庭所有成员最诚挚、最热烈的邀请，也表达了希腊作为奥林匹克发祥地对奥运会在 100 多年后重归家乡的喜悦和自豪。

北京奥运会的口号“同一个世界，同一个梦想”（One World One Dream），是一个非常成功的口号，它以最简洁的方式，表达了最丰富的内涵。它集中体现了奥林匹克主义的精神实质和普遍价值，这就是团结、友谊、进步、和谐，共同参与，同享和平的梦想。

同一个世界，同一个梦想

2012 年伦敦奥运会口号“激励一代人”（Inspire a generation），奥运会的口号体现了一届奥运会所传递的精神和主题思想，而伦敦奥运会的“激励一代人”也体现了当初他们在申办奥运时承诺，告诉世人伦敦奥运会将成为一代人迈出新起点的舞台。

奥运会会徽

奥运会会徽是一届奥林匹克运动会的徽记，是该届奥运会最权威的形象标志。会徽的图样不仅要体现奥林匹克精神，而且还要反映出东道国和奥运会主办城市的特征。《奥林匹克宪章》规定，各届奥运会的会徽，未经奥运会组委会同意，不得用于广告和为商业服务，从而保证了奥运会会徽的严肃性和权威性。

2008 北京奥运会会徽

2012 伦敦奥运会会徽

2016 里约奥运会会徽

作为一届奥运会的象征，会徽常出现在举办国或其他国家各种与该届奥运会有关的出版物、商品、纪念品或建筑物上，很好地起到了宣传奥林匹克精神的作用，并为奥运会组委会和主办国带来了可观的经济利益。早期会徽与奥林匹克宣传画是一致的，二战后奥运会会徽从宣传画中脱离出来，设计趋于简洁抽象，蕴意深刻。奥运会会徽不仅仅是奥运会举办地点和举办时间的标识，而且还兼有更多的含义。

奥运会奖牌

夏季奥运会奖牌

奥运会奖牌的设计和制作，历来都由主办城市的组委会负责，国际奥委会和国家奥委会都不参与。在 1978 年奥运会章程正式制定之前，对奖牌的制作并未作出具体规定。根据 1978 年制定的奥运章程规定，奥运会奖牌的直径不得小于 60 毫米，厚度不得小于 3 毫米，金、银牌必须用纯度为 92.5% 的银子制作，金牌至少要镀金 6 克。

从 1896 年第 1 届奥运会到 1924 年第 8 届奥运会的奖牌设计各不相同；1928 年，意大利艺术家朱塞佩 · 卡西奥利为第 9 届阿姆斯特丹奥运会设计了奖牌，奖牌的正面是胜利女神尼姬（Nike）的坐像，背面为一名奥运冠军被群众簇拥，场面欢欣鼓舞。他的设计图案一直沿用到 1968 年。

从 1972 年起卡西奥利的设计只用于奖牌的正面，背面则由组委会加上自己的设计。例如，第 27 届悉尼奥运会奖牌正面仍是手握月桂花冠的胜利女神等传统标志：尼姬女神一手高举荣誉花环超过头顶，一手怀抱着一束象征胜利的棕榈叶。她的旁边是一个希腊式的瓮，下边是澳大利亚国花金合欢树的枝条。在奖牌的背面则是组委会自己的设计：悉尼港湾海水的波浪连接起悉尼歌剧院和 2000 年悉尼奥运会的火炬，奥运五环覆盖在中央。奖牌直径 68 毫米，最薄的边缘处厚 3 毫米。奖牌上浮雕的最厚处达 5 毫米。金牌是在纯银底上镀有至少 6 克的纯金。银牌是纯银质料。铜牌是由旧硬币制成，内有少许的银。把奖牌挂在运动员身上的线带上有“悉尼 2000”的字样，颜色为蓝绿色并配以流动水线。悉尼奥运会奖牌由澳大利亚雕刻家沃奇克菲皮尔特兰尼克设计。其中，金牌所需的 10 公斤黄金由悉尼所在的新南威尔士州中西部的几个城镇捐献，这一历时三年的筹集黄金方式在历史上并不多见。银牌所用的银由企业捐献，铜牌来自 1 分或 2 分的澳币，制作线带材料总长 3 公里。

从 1928 年阿姆斯特丹奥运会到 2000 年悉尼奥运会，颁给运动员的奖牌上刻的都是胜利女神尼姬的坐像。而从 2004 年雅典奥运会开始，奖牌上的尼姬站了起来，而且插上翅膀，飞向体育场，把胜利带给最优秀的运动员。组委会选择的奖牌背景图案是潘那辛纳科体育场，那里是 1896 年现代奥运会的发祥地。

奖牌背面图案共有 3 个成分：在奥林匹亚点燃并在 2004 年火炬传递中穿越五大洲、熊熊燃烧着的圣火，古希腊诗人品达于公元前 460 年创作的《奥林匹亚颂》的头几行诗，2004 年雅典奥运会会徽。

冬季奥运会奖牌

冬季奥运会的奖牌并无具体规定，设计上也没有连贯性。奖牌上的图案设计从行走的雪人、雪花直到马拉的战车都有。

盐湖城冬季奥运会的奖牌是历届冬奥会最重的奖牌。盐湖城冬奥会的奖牌，看上去就给人一种沉甸甸、很厚实的感觉。生产厂家介绍说，他们在设计奖牌之前，曾经专门征求奥运选手的意见。尽管得到的回答并不完全一样，但是大多数运动员都说，在领奖的时候，希望奖牌挂在脖子上，会有一种重重的感觉。因此，本届冬奥会的奖牌是历年来奥运会最重的，金牌和银牌重 1.25 磅，铜牌重 1 磅。这届盐湖城奥运会的奖牌，都是盐湖城本地的一家叫做“O. C. Tanner”的首饰公司生产的，公司一共生产了 861 枚奖牌，这些奖牌都无偿捐赠给国际奥委会。金牌的正面是运动员举着火炬，象征着他们内心的渴望之火。从犹他州高山的冰雪和岩石里跑出来，奔向胜利。在奖牌的背面，除了十几个大项目的名称外，还有各个小项目的名称，这在设计上还是第一次。奖牌背面的主设计是希腊传说中的胜利女神尼姬，她伸出的手臂里的艺术设计，分别象征着不同的冬季奥运会项目。每块奖牌的生产，要经过 15 道工序，平均需要 20 小时。拿金牌来说，其成分包括 92.5% 纯银、7.5% 的铜，外面是6克的24K金。O. C. Tanner公司给本届盐湖城冬季奥运会总共制作了861枚奖牌，只有477枚奖牌交给了盐湖城组委会，他们需要足够的奖牌，以免出现并列的情况，另外还要考虑到像冰球这种团队比赛，每个队员都要有自己的奖牌。除此以外，还有一些奖牌交给盐湖城组委会、美国奥委会和国际奥委会，做存档之用。到最后，如果还有剩余奖牌的话，就会全部打包，交给国际奥委会销毁。

奥运会火炬

2008 北京奥运会火炬

古希腊在每届奥运会举行以前，人们都要高举着在赫拉神庙前点燃的火炬，奔赴各个城邦，去传递停战的神谕和奥运会召开的消息。现代奥林匹克运动会创立以后，最初并没有继承这个传统。直到1920年安特卫普第7届奥运会上，为了悼念第一次世界大战中死去的人们，主办者在主会场点燃了象征和平的火炬，但没有进行火炬传递活动，火种也不是从奥林匹亚采集的。1934年，国际奥委会在雅典正式做出决定，在奥运会期间，从开幕到闭幕，主会场要燃烧奥林匹克圣火，并且火种必须采自奥林匹亚，以火炬接力的形式传到奥运会主办城市。从此，圣火传递成为每一届奥运会必不可少的仪式。

从1936年柏林奥运会开始，每届奥运会前，在奥林匹亚的赫拉神庙遗址前都要举行庄重的点火仪式，国际奥委会、奥运会主办地和当地的官员都要出席。身着古装的希腊少女用聚光镜采得火种，然后用火炬

2012 伦敦奥运会火炬

传到雅典，再由雅典传到主办城市。火炬接力的整个过程都是很隆重的，往往政界要员、著名运动员都亲自参加。在火炬接力途中，如遇高山峻岭、江河湖海，则可用飞机、轮船运送。火种必须在奥运会开幕前一天到达主办城市。在开幕式举行时由一人手持火炬，在人们的欢呼声中点燃位于主体育场醒目位置的“奥林匹克圣火”，有幸承担这个使命的多是一些著名运动员。

从 1936 年出现第一个奥运火炬，直到 1960 年，现代奥运火炬的样式才渐趋成熟。美国斯阔谷冬季奥运会的火炬设计者、迪斯尼公司艺术家约翰·汉克确立了设计原则：火炬应该是奥运会东道国形象和该届奥运会主题的完美体现。这一原则也为以后各届奥运会所遵循，从此奥运火炬也被赋予了丰富的人文色彩。

奥林匹克文化

古代奥运会的文化遗产

古代奥运会是以体育运动为基本内容的一种社会文化现象。各种文化形式，包括音乐、舞蹈、美术、建筑艺术、雕塑、文学，在奥林匹克运动中都具有十分重要的作用。古代奥运会为奥林匹克运动的兴起奠定了基础。奥林匹克运动与现代文化各个方面的密切联系，不但有利于各民族文化的交流与融合，而且对奥林匹克运动和其他文化形式的发展也有着不可忽视的影响。顾拜旦从奥林匹克运动创始起，就坚决反对把这一运动看作纯粹的体育竞技运动。他指出：奥林匹克运动“并非只是增强肌肉力量，它也是智力的和艺术的”。

奥林匹克运动的文化特征表现在：

（1）鲜明的象征性。奥林匹克运动是表示人类社会团结、进步、友谊的“一个伟大的象征”。在奥林匹克运动中有一系列独特而鲜明的象征性标志，如奥林匹克标志、格言，会旗、会歌、会标、奖牌、吉祥物，等等。这些标志有着丰富的文化含义，形象化地体现了奥林匹克思想的价值取向和文化内涵，用一些简明洗练的艺术形象符号表达奥林匹克思想的基本点，将抽象的概念变为可见的、可听的、可触的物质文化，反映了人们对奥林匹克运动认识的深化。

（2）浓郁的艺术性。为了避免奥林匹克运动缺乏高雅情趣，在奥林匹克运动的各种活动、特别是奥运会中，人们运用了多种艺术手段，不仅展示着世界一流的人体的美，如人体形态的美、力的美、韵律的美、运动的美等，而且集中了其他多种文化艺术形式的美，使这些活动达到极高的审美意境，洋溢着浓郁的艺术气息。

（3）内涵的丰富性。由于奥林匹克运动力图从不同的角度和不同的层次去挖掘、展示人类社会中一切美好的东西，各种文化形式和艺术手段都能在奥林匹克运动中找到自己的用武之地，成为这一恢宏的社会文化运动的组成部分。在奥林匹克运动里，人们看到的是一个五彩缤纷的艺术天地。这里有气势磅礴的奥林匹克建筑和形象生动的绘画、雕塑等视觉艺术，有旋律起伏的声乐、器乐等听觉艺术，有文学、诗歌等想象艺术，有戏剧、歌舞等综合艺术。奥林匹克运动综合反映了人类文明，并推动着人类文明的进步。

奥运会纪念章

为使更多的人热爱奥林匹克运动，弘扬奥林匹克精神，每届奥运会的组委会都要制作奥运会纪念章，以宣传和纪念该届奥运会。

奥运会纪念章分为两大类：一类是奥运会组委会发行的正式纪念章，另一类是配合奥运会发行的商业性旅游纪念章。

正式的纪念章发行数量有限，仅发给参加奥运会比赛的每一位运动员、教练员以及裁判员和工作人员，留作纪念。

随着奥运会规模的不断扩大，不仅奥运会主办国发行纪念章，而且参加国也设计制作多种图案新颖别致的纪念章，作为各国运动员之间常用的见面礼物。

商业性旅游纪念章的生产和制作，也必须得到奥运会组委会的批准，这类纪念章尺寸、形状和图案五花八门，争奇斗艳，对增加奥运会气氛和宣传奥林匹克运动很有作用。但是，《奥林匹克宪章》禁止奥运会纪念章上使用奥林匹克会徽和奥林匹克会旗。

奥林匹克纪念币

奥林匹克纪念币，指为纪念奥林匹克运动和奥运会而发行的金属币。一般由奥运会主办国发行，以此来扩大奥运会的影响，并筹集资金，但有的奥运会参加国也发行奥运会纪念币。

纪念币既有纪念意义，又可供流通和收藏。纪念币的图案没有统一规定，规格有金币、银币和铜币 3 种。奥林匹克纪念币的主要特点是有象征奥运会的图案。

据记载，在公元前 480 年，西西里岛的统治者阿纳克西洛斯为了纪念第 75 届古奥运会，就发行过一枚直径为 25 毫米、重 17.5 克的 4 德拉克马纪念币。而现存最早发行纪念币的则是公元前 356 年第 105 届古奥运会授予获胜者的马其顿国王菲利普二世纪念币。

现代奥运会发行纪念币始于 1952 年的第 15 届奥运会。芬兰为了纪念这次体育盛会发行了一种面值 500 马克的银币，图案为奥运会会标。纪念币分为两批发行：第一批发行 1.85 万枚，币上铸有 1951 年字样；第二批发行 58.65 万枚。第 16、17 届奥运会未发行纪念币。1964 年在因斯布鲁克举行第 9 届冬奥会，奥地利首次发行冬奥会纪念币。同年，日本为纪念东京奥运会，恢复发行夏季奥运会纪念币。此后，历届奥运会均沿袭这一传统。

奥林匹克文学

奥林匹克文学是伴随着奥运会的发展而发展起来的。古奥运会为古希腊的文学视野展示了一个广阔的天地。诗人、作家都以各自的才能创作出讴歌激烈的竞技场面和优秀选手的文学作品。荷马在他的史诗《伊利亚特》和《奥德赛》中，栩栩如生地描述了古奥运会上战车、角力、赛跑、掷铁饼、标枪、射箭等热烈的比赛场景。古希腊著名的抒情诗人品达罗斯，一辈子几乎只歌颂奥运会。至于遍布奥林匹克祭台、神庙、雕像上的题词，无一不是以优秀运动员为其赞美对象的。

1912 年第 5 届奥运会首次增设文学艺术赛。

“现代奥林匹克之父”顾拜旦讴歌体育的诗歌作品《体育颂》获该项奥运会金牌。在现代奥运发展的 100 多年中，奥林匹克运动和文学构成了一部人类精神文明发展的历史。每一届奥运会都伴随着一批较高水平的文学作品的出现，奥林匹克文学已成为奥林匹克文化的重要组成部分。

亚特兰大第 26 届奥运会的前一年，即 1995 年的 4 月 23 日，在世的半数共 8 位诺贝尔文学奖得主接受组委会的邀请，在伟大的文学家莎士比亚诞生纪念日欢聚亚特兰大，成为历史上奥运会文化艺术活动重头戏的杰出一幕。艺术节的负责人斯特劳森说：“传统上，奥林匹克艺术节希望它在艺术领域起的作用，就如同奥运会在全世界体育中所扮演的角色。这次聚会向这个目标迈进了重要的一步。”

奥林匹克运动对人类社会的影响

在当今社会，奥林匹克运动不仅是人类社会体育史上规模最大的体育活动，对世界体育的发展起着举足轻重的作用，也是人类文明史上一个宏大的社会文化现象，在社会的政治、经济、文化、教育、道德伦理、哲学、美学、新闻媒介等重要领域产生着极其广泛而深远的影响，为人类社会的进步作出巨大贡献。奥林匹克运动已成为人类社会和平、友谊和进步的象征。奥林匹克运动对人类社会的贡献是多方面的，主要如下：

奥林匹克运动不同于其他体育运动。最重要的特点就是它沿着从微观到宏观，由个体到社会的逻辑提出一套完整的思想体系，即通过体育首先使个人得到和谐发展，进而扩展到改善社会，促进社会的发展，最终扩大到整个国际社会，使人类有一个和平而美好的世界。为达此目的，奥林匹克运动提出一系列极其重要的观点。如体育与教育和文化密切结合，重在参与与“更快、更高、更强”，团结、友谊与公平竞争的道德观等。这些思想极大地丰富了人类社会体育思想的宝库，赋予体育运动极强的教育价值、文化价值和道德价值，为体育功能的开发和利用开辟新的道路。

在奥林匹克运动的推动下，一个全球性的体育组织体系在 20 世纪形成。这个体系的核心就是国际奥委会、各国奥委会和国际单项体育联合会“三大支柱”。正因为有了这个跨国家、跨地区的组织网络，世界体育才在 20 世纪有了突飞猛进的发展。奥林匹克运动以体育运动作为实现自身思想目标的主要手段，将体育运动规范化、标准化，使之突破民族和地域的限制，走上国际化的道路。又通过四年一度的奥运会，使奥林匹克运动周期性地出现高潮，一浪高过一浪地将现代体育推向地球的各个角落。

奥林匹克运动的发展以社会提供的物质条件为基础，但又给社会的物质文明以极大的促进。特别是自 20 世纪 60 年代以来，随着奥运会规模的扩大，参加与举办奥运会涉及的社会部门越来越多，奥林匹克运动与商业、旅游业、建筑业、服务业、交通业、通讯业互相渗透，与市政建设、社区发展紧密结合，有力地促进了这些相关部门的发展。此外，在百年奥运实践中，奥林匹克运动向现代科学技术提出无数次挑战，并为高科技提供良好的实验条件，极大地促进了现代科技的发展。

奥林匹克运动强调体育与教育融为一体，使体育过程与教育过程并行，使人的身心全面发展。奥林匹克运动又主张体育与文化紧密结合，使体育过程成为美的历程。各种艺术形式，如视觉艺术（建筑、绘画）、听觉艺术（音乐）、想象艺术（文学、诗歌）和综合艺术（戏剧、歌舞），都在这里找到用武之地，使人们受到极好的熏陶。

在现代社会，国际间的相互了解是世界和平的前提条件，但民族间的文化隔阂是人们相互了解的主要障碍。奥林匹克运动以具有普遍价值的体育运动为文化传播的中介，坚持和平、友谊、进步，从而促进各种文化融合的进程。

1993 年联合国大会通过国际奥委会提出的促进世界和平的提案，向全世界表明：奥林匹克运动“为建成一个更加美好的和平的社会”的宗旨，得到国际社会的广泛承认，已经成为我们时代一支不容忽视的重要力量，促进着人类和平和进步事业的发展。

历届夏季奥林匹克运动会

第一届雅典奥运会——现代奥运会的奠基

1896年4月6日至15日，第一届夏季奥运会如期在希腊雅典隆重开幕。大会组委会向世界的一些主要国家发出参赛邀请，但是由于对奥运会知之甚少，中国清政府在接到邀请之后未派队参加，失去了与奥运会第一次接触的机会。最终应邀参赛的只有澳大利亚、奥地利、保加利亚、英国、匈牙利、德国、丹麦、美国、法国、智利、瑞士、瑞典和东道主希腊13个国家共311名男运动员。希腊一共派出了230名运动员参加此次奥运会，占全部运动员的三分之二。另外，德国派出19名选手、法国19人、美国14人、英国8人。当时绝大多数国家的奥委会尚未成立，各国没有组织代表队来参赛，选手大多为个人前来，例如美国的14名选手多数来自哈佛大学和普林斯顿大学，英国选手博兰是正在雅典旅游的一名游客，恰逢奥运会举办，于是便报名参加网球比赛并获得奥运史上第一个网球单打冠军。

本届奥运会的举办城市在1894年巴黎国际奥委会会议上确定，当时并没有如今申办奥运的系统步骤，只是因为雅典是奥林匹克运动的发源地而战胜巴黎赢得主办权。但是，时隔不久，希腊首相特利皮库斯强调希腊财政困难，无力举办该届奥运会。国际奥委会秘书长顾拜旦积极开展外交政策，首先将举办权确定留在希腊，同时联合第一任国际奥委会主席维凯拉斯，最终说服希腊王储康士坦丁赞同举办奥运会，国王乔治一世在举办奥运会的计划书上签字，首相特利皮库斯因此下台。为了解决筹办经费难题，大会组委会发动全国性的募捐活动，政府也拿出款项，并发行以古奥运会为题材的纪念邮票出售。但是这些努力还是难以弥补财政上的困难。在这时，希腊富商阿维罗夫捐助 100 万德拉克姆，修建了第 1 届奥运会的主赛场。社会募捐、企业赞助、纪念邮票，这些都为以后的奥运会集资开创先河，同时也是最早的现代奥运赞助的开端。

第一届奥林匹克运动会于 1896 年 4 月 6 日下午 3 点正式开幕，这一天对希腊人民来说具有双重的历史意义：一是现代奥林匹克在家乡举办第 1 届盛会，二是纪念希腊抗击土耳其统治起义 75 周年。包括希腊国王乔治一世在内的希腊政府领导，维凯拉斯、顾拜旦在内的奥委会成员参加了盛会。希腊国王乔治一世宣布比赛正式开始。开幕式现场观众达 8 万人之多。在开幕式上演奏了一曲古典管弦乐《萨马拉斯颂歌》，这首歌曲优美庄严、大气浑厚。乐曲由萨马拉斯组曲、帕拉马斯填词，热情赞颂了奥林匹克运动。1895 年，国际奥委会通过决议，将其正式定为奥林匹克会歌。

本届奥运会的正式比赛项目有 9 个大项，分别是田径、游泳、举重、射击、网球、自行车、体操、击剑、古典式摔跤。原计划中还有赛艇项目，但因气候和运动员问题最终取消。由于当时各国的奥委会没有成立，许多国际单项体育组织也没有成立，因此项目的规范性、场地的标准性、运动员参赛标准等都很差，甚至临时增加项目。田径因为当时主体育场的跑道成 U 型，无法举行 200 米跑而取消该项目；游泳比赛则是放在波涛汹涌的海上进行，因为当时港口军舰上有不少水手，临时决定为他们增加一项 100 米自由泳水手赛；德国的舒曼跨项参加比赛，在体操和摔跤比赛中，共获得 4 枚金牌，成为该届奥运会获得奖牌数最多的运动员；举重、摔跤等没有根据体重分级，全部选手同场竞技，这在现今看来都是难以想象的。该届奥运会依旧沿袭古奥运会旧制，未允许女子参赛，未开设集体项目。

现代奥运会的第一个冠军诞生在三级跳远赛中，美国选手康诺利在

第一届希腊雅典奥运会五花八门的起跑

开幕当天以 13.71 米的成绩取胜。康诺利是美国哈佛大学学生，前来雅典参赛并未获得学校的同意，但是他热爱古典文学，热爱体育运动，为希腊举办的奥运会深深吸引，即使退学也要来参赛。后来，当康诺利带着第一枚奥运会金牌回到哈佛大学时，受到热烈的欢迎。学校认为这不仅仅是康诺利本人的光荣，也是哈佛大学的光荣。美国运动员在这届奥运会田径比赛中大放异彩。康诺利夺冠后两个小时，来自普林斯顿大学的学生加勒特夺得了铁饼项目的冠军，曾练习过。后来他还获得铅球项目金牌和其他两个项目的银牌，成为首届奥运会田径获得奖牌最多的运动员。在田径比赛中，最受关注的当属 100 米赛跑和马拉松长跑。体育场竞赛跑道是全长 333.33 米的 U 型跑道，直道长 192 米。百米比赛时，运动员差不多都穿着大皮鞋，起跑姿势各式各样，有直立的，也有弯着腰的，只有美国选手伯克首次采用“蹲距式”起跑姿势，当时这一“怪姿势”被周围人嘲笑，但是他最后以 12 秒的成绩夺得冠军，成为奥运会历史上第一位男子百米冠军。美国队在此次田径赛中包揽了 12 个项目中的 9 项冠军。

最激动的场面还是出现在马拉松比赛场上。马拉松比赛，是为纪念马拉松战役设置的。路线是马拉松战役中给雅典人民传递好消息的英雄菲迪皮德斯跑过的路线，全程 40 公里。希腊人民对这项比赛投入了极大的热情，因为田径开赛以来，还没有任何一名希腊运动员获得冠军，马拉松赛成为唯一的希望。比赛于 1986 年 4 月 10 日举行，参赛的有 4 个国家 17 名运动员，气氛十分热烈。希腊运动员鲁伊斯不负众望，第一个冲入体育场，10 万名在场的观众雀跃欢呼，全场沸腾。

4 月 15 日，首届奥运会落下帷幕。国王乔治一世在闭幕式上向获奖运动员颁发奖牌。从 1896 年至 1932 年，除 1904 年和 1920 年外，颁发奖牌都是在闭幕式上进行。国际奥委会当时刚刚建立，对于奖牌的材质、规格和图案设计等没有确定方案。希腊当时认为黄金俗气，而且与赌博等混为一谈，有悖于奥林匹克运动的精神，故冠军的奖励是银质奖牌、橄榄花冠；亚军铜牌和月桂花冠；季军只有铜牌。参赛的每位选手得到一张纪念证书，并在授奖时升获奖运动员所属国家的国旗并演奏冠军选手国家国歌。

第一届奥运会期间还进行了艺术展览、古代戏剧展出、火炬游行和酒会等文化活动，这些都是用来弘扬古代奥运会，和文化密切相连，而且在现代奥运会发展过程中不断被发扬光大。

最终，美国队以 11 枚金牌、7 枚银牌和 1 枚铜牌的成绩位列金牌榜第一位，而希腊队凭借 46 枚奖牌成为获得奖牌最多的国家。

1896 年，第一届现代奥林匹克运动会在雅典揭开序幕，尽管比赛暴露出种种不足，但是毕竟为现代奥运会的发展奠定了基础，为推动奥林匹克运动起到推动作用。

第二届巴黎奥运会——世博会的陪衬

雅典奥运会胜利举行后，希腊人对奥运会表现了极大的热情，想推翻第二届会址设在巴黎的决议。在第一届奥运会闭幕时，国王乔治一世亲自出面，要求将雅典定为奥运会的永久会址。当时已接替维凯拉斯任国际奥委会主席的顾拜旦，在这个问题上坚持不让。他说，奥林匹克运动是希腊的，也是全世界的。他认为奥运会必须在不同国家举行，才能使之具有国际性和富有生命力。希腊终于被说服，巴黎赢得了主办权。

但是，世界名城巴黎并没有敞开胸怀热情迎接这届奥运会。顾拜旦想利用世界博览会来扩大奥林匹克运动影响的打算，未能如愿以偿。法国政府对博览会的兴趣远胜于奥运会，顾拜旦在日记中道出了他内心的愤慨和苦恼：“世界上有一个对奥运会非常冷淡的地方，这就是巴黎。”

运动会于5月20日至10月28日进行，比赛日程安排得很不紧凑，如击剑赛安排在6月，田径和体操赛在7月，游泳、赛艇在8月，自行车赛在9月等等，整个运动会开了5个多月，堪称是一次“马拉松”式的运动会。比赛场地也很分散，大会组织者竟别出心裁，将比赛项目按博览会工业类别分在16个区域进行。例如，击剑被安排在刀剑制造工业区，划船安排在救生系统展览区等，实际上，运动会成了博览会的一部分，成了展览会招揽观众的体育表演。有的项目比赛完了，个别选手甚至不知自己参加的是奥运会赛。

参赛国家达21个，运动员共1330人，这比上届要多得多。特别是运动员中有11名女子，突破了古代奥运会和现代第一届奥运会不许女子参加的禁令。虽说这次女子参赛并未得到国际奥委会正式认可，却开创了女子走向世界体坛的先例。这次率先派女子参赛的有法国、英国、美国和波希米亚。东道主派出了884名运动员组成的庞大选手团，人数居首位；英国次之，共103人；美国列第三位，共74人。首次参赛的有比利时、波希米亚、海地、西班牙、意大利、加拿大、古巴、荷兰、挪威和印度。印度选手是一名就读于英国名叫诺·普理查德的学生，他随同英国代表团来到巴黎参加了这次盛会，并在田径赛中获得两枚银牌。他是亚洲第一个参加奥运会和获取奖牌的运动员。

集体项目被列入本届比赛，这是一个重大的可喜的突破，古奥运会进行的只是个人之间比赛。第一届奥运会时，尽管一些集体项目已在欧美等国广为流行，但为了遵循古奥运会的传统仍未能列入比赛。足球就是这样。1863年英国成立了足球联合会，1873年英格兰和苏格兰还举行了第一场正式比赛。参加本届奥运会足球赛的虽然只有英、法、比三个国家，但它是第一次世界性的比赛，对后来国际足球联合会的成立和世界足球运动的发展，都起了一定的推动作用。

上届奥运会田径成绩领先的美国队，这回又获得了24项中的17项冠军，树立了田径强国的形象。佼佼者中首推阿·克伦茨莱因，他除了获跳远冠军以外，还夺得60米跑、110米栏和200米栏3项第一名，成为首位在一届奥运会个人赛中四夺金牌的选手，也是本届获得金牌最多的运动员。在这届奥运会上，还有一位运动员虽然所得金牌比克伦茨莱因少，然而后来名气要大得多，他就是在美国有橡皮人之称的雷·尤里。尤里能成为世界优秀运动员是颇出人意外的，他小时候身体很弱，得小儿麻痹症后，在轮椅上度日，后来他遵照医生的意见，从不间断体育锻炼，以顽强的意志在锻炼中恢复了健康，并成为赛场上的出类者，巴黎奥运会时他已经27岁。在7月16日那天，他一举夺得立定跳高、立定跳远与立定三级跳远3项冠军。四年后，他在圣路易奥运会上重复了这一成就。1906和1908年，他又在雅典和伦敦奥运会上两次获得立定跳高和立定跳远金牌。从1900至1908年，他四次参加奥运会比赛，共获得10枚金牌。

第三届圣路易斯奥运会——“美国人”的奥运会

圣路易斯是美国第8大城市，位于密西西比河右岸，交通方便，工业发达。18世纪时，该市尚属法国管辖，曾是皮毛交易市场。1803年归还美国。它在人口、经济实力上都远逊于芝加哥。它之所以能从芝加哥手中夺取胜利，主要是原定于1903年举办的庆祝该市建市一百周年纪念的世界博览会改在1904年。主办方想使博览会、运动会同时举行，互增光彩。

运动会于1904年7月1日至11月23日举行，延续了5个多月，是奥运会史上又一次旷日持久的运动会。参赛国家仅12个，是迄今奥运会参赛单位最少的一次。

东道主曾提出派船接送欧洲选手，但最后只是空头支票。由于远隔重洋，旅费昂贵，加之忧心远东日俄海战事态发展，包括法国在内的许多欧洲国家均未出席，仅有英国1人、德国17人、希腊14人、挪威2人、奥地利2人、匈牙利4人、瑞士1人，7个国家，派出了总共只有41人的欧洲队伍参加，而且其中有些国家的选手还是客居美国的侨民或留学生。除欧洲外，另5个队是东道主、古巴、加拿大、澳大利亚和首次参加的南非。参赛运动员共689人，其中女子8人，全由美国派出，美国占了533人。位居第二的加拿大队，仅41人。由于外国队选手总共还不到100人，以致有些项目的比赛，如拳击、自由式摔跤、射箭、网球、水球等，几乎都是清一色的美国人，无怪乎人们把这届奥运会称之为美国运动会。

本届比赛项目略有变化。上届举行了的马术、帆船、自行车、射击等比赛，这次未列入，但新增加了拳击、曲棍球，恢复了第一届列入了的摔跤、举重项目。女子仅有一项射箭，首次举行了篮球表演赛。

美国总统罗斯福虽然赞同运动会在圣路易斯举行，然而未出席开幕式；国际奥委会主席顾拜旦也因故未来美国。按惯例，一国首脑与国际奥委会主席都应参加运动会的开、闭幕式，二者同时缺席是极为罕见的。

第四届伦敦奥运会——第一次五洲相聚

1896年第一届奥运会后，国际奥委会否决了希腊想把雅典作为奥运会固定会址的要求，但答应希腊可在两届奥运会之间召开一次类似奥运会的运动会，即所谓“中间奥运会”或“届间奥运会”。由于种种原因，迄今希腊只在1906年现代奥运会复兴十周年纪念时，于雅典主办了一次这样的运动会。

当时，申请主办第四届奥运会的有罗马、米兰、柏林和伦敦四个城市。柏林由于得不到政府支持被迫撤消了申请，经国际奥委会秘密投票表决，会址选在罗马。由于多次地震和维苏威火山爆发，意大利经济蒙受巨大损失。1906年雅典届间奥运会期间，罗马提出，因财政困难，无力 兴建体育设施，宣布放弃主办权。时间紧迫，奥运会又无法延期，国际奥委会求助于伦敦。英国考虑再三，答允运动会在伦敦如期举行，并立即成立了奥运会筹委会。1908 年 4 月 22 日到 5 月 2 日举行，参赛的有 20 个国家的 884 名运动员，其中女选手 7 人，希腊打破祖先留下来的陋习，首次派出妇女参加了世界性比赛，7 名女选手希腊占了 6 名，代表团数最多的也是希腊，男女共 306 人。缺席圣路易奥运会的法国，这次参赛选手仅次于希腊，为 76 人，意 56 人、英 52 人、丹 53 人、德 52 人等，欧洲国家选手队伍都在 50 人以上。以往各届运动会，美国运动员都是由各大学、俱乐部或体育协会自行派，这次来雅典的 34 名选手，首次由美国奥委会选拔产生。埃及、芬兰是第一次派队参赛。

运动会比赛项目有田径、游泳、水球、击剑、体操、赛艇、自行车、足球、古典式摔跤、网球和射击。因为运动会是非正式的，没有列入奥运会届次中，所获奖牌一般也不统计在国家或个人所获奥运会奖牌数内。

本届参赛国家共 22 个，运动员 2034 人，其中女子 36 人，总人数比前三届的总和还要多，东道主派出了最庞大的选手团，达 710 人；法国次之 220 人；瑞典 156 人，居第三位，首次参赛的有冰岛、新西兰、俄国、土耳其和芬兰。1900 年，亚洲的印度曾有一名运动员随同英国队参加了巴黎奥运会，使欧美、亚、大洋洲均有代表参加当届运动会，只是缺少非洲国家；1904 年，非洲与欧、美大洋洲均有代表，但亚洲缺席。本届土耳其队与会，使奥运会首次五洲代表聚会，对奥林匹克日益国际化具有历史意义。本届共设有 24 个大项，首次列入的有曲棍球、水上摩托和一些奇异不常见的项目，如热杰球，这是一种古老的类似网球打法的球。这项比赛在奥运会上寿命不长，以后只在第七届列入过。

大会还第一次列入了花样滑冰。比赛是在人工冰场进行的。女子参加的项目只有网球、射箭和花样滑冰。伦敦奥运会田径赛共 27 个项目，创 16 项奥运会纪录，其中有 5 项高于当时的世界最佳成绩。在项目上也有所翻新。

第五届瑞典奥运会——形成开幕仪式传统

1904 年，国际奥委会会议决定，将瑞典斯德哥尔摩作为 1912 年奥运会会址。从那以后，瑞典即着手筹办奥运会，并把它作为关系国家荣辱的事来抓，他们兴建了“柯罗列夫”运动场，尽管它比起圣路易、伦敦运动场的规模要小得多，但设施完备，先进。跑道全长 380.33 米，接近今日标准跑道长度，这也是奥运会开办以来，运动员第一次在较标准的跑道上竞赛，场内试验性地安装了电动计时器和终点摄影设备。时间精确到 1/10 秒。7 月 6 日，运动会于“柯罗列夫”运动场正式开幕。瑞典国王古斯塔夫和以顾拜旦为首的国际奥委会官员莅临大会，国王致开幕词。大会首次举行了隆重仪式，并从此形成传统。应邀参赛的有 28 个国家，运动员共 2547 人，其中女子 57 人。首次参赛的国家有埃及、卢森堡、葡萄牙、叙利亚和日本。东道主队伍最大，共 482 人。其次是英国，293 人。挪威列第三，207 人。芬兰 186 人、德国 185 人、俄国 178 人、美国 174 人，其他国家也派出了人数众多的队伍。本届参赛的国家和运动员数都是创纪录的。

第五届奥运会开幕式

比赛项目与上届比较，削减了不少。最后确定下来的比赛项目，男子有田径、游泳（含跳水、水球）、自行车、射击、体操、摔跤（古典式）、马术、击剑、现代五项、赛艇、帆船足球和网球；女子有游泳（含跳水）和网球。它为以后奥运会项目的设立，形成了基本锥形。

比赛虽在 7 月 6 日开幕式前就已经拉开帷幕，然而包括田径在内的主要项目的争夺，还是在开幕式以后才擂响战鼓的。瑞典人对比赛极其关心，每场观众都在两三万人以上。

因战争中断的第六、十二、十三届奥运会

第六届奥运会原定于 1916 年在德国柏林举行，因 1914 年爆发第一次世界大战而停办。

申办第六届奥运会的城市有柏林、亚历山大、克利夫兰和布达佩斯。以顾拜旦为首的国际奥委会意欲以奥运会来抑制正在兴起的德国军国主义，因而将会址选在柏林。1914 年第一次世界大战爆发。为了维护奥运会反对战争、维护和平的宗旨，谴责德国的侵略行为，国际奥委会决定停办第六届奥运会。根据《奥林匹克宪章》规定，届数照算。

第十二届奥运会原定于 1940 年在芬兰赫尔辛基举行，因爆发第二次世界大战而停办。

第十二届奥运会最早定于 1940 年 9 月 21 日至 10 月 6 日在日本东京举行。1937 年日本军国主义发动了侵华战争。1938 年 7 月，国际奥委会在开罗召开会议，中国代表抗议日本侵略中国，违反奥林匹克精神，要求取消东京的主办权。国际奥委会全体会议未公开表态，但在执委会秘密会议上决定将芬兰的首都赫尔辛基作为候补会址。

开罗会议后不久，日本奥委会在军方压力下不得不宣布日本无法举办奥运会，在这种形势下国际奥委会正式决定将第十二届奥运会会址改在赫尔辛基，会期定于 1940 年 7 月 20 日至 8 月 4 日。随着第二次世界大战爆发，1940 年 1 月 1 日芬兰通知国际奥委会放弃主办权。第十二届奥运会停办，届数照算。

第十三届奥运会原定于 1944 年在英国伦敦举行，因第二次世界大

战而停办。

申办第十三届奥运会的有伦敦、雅典、布达佩斯、底特律、洛桑和蒙特利尔6个城市。1939年9月国际奥委会在伦敦开会，将会址选在伦敦。但因第二次世界大战停办，届数照算。

第七届安特卫普奥运会——诞生五环旗

1918年，当国际奥委会提出召开七届奥运会时，仍有3个城市申请主办：布达佩斯、里昂和安特卫普。1918年，国际奥委会决定由安特卫普承办。

安特卫普是比利时的一个省城，跨斯海尔德河两岸，为欧洲北部贸易中心，世界大港之一。当第七届奥运会决定在这里召开消息传来后，人们满怀热情地支持。安特卫普市民的忘我劳动，很快地医治了战争留下来的创伤，兴建了一个能容3万多人的体育场和其他体育设施，使运动会得以如期召开。

运动会开幕前夕，组委会面临一个非常棘手问题——是否邀请第一次世界大战的元凶德国及其同盟者参加。经过多方考虑最终没有邀请，以示对他们破坏奥林匹克运动和平的惩罚。但是，比利时组委会也犯了一个差错，没有邀请刚刚成立新政权的苏联与会。

本届参赛的国家共有29个。首次参加的有阿根廷、摩纳哥、巴西、南斯拉夫、捷克斯洛伐克。爱沙尼亚、芬兰也以独立的身份参加了比赛。运动员共2607人，其中女选手64人；人数最多的前三名国家是比利时332人、法国292人、美国282人；比赛项目比上届增加了，列入了上届取消的自由式摔跤、拳击、马球、橄榄球、曲棍球等。16年来未举行奥运会比赛的举重项目，这次也重新恢复了。冬季项目，除重新列入花样滑冰外，首次增加了冰球，这也是夏季奥运会最后一次举行这类比赛。

国际奥委会首次作出决定，赛艇比赛每个单项一个国家只限派一条船艇参加。这为以后其他项目限制参加人数或队数开创了先例。

运动会于 8 月 14 日正式开幕，8 月 29 日闭幕。同以往某些届次一样，开幕前有些项目已经开始比赛，闭幕后有些项目的比赛仍在继续。田径战幕揭开后，上届奥运会英雄芬兰长跑健将科勒赫迈宁又出现在观众面前，虽已年满 31 岁，但雄风犹在。在这次马拉松赛中，获得了他的第四枚也是最后 1 枚奥运会金牌。4 年后，他在巴黎奥运会的马拉松赛中因脚伤不得不中途退出比赛，并从此挂鞋引退。

第八届巴黎奥运会——首次在闭幕式上升旗

1924 年，是现代奥运会复兴的 30 周年。自奥运会决定在巴黎举行后，法国人民一改 1900 年的冷淡态度，表现了相当程度的热忱。

1923 年冬塞纳河决堤，洪水袭击了巴黎，使原来就很紧张的法国财政，更是捉襟见肘。法国上层人士甚至提出，放弃主办权，让洛杉矶接替。但是筹委会顶住了压力，克服重重困难，筹集了 400 万法郎，修建了能容 6 万多人的“科龙市”运动场，不过场内的煤渣跑道长度为 500 米，不如上届标准。为了安排运动员住宿，筹委会在运动场旁盖了一排简易的房屋，它就是以后奥运会村的雏形。

运动会于 5 月 4 日至 7 月 27 日举行。会期与 1900 年第二届奥运会相比较，要短得多。大会正式开幕是 7 月 5 日。出席开幕式的有法国总统，还有英国、罗马尼亚、埃塞俄比亚等国的王公显宦，以及国际奥委会、法国奥委会的主要官员。本届应邀参赛的有 44 个国家，首次参加的有爱尔兰、波兰、罗马尼亚、菲律宾、墨西哥、乌拉圭、厄瓜多尔。德国仍被排除在奥运会大门之外，但匈牙利、奥地利获得了参赛权。运动员共 3092 人，其中女子 136 人。

1924 年巴黎奥运会是运动员鲁米的黄金时期，甚至有人把这届奥运会称之为“鲁米奥运会”，他到哪里，哪里就有胜利，就有“鲁米！鲁米！”的欢呼声。这位田坛奇才，生活就像他常穿的运动衫号码一样，是“1”号。从1920年至1928年，他在奥运会上共获9枚金牌，3枚银牌，是获金牌最多选手之一。在世界田坛上，从1921到1929年，共20多次创世界纪录。巴黎奥运会也是芬兰田径的春天，继安特卫普奥运会后，再次与美国抗衡。20世纪20、30年代，芬兰田坛上的3颗长跑巨星：科勒赫迈宁、鲁米和维·里托拉同时出现在奥运会赛场。虽说科勒赫迈宁在马拉松赛中失败了，但鲁米成功了，里托拉成功了。里托拉是一位侨居美国并在那里接受训练的芬兰青年，这次他专程回国代表芬兰参赛。他在1万米、3000米障碍等项目比赛中，共获4枚金牌、两枚银牌，金牌数仅次于鲁米。本届奥运会超长距离的马拉松赛桂冠也属芬兰人。

本届奥运会首次引入了“更快、更高、更强”（Citius，Altius，Fortius）的奥林匹克格言，并在闭幕式上首次进行了升旗仪式，会场上同时升起了国际奥委会会旗、本届奥运会主办国和下届奥运会主办国的国旗。

总的来说，这次运动会还是比较成功的，改变了巴黎1900年留给人们的不好印象。

第九届阿姆斯特丹奥运会——首次传递圣火

1928年第九届奥运会只有荷兰的阿姆斯特丹一市申请主办。在无竞争的情况下，成了当然会址。东道主新建了一个能容4万人的运动场，作为这次奥运会开、闭幕式和足球、田径等项目比赛的主体场。另外还建造了一座高塔。在奥运会期间，高塔一直燃烧着熊熊焰火。火种取自奥林匹亚，用聚光镜聚集阳光点燃火炬，然后通过接力传送，途径希腊、南斯拉夫、奥地利、德国4个国家，最后传到东道主国主办地。

这是奥运会首次举行这种活动。

运动会5月17日至8月12日举行。据说后来的各队入场顺序，即希腊率先，东道国殿后，其他各按东道国文字排列，是从本届开始的。参赛的有46个国家，首次参加有马耳他、巴拿马和罗得西亚。中国继1924年派出3名网球手赴巴黎奥运会表演后，这次又派了观察员宋如海出席。德国在与奥运会关系中断16年后，重新派队参加了比赛。运动员共3014人，其中女子290人。美国选手人数最多，为249人，东道主246人，法国234人，重新参赛的德国，也派出了由223名运动员组成的代表团。

上届男子田径赛中获金牌最多的美国和芬兰，这次仍居领先地位。8月2日三级跳远决赛中，日本织田干雄以15.21米取胜，这是日本，也是亚洲在奥运会第一次获得金牌。亚洲第一个女子世界纪录创造者、21岁的日本女选手人见绢枝也参加了这次800米比赛，并获得亚军，是亚洲第一个获得奥运会奖牌的女选手。人见绢枝在这年的5月20日于大阪举行的一次比赛中，以5.90米创造了第一个女子跳远世界纪录。

第十届洛杉矶奥运会——首次建奥林匹克村

第十届奥运会在1932年7月30日至8月14日在美国的洛杉矶拉开帷幕。参加那次比赛的有来自37个国家的1048名运动员，其中女选手127人。同1904年圣路易奥运会一样，也因费用问题而使参赛的运动员人数显著减少。

中国首次派出了3人组成的代表团，但运动员仅刘长春一人，在100米、200米预赛中即落选。

大会组织者修建了1个有15.5万个座位的体育场，另在离市中心20千米处盖了一座奥林匹克村，供运动员住宿。这是奥运会史上的创举。鉴于这次经验，国际奥委会在奥林匹克宪章中明确规定，主办国必须修建一座奥林匹克村。运动会期间，国际奥委会决议，对今后各国参加每个单项的运动员人数作出了规定。

本届运动会一共打破16项世界纪录，平了两项世界纪录，改写33项奥运纪录。日本运动员在游泳项目中取得突出成绩，共夺得5项冠军，其中14岁的中学生北村以19分12秒4夺得男子1500米自由泳冠军，并打破奥运纪录，这个纪录20年后才被打破。

第十一届柏林奥运会——开电视转播先河

1932年（另说1931年）国际奥委会将会址选在柏林。

1936年柏林奥运会火炬传递的情景

大会于1936年8月1日正式开幕，16日结束。参加比赛的来自49个国家的4066名运动员，其中女选手328人。德国人数最多，共406名运动员，美国次之，330人，匈牙利列第三，211人。首次参赛的国家有阿富汗、百慕大群岛、玻利维亚、歌斯达黎加、列支敦士登和秘鲁。中国共派出69名运动员，参加了田径、游泳、举重、拳击、自行车、篮球和足球6个大项的比赛，均在预赛中遭淘汰。另外还派了一个武术表演队和一个体育考察团。这个考察团曾赴包括德国在内的一些欧洲国家考察。

大会于8月16日闭幕。东道主以主办国的有利条件，获金牌33枚、银牌26枚、铜牌30枚，居各国之首。柏林奥运会是纳粹一手炮制的奥运会，它违反了奥林匹克精神，为德国法西斯粉饰和平起了推波助澜的作用。大会过去3年多，1939年9月，德国法西斯即发动了侵略战争，给包括德国人民在内的全世界人民带来了空前的灾难。不过这次奥运会还举办了展览会、音乐演奏、戏剧、世界青少年营、学术座谈会、舞会及接待会等文化活动。大会期间，还第一次使用电视作现场转播，并同时向许多国家转播实况，使奥运会新闻传播步入新的阶段。

第十四届伦敦奥运会——参赛国最多的奥运会

1945 年大战结束了，当年 10 月，英国奥委会向国际奥委会申请于伦敦举行第十四届奥运会。当时战火刚刚熄灭，各国正忙于战后工作，申请主办的仅伦敦一家。英国轻易地获得了主办权。

战争虽已结束，但战争留下的创伤仍到处可见。英国奥委会克服了经济困难，兴建了奥林匹克村，修缮了一些体育场馆，使运动会准备工作如期完成。

运动会于 1948 年 7 月 29 日至 8 月 14 日进行。这是第二次世界大战中断了 12 年后举行的首届运动会，是奥林匹克运动的新起点。第二次世界大战后，不少国家摆脱了殖民统治。它们虽来不及派训练有素的选手参赛，但纷纷应邀参加了这次盛会。本届参赛国家和地区达 59 个，这是一个创纪录的数字。运动员共 4099 人，其中女子 385 人，也是以往历届所不及的。选手人数最多的前三名国家是：英国 313 人，美国 303 人，法国 285 人。首次参加的有缅甸、英属圭亚那、委内瑞拉、伊拉里尼达、锡兰（今斯里兰卡）、南朝鲜、牙买加。中国派出了 33 名男运动员参加了篮球 10 人、足球 18 人、田径 3 人、游泳 1 人、自行车 1 人共 5 个项目的比赛，未能取得名次。德国、日本因系第二次世界大战策源地，被剥夺了参赛资格。本届奥运会项目与上届基本相同，只取消了手球和首次列入的女子皮艇。比赛成绩不好，总共只破了 4 项世界纪录，射击、游泳各 1 项，举重两项，而田径这样一个开展普及、单项众多的项目，却 1 项世界纪录也未破，这在奥运会史上是绝无仅有的。

在这届奥运会上，美国共获得了 38 枚金牌，27 枚银牌，19 枚铜牌，居各国之首，瑞典次之，获 16 枚金牌，11 枚银牌，17 枚铜牌，法国列第三，金、银、铜牌分别为 10、6、13 枚。匈牙利也获得了 10 枚金牌，只是银、铜牌比法国各少 1 枚。东道主成绩不很理想，仅获 3 枚金牌，金牌数列第 12 位。但它获得了 14 枚银牌，6 枚铜牌，如计算前六名非正式团体总分，仍属前六名国家之列。

第十五届赫尔辛基奥运会——美苏争霸

在伦敦举行奥运会的前一年，也就是 1947 年 6 月，国际奥委会于斯德哥尔摩就 1952 年奥运会会址问题展开了热烈的讨论。通过投票表决，赫尔辛基赢得主办权。

运动会于 7 月 19 日至 8 月 3 日举行。应邀参赛的有 69 个国家和地区的 4925 名运动员，其中女子 518 人。首次参加的有巴哈马群岛、加纳、危地马拉、中国香港、以色列、印度尼西亚、尼日利亚、荷属安的列斯群岛、泰国和南越。中华人民共和国、前苏联和联邦德国也首次应邀参加了奥运会。中国奥委会因当时国际奥委会某些领导人蓄意制造“两个中国”行程受阻，故仅参加了 1 项男子仰泳和 8 月 3 日闭幕式。首次参赛的前苏联队，对这届运动会非常重视，共派出 295 名运动员，居各国之首；其次是美国，为 286 人；东道主列第三，共 260 人。英 257 人、法 246 人、意 226 人、瑞典 206 人、联邦德国 205 人。

大会于 7 月 19 日下午 1 点正式开幕。本届奥运会可以说是大面积丰收的一次运动会，以破世界纪录为例，举重有 5 项，射击有两项，游泳有 1 项而田径更是突出：男子全部 24 个项目有 21 项打破或平奥运会纪录。其中三级跳远、链球、十项全能和 4 × 100 米接力均为世界新纪录；女子 9 项，有 8 项奥运会纪录被刷新，其中 200 米跑、80 米栏、铅球和 4 × 100 米接力创世界纪录。有的项目是一破再破，如女子铅球，破奥运会纪录的为21次，男子3000米障碍为16人次，链球为13人次，等等。这在奥运会史上是极为罕见的。它与上届整个比赛只有4项世界纪录，而田径连一项都没有破的情况形成了鲜明对照。这也说明，长期战争的影响已逐渐消失，一大批训练有素的优秀选手已涌现在世界体坛。如果说以往届次中有过以鲁米、欧文斯、布兰克尔斯·科恩为英雄的奥运会，则赫尔辛基的杰出人物应是捷克斯洛伐克的埃米尔·扎托皮克。

赫尔辛基奥林匹克体育场

扎托皮克是1950年前后田坛长跑骁将，有“人类火车头”之称。他曾先后6次刷新5000米、10000米等长跑项目的世界纪录。上届伦敦奥运会时，他初显锋芒，10000米跑获金牌，5000米获银牌。这次他在赫尔辛基大显身手，先后夺得5000米、10000米和马拉松跑3枚金牌，是本届田径赛中获金牌最多的运动员。有趣的是，7月24日他在5000米赛获冠不久，他的妻子丹娜·扎托皮科娃也荣登了女子标枪冠军台。扎托皮克与妻子丹娜同年同月同日生，而这次夫妻双双又在同一天获得奥运会金牌，成为体坛一段佳话。

大会举行期间，虽然气候不佳，不时遭到寒冷与风雨的袭击，然而仍然是一次成功的运动会，高水平的运动会，美国仍保持了金牌总数领先的地位，共获40枚，另外获得银牌19枚，铜牌27枚。前苏联紧随其后，金牌、银牌、铜牌数分别为22、30、19枚。如要计算前六名非正式团体总分，则两国均为490分。赫尔辛基奥运会揭开了新的篇章，进入了美、苏两个体育强国抗衡的年代。列第三名的匈牙利队，计金牌16枚，银牌10枚，铜牌16枚。东道主芬兰居第八，金牌6枚、银牌3枚，铜牌13枚。

第十六届墨尔本奥运会——跨越两大洲的赛会

1949 年国际奥委会执委会会议决定让墨尔本主办。使大洋洲继欧、美洲之后首次举办奥运会。

由于牲口入境检疫问题，马术比赛改在瑞典斯德哥尔摩举行，成了奥运会史上唯一分在两个洲举办的奥运会。

墨尔本奥运会参赛国家和地区共 67 个，运动员 3184 人，其中女运动员 371 人。本届奥运会（包括斯德哥尔摩）首次参加的国家和地区有肯尼亚、柬埔寨（只参加了马术比赛）、利比里亚、马来西亚、乌干达、斐济、埃塞俄比亚。中国台湾派出 21 名男运动员，参加了田径、举重、射击、篮球、拳击项目的比赛。东、西德奥委会组成德国联队参赛。埃及、西班牙、荷兰、瑞士均仅参加了斯德哥尔摩的马术比赛。本届参加运动员人数最多的国家是美国 298 人，澳大利亚 287 人，前苏联 283 人。

开幕式于 11 月 22 日下午在拥有 10.4 万观众席的主运动场举行。来自奥林匹亚的火种，首次利用飞机传递，行程共约 2 万多千米。点燃奥林匹克圣火的是澳大利亚著名田径运动员 R·克拉克。他曾 17 次创多项长跑的世界纪录，但在奥运会中仅获 1964 年（第 18 届）10000 米赛 1 枚铜牌，被称为克拉克现象。

本届奥运会比赛项目仍为 17 个大项。单项中蝶泳首次从蛙泳中分出。瑞典获得马术比赛 3 枚金牌。前苏联 V. 库茨获 5000 米、10000 米冠军，是前苏联第一个获奥运会长跑金牌的选手。澳大利亚女子田径运动员 B. J. 莫罗各获 3 枚金牌，前苏联的 V. 丘卡林和 V. 穆拉托夫在体操比赛中各 3 次取胜。本届奥运会获金牌最多的是匈牙利 A. 凯莱蒂和前苏联 L. 拉特尼娜两位女子体操选手，各得 4 项第一。L. 拉特尼娜成为继芬兰 P. 努尔米之后的第二位获 9 枚奥运会金牌的运动员，而她的金、银、铜牌总数（18 枚）。

本届奥运会在田径、游泳、举重、射击、自行车比赛中共破 56 项奥运会纪录、16 项世界纪录。前苏联获 37 枚金牌，超过美国 5 枚，首次在金牌和非正式团体分上均高于美国。

12 月 8 日举行了大会闭幕式，运动员的入场式采用各国运动员不分国籍按比赛项目列队，手拉手并肩入场。

第十七届罗马奥运会——高水平的赛会

在两千多年以前，罗马帝国（公元前 27 年—476 年）曾以征服者的形式，把古奥运会从希腊奥林匹亚强行移到罗马举行。

1960 年，罗马作为意大利首都，燃起了象征和平与友谊的奥林匹克火焰。古今两届，其意义是不可同日而语的。

1908 年，罗马曾获得第四届奥运会主办权。可是由于经济等原因，后来不得不由伦敦接办。这次罗马历尽险阻，战胜众多对手，赢得了第十七届奥运会承办权。运动会于 1960 年 8 月 25 日至 9 月 11 日举行。应邀参赛的有 84 个国家和地区，共 5348 名运动员，其中女子 610 人。首次参加的有摩洛哥、苏丹、突尼斯和圣马力诺。特里尼达和牙买加组成了西印度联队、埃及和叙利亚组成了阿联队，两个德国仍以德国联队名义参加。参赛运动员人数最多的几个队是：德国联队 293 人，美国 292 人，前苏联 284 人，东道主意大利 279 人。英国 253 人、法国 237 人也派出了庞大的代表团。中国台湾派出了 47 名运动员，参加了田径、足球、篮球、游泳、拳击、射击等大项的比赛。

罗马奥运会，只对个别项目进行了兴奋剂检查，如马拉松赛时，对运动员食物进行了抽查。但是自行车赛出现了意处事故。一名丹麦运动员暴死途中，起初以为是天气炎热所致，后经尸体解剖，证明是服用了药物的结果。这一事件，引起了社会的震惊和重视，对以后奥运会全面进行药物检查，起了积极的推动作用。

前苏联队在这届比赛中取得了很好的成绩，获金牌 43 枚，银牌 29 枚，铜牌 31 枚，远远超过了美国；后者这次奖牌数为，金牌 34 枚，银牌 21 枚，铜牌 166 枚；东道主意大利获取了它在奥运会史上最佳战绩，得到金牌 13 枚，银牌 10 枚与铜牌 13 枚。

第十八届东京奥运会——首次在亚洲举办

1964 年 10 月 10 日至 24 日，第 18 届现代奥林匹克运动会在东京举行，这是亚洲首次举办奥运会。

东京奥运会开幕式

参赛的有 94 个国家和地区的 5140 名运动员，其中女子 683 人。运动员人数最多的是美国队，共 346 人，其次是德国联队，336 人，东道主列三，329 人。前苏联也派出了 319 名选手参赛，仅次于美、德、日代表团。首次应邀参加的有阿尔及利亚、象牙海岸、喀麦隆、刚果、马里、尼日尔、塞内加尔、坦噶尼喀和桑给巴尔、乍得、多米尼加、特里尼达和多巴哥、蒙古、尼泊尔。马来西亚队是前次由马来亚、新加坡和北婆罗洲组成。南非因推行种族歧视政策，被剥夺了参赛资格。中国台湾派出了 55 名运动员，参加了田径（6 人），篮球（12 人）、举重（7 人）、自行车（5 人）、拳击（7 人）、柔道（4 人）、射击（6 人）、体操（8 人）8 个项目的比赛。

东京奥运会许多项目的成绩比上届又有较大幅度的提高。大会共 81 次破奥运会纪录，其中 32 次为世界纪录。即：田径世界纪录 8 次，奥运会纪录28次；举重世界纪录8次，奥运会纪录28次；游泳世界纪录13次，奥运会纪录19次；射击世界纪录3次，奥运会纪录6次。

自1952年前苏联第一次参加奥运会以来，美、苏两国已成为世界注目的中心，两国也开始了金牌霸主的争夺战。1952年前苏联金牌数远落后于美国，但1956、1960年两届，前苏联均超过美国。这次前苏联战绩不佳，除了游泳外，田径、举重、体操、射击等所获金牌数均不如上届。前苏联在本届比赛中共获金牌30枚，银牌31枚，铜牌35枚。而美国，金、银、铜牌分别是36、26、28枚；金牌数又一次超过了前苏联。然而非正式团体总分，苏、美得607.8与581.8之比，前苏联还略微领先。日本获金牌16枚，银牌5枚，铜牌8枚，居美苏之后，列第三。与美苏情况一样，日本金牌数虽多于德国联队（金10、银22、铜18枚），但非正式团体总分日本为234.5分，德国为237.5分，后者还多3分。

本届奥运会对于东京具有重要意义。30亿美元的巨款使城市面貌焕然一新，同时也借助奥运会带来的好处，加快发展，成为日本经济腾飞的领头羊。

第十九届墨西哥奥运会——创造奇迹的高原盛会

第十九届奥运会于1968年10月12日至27日举行。参赛的有112个国家和地区（当时国际奥委会会员125个）。这是奥运会参赛单位第一次突破100个。参赛运动员5531人，其中女子781人。

1968年2月国际奥委会会议曾决定，允许南非参加本届奥运会，但遭到许多国家奥委会反对。非洲最高体育理事会宣布，如让南非参加，非洲将进行抵制。国际奥委会迫于形势，后在执委会会议上改变了2月会议的决定。南非同1964年一样，再次被拒之门外。

中国台湾派出了43名运动员（其中女子8人），参加了田径（11

人)、拳击(3人)、体操(4人)、自行车(5人)、射击(8人)、游泳(4人)、帆船(3人)、举重(5人)8个大项的比赛。两个德国从1956年始联合组队，参加了1956至1964年三届奥运会。从本届起，各自派队，独立参加比赛。参赛运动员最多的国家是：美国360人，前苏联317人，墨西哥277人。本届奥运会取消了上届刚列入的柔道，其余未变，共18个大项。但单项略有增加，如游泳，从上届的18个扩大到本届的29个。单项总数达172个。

运动会于10月12日开幕。这天是哥伦布发现新大陆(1492年)476周年纪念日。上午11时许，墨西哥总统狄亚斯和年已81岁、第五次连任国际奥委会主席的布伦戴奇等来到会场。开幕式由狄亚斯总统主持。当墨西哥20岁的女田径选手克塔·巴西利奥高举火炬绕场一周，登上90级台阶点燃火焰时，全场8万多观众响起了热烈的掌声、欢呼声。巴西利奥是奥运会史上第一个点燃奥林匹克圣火的女性。

为了加强裁判员的责任感，本届开幕式上首次列入裁判宣誓。仪式安排在运动员宣誓之后。由主办国推选一名裁判员宣读如下誓词："我代表全体裁判员和工作人员宣誓，在本届奥运会上我们将以真正的奥运会精神和遵守奥运会一切规则，公正地履行裁判员职责"。本届奥运会还第一次正式进行了性别和兴奋剂检查。

这次高原盛会，男子田径赛中接连创造了几项神奇般的世界记录。10月14日，美国的吉姆·海因斯在100米决赛中首次突破10秒大关，以9秒9获胜。这项成绩电计时为9秒95，直到1983年才被美国另一名运动员卡尔文·史密斯以9秒93刷新。10月16日，在200米决赛时，美国的托姆·史密斯以19秒8破20秒大关，新成绩电计时为19秒83。11年过去后，1979年意大利的皮·门内阿才再次在这一高原地区以19秒72超过。10月18日，美国选手李·伊万斯在400米赛中，跑出了43秒8的成绩，再创世界纪录。新纪录电计时为43秒86。

跳远比赛时，当美国的鲍勃·比蒙第一次试跳、记分牌上亮出"8.90米"时，在场观众、裁判以及比蒙本人都一下惊呆了。太出人意外了。他的这一成绩，超过当时世界纪录整整55厘米，这在跳远史上是空前的。迄今已近20年过去，虽说跳出8米以上的选手不乏其人，但是离它还有一段之遥，比蒙的这一跳，很有可能像田坛人士所说的，是“二十一世纪的一跳”。10月20日，包括李·伊万斯在内的美国4×400米接力队，又创造了世界纪录，成绩是2分56秒1，电计时为2分56秒16。

在一届奥运会上能有这么多新世界纪录出现，并长期无法突破是以往历届所没有的现象，它是这次高原盛会最大的奇迹。本届奥运会不仅所破纪录“质量”高，而且个别项目的纪录数度更新，这也是过去极为罕见的。如三级跳远，世界纪录5次被突破：意大利朱·詹蒂莱先后跳出了17.10米、17.22米的成绩，接着前苏联维·萨涅耶夫以17.23米超过了他，随后又是巴西内·普鲁登西奥以17.27米战胜了萨涅耶夫，而最后萨涅耶夫又再次创造了17.39米的新纪录，夺得了金牌。这个项目前五名运动员的成绩，都超过了赛前17.03米的正式世界纪录。

在男子田赛中，还有几件引人注目的事：其一，从1500米到马拉松各种径赛距离的冠军，全被非洲选手包下，这也是以往从未有过的现象，它不仅说明非洲长跑运动的崛起，而且也表明非洲运动员的耐力是惊人的。其二，美国选手迪·福斯贝里在跳高赛中以“背越式”取胜，虽然成绩仅2.24米，还低于世界纪录4厘米，但他所采用的过杆姿势是一次技术上的革命，对促进跳高成绩提高起了积极推动作用。其三，美国阿·厄特在铁饼赛中夺冠，第四次获奥运会金牌。四次成绩是：1956年56.36米，1960年59.18米，1964年61米，1968年64.78米，均破奥运会纪录。他是奥运会田径史上在同一项目中四连冠的唯一选手，也是奥运会史上继丹麦帆船运动员保罗·埃弗斯特隆（1948—1960年四届）之后取得如此成就的第二人。

同男子一样，女子短跑接力、跳远也都打破了世界纪录，各项成绩是100米，美国怀·泰厄斯，11秒整；200米，波兰伊·谢文斯卡（基尔森斯坦），22秒5；4×100米接力，美国队，42秒8；跳远，罗马尼亚维·斯科波列亚努，6.82米。这再次证明，高原气候对短跑、跳跃项目是极为有利的，能比在平原取得更好的成绩。不过，女子这几项纪录的“寿命”不如男子的长，都在不太长的时间内先后被刷新了。民主德国玛·古默尔·黑尔姆博特在铅球赛中首次突破 19 米（19.61 米），是这次男女投掷项目所破的唯一世界纪录。老资格的罗马尼亚铁饼运动员利·玛诺柳这次终于登上了冠军宝座。她是第五次参加奥运会。1952 年在赫尔辛基时，她刚 20 岁，首次参赛，以 42.65 米获第六名。4 年后在墨尔本虽然将成绩提高了 1 米多，但名次下降到第八。1960 年在罗马奥运会上，首次获得奖牌——铜牌，成绩为 52.36 米。又 4 年后在东京时，再获奥运会铜牌，成绩比上届提高了 4 米多（56.97 米）。本届奥运会时，她已是 36 岁的中年妇女，但她争得了出征墨西哥城的机会，并以 58.28 米战胜了世界纪录（62.54 米）保持者西德的利·韦斯特曼等，取得了她渴望多年的奥运会金牌。

中国台湾运动员纪政，在 80 米栏赛中以与第二名相同的成绩（10 秒 4）获得了铜牌。这也是亚洲女田径选手在这届奥运会上取得的唯一奖牌。

举重无一个级别的总成绩刷新世界纪录。这在奥运会史上是极为罕见的。

拳击新增加了 48 千克级，委内瑞拉的弗·罗德里格斯获得了冠军。63.5 千克级的波兰选手耶·库莱伊和 71 千克级的前苏联选手鲍·拉古丁都蝉联了冠军。美国著名黑人拳击手乔治·尔曼是这次特重量级（81 千克以上级）金牌获得者。奥运会后他转为职业拳击运动员，3 年后，成为世界冠军。

摔跤项目，可谓欧亚秋色均分。古典式比赛中，除 70 千克级金牌为日本宗村宗二获得外，其余均属保加利亚、匈牙利、民主德国、前苏联 4 国。保加利亚的博·拉杰夫（97 千克级）和匈牙利的伊·科兹马（97 千克以上级）都是第二次获金牌。自由式比赛则是亚洲人领先，获取了 8 枚金牌中的 6 枚，日本是其中的佼佼者，共得了 3 枚金牌。

前苏联在本届男女排球赛中获得了双丰收，不仅蝉联了男子冠军，还从当时驰名世界的日本女排手中夺得了金牌，标志着前苏联女排进入了全盛时期。

本届奥运会美国获得金牌 45 枚，银牌 28 枚，铜牌 34 枚，非正式团体总分 713. 3 分；前苏联所得金、银、铜牌数依次为 29、32、30 枚，非正式团体总分为 590. 8 分。这是自 1952 年以来，苏、美两个体育强国在奥运会的较量中，前苏联头一次在金牌和总分上都输给了美国。日本获金牌 11 枚，银、铜牌各 7 枚，居美、苏之后。然而按非正式团体总分，名次还在民主德国、匈牙利之后。第一次单独参赛的民主德国队，金、银、铜牌分别为 9、9、7 枚。

第二十届慕尼黑奥运会——设备先进的赛会

慕尼黑是联邦德国巴伐利亚州的首府，优美而宁静，到处可见博物馆和音乐厅，但缺乏现代化体育设施。为了使奥运会顺利进行，筹委会花了 6 亿多美元，兴建了一个体育建筑群。成绩检验使用了先进的电子计时器和有“投掷运动员魔镜”之称的激光测距仪。这些设备的特点是准确（如计时精度可达千分之一秒）、快速（几秒钟内可报告成绩）和自动化。其优点是跑表、皮尺无法比拟的。人们称慕尼黑奥运会是跑表、皮尺时代的结束。

在这次比赛中，也确实令人信服地验证了电子设备的优越性。如男子 400 米个人混合泳第一名瑞典的贡 · 拉尔松，仅比第二名美国的蒂 · 麦基快千分之二秒；又如田径男子 800 米决赛中，美国达 · 沃特尔和前苏联叶 · 阿尔扎诺夫同时撞线，但安装在终点的摄影机拍下的照片表明，沃特尔领先百分之一秒；再如射击，朝鲜李浩准在小口径步枪 60 发卧射中以 599 环破世界纪录，起初裁判只算了 596 环，后来经过一种首次使用的特殊仪器检查，确定成绩是 599 环，等等。

慕尼黑对这次新闻报道也很重视，进行了大量投资，设置了新闻中心、电视大楼、广播大楼。设备也很完善、先进。另有 12 台闭路电视机供记者观看各个现场比赛的实况。在太平洋、大西洋上空还设置了 4

个卫星转播站，几十个国家可收到大会实况转播。

大会开幕前夕，罗得西亚白人种族主义者的到来，引起了非洲国家强烈的不满。一些非洲国家宣布，如果允许罗得西亚参赛，非洲则进行集体抵制。因事态愈演愈烈，国际奥委会不得不举行非常会议。8 月 22 日，会议通过了取消罗得西亚参加资格的决定。

运动会原定于 1972 年 8 月 26 日至 9 月 10 日举行。由于 9 月 5 日 5 名巴勒斯坦“黑九月”成员袭击奥运村的以色列选手，造成了流血事件，大会被迫停办一天，顺延至 9 月 11 日结束。这在奥运会史上是第一次。以色列及一些阿拉伯国家的代表因担心安全得不到保证，离开了慕尼黑。流血事件也引起了体育界人士的震惊，促使后来各届奥运会加强了安全保卫工作。

慕尼黑奥运会下半旗向遇难运动员志哀

参加本届大会的国家和地区共 121 个，运动员 7123 人，其中女子 1058 人，男子 6065 人。前苏联在 1964、1968 年两届接连失利，这次力图东山再起，派出了由 411 名运动员组成的庞大队伍，仅次于东道主联邦德国（421 人），居第二位。美国运动员数共 394 人，列第三。首次参赛的有阿尔巴尼亚、上沃尔特、加蓬、达荷美、莱索托、马拉维、多哥、沙特阿拉伯、斯威士兰和索马里。朝鲜民主主义人民共和国也是第一次参加，但此前参加了 1964、1972 年两届冬季奥运会。

本届比赛项目除上届的 18 个大项外，又增加了上届取消了的柔道，恢复了多年来未举行的手球和射箭，大项总数达到 23 个。此后，1976、1980、1984 年三届奥运会的大项一直未变，只是单项以后每届都有增加。本届东道主在皮划艇比赛中首次增设了障碍回旋赛（男女 4 个单项）。大会还增设了另一些单项，使小项总数达 195 个。此外，还将羽毛球和滑水列为表演项目。

中国台湾派出 63 中男女运动员参加了田径、游泳、柔道、摔跤、拳击、举重、射击、射箭、帆船与自行车一共 10 个项目的比赛。

第二十一届蒙特利尔奥运会——“亏本”的奥运会

蒙特利尔为加拿大最大城市之一，人口将近 300 万。该市位于魁北克南部圣劳伦斯河蒙特利尔岛上，是世界重要海港之一。

运动会于 1976 年 7 月 17 日至 8 月 1 日举行，因为发生抵制事件，规模远逊于上届慕尼黑奥运会。最后应邀参赛的有 92 个国家和地区，运动员 6028 人，其中女子 1247 人，男子 4781 人。运动员数比来的记者（约 7800 人）还要少。运动员数最多的是美国队，共 425 人；东道主次之，416 人；前苏联列第三，409 人。民主德国和联邦德国也各派出了 300 名以上的运动员队伍。首次参赛的有安道尔、安提瓜、开曼群岛和巴布亚新几内亚。中国台湾没有参加本届运动会。

本届仍设 21 个大项。根据国际奥委会于慕尼黑运动会期间所作的决定，本届奥运会增设了女子篮球、女子手球等，其他项目如游泳等作了相应的调整和增删，单项数由上届的 195 增加到 198。虽有许多非洲国家退出，但本届奥运会仍不失为一次高水平的赛会。

本届田径比赛是参赛人数最多的项目，高达 1039 人。蒙特利尔田径赛可以说是一次群英荟萃的竞赛，涌现了不少对田径颇有影响的人物。如古巴的阿·胡安托雷纳、美国的埃·摩西、前苏联的塔·卡赞金娜、民主德国的罗·阿克曼和鲁·福克斯等。老将也不乏其人，如芬兰的维伦、前苏联的萨涅耶夫和波兰的谢文斯卡等。

本届奥运会共破 60 项奥运会纪录，其中世界纪录为 33 项。举重、射箭的奥运会纪录再次刷新。游泳破 24 项奥运会纪录和 21 项世界纪录，其中男子 12 项为世界纪录。

本届奥运会上美国又一次受挫，第二的地位被民主德国取代。民主德国共获 40 枚金牌、25 枚银牌、25 枚铜牌，而美国各类奖牌数依次 34、35、25 枚。前苏联列奖牌榜第一，各类奖牌数依次为 49、41、35 枚，然而前苏联在田径和游泳方面明显逊色于民主德国，也感到了“第一”的危机。

为举办第 21 届奥运会，蒙特利尔市耗资巨大。除了对原有的体育场馆进行翻修改建外，又在距市中心 3 公里处的梅宗涅夫公园内，修建了奥林匹克中心体育场，高达 19 层的奥运村及其他 10 个场馆，还有能容纳 7 万观众的主体育场和占地 1253 平方米的赛车场。当时，加拿大正面临经济萧条，工人长期罢工，工程却一再延期，结果出现了严重赤字。为此，蒙市为奥运会大伤元气。可惜的是，加拿大选手不争气，在奥运会上，一块金牌未得。

场馆耗资巨大、赛后运营不善、留下数十年的巨额债务、城市经济被严重拖累……甚至在今天针对奥运经济的讨论之中，诸如此类的观点仍然为人们所津津乐道。

蒙特利尔奥运会的负面印象根深蒂固，以至于人们还创造了一个专有名词：蒙特利尔陷阱（Montreal Pitfall）。这个词语已经被用来特定形容那些场馆耗资巨大，奥运结束后经营利用不善，严重影响主办城市经济发展的情况。

2006 年 12 月，蒙特利尔奥运会举办的 30 年后，蒙特利尔奥林匹克设施管理委员会的主席 Gilles Lepine 宣布，1976 年奥运会所留下的债务终于还清。一时间，30 年的债务好像是第 21 届奥运会留给蒙特利尔的唯一遗产。

第二十二届莫斯科奥运会——遭遇严重危机

莫斯科为一座已有800多年历史的古城，城区横跨莫斯科河及其支流亚乌扎河两岸，是前苏联首都与政治、经济、文化中心。1975年3月，莫斯科成立了奥运会筹委会，开始对各项工作进行积极的准备。兴建和改建了许多体育设施，使莫斯科体育场馆来了个大发展。与此同时，还整饰了城市建筑，改善了交通运输网。据外电报道，前苏联为主办这届奥运会总共耗费了90亿美元左右。这在奥运会史上是创纪录的数字。

运动会于1980年7月19日至8月3日举行，恰好与第十五届奥运会会期相吻合。两届会期举办月日完全一样，是奥运会史上仅有的一次。第十五届是前苏联首次参加的奥运会，它标志着前苏联奥林匹克运动发展进入了一个新时期。不言而喻，两届会期吻合，不是历史的巧合，而是组委会的精心安排。

大会是隆重的，但人们为一种不愉快的气氛所困扰。奥林匹克运动自1894年复兴以来，经历了风风雨雨。而此次莫斯科遇到的是最严重的危机，它威胁着奥林匹克运动的发展。由于苏军在1979年圣诞节前夕出兵入侵阿富汗，践踏国际法准则，给运动会带来严重的影响。一个国家一方面召开以和平、友谊为主要宗旨的奥运会，而另一方面却派兵入侵别的国家，必然会遭到世界的反对和舆论的谴责。许多国家的奥委会相继表态，拒绝参加。中国奥委会也发表声明，不参加莫斯科奥运会。国际奥委会已承认的147个国家和地区奥委会，参赛的仅80个。

参加本届奥运会的运动员为5217人，其中女子1124人，男子4093人。前苏联运动员人数最多，为534人；民主德国、波兰次之，分别为378、340人；匈牙利（320人）、保加利亚（313人）也在300人以上；人口不多、远隔重洋的古巴也派出了由239名男女运动员组成的庞大队伍。与会的80支队伍中，有16个队在入场式上没有打本国国旗，以奥林匹克五环旗替代；有10个队只有旗手一人，运动员没有出场。参与报道本届赛会的新闻记者共有5615名，其中文字记者2685名，广播记者2930名，总人数比参赛运动员还要多。在奥林匹克会旗交接仪式中，因加拿大属抵制国家行列，上届主办城市蒙特利尔市长只派了代表将奥林匹克会旗交给了莫斯科市。凡此种种，冲淡了会场的热烈气氛，也给关心奥林匹克运动发展的人们的心灵上蒙上一层阴影。

抵制使比赛成绩受到影响，有的甚至不能反映当时的世界实际水平。人们评论说：莫斯科奥运会金牌贬值达50%。

本届竞赛项目仍为21个大项，但单项数从上届的198增至203。引人注目的是女子曲棍球首次进入了奥运会大门。前苏联首次参加了全部大项的比赛。抵制虽然给本届奥运会带来了多方面的影响，但在成绩方面，总的来说还是一次较高水平的比赛。大会共破33项世界纪录：计田径6项，游泳8项，举重13项，自行车、射击各3项。举重、自行车水平都很高，特别是自行车，全部3个有纪录的项目，共有10人次破世界纪录，其中1000米计时赛是1964年以来从未突破的。

1976年蒙特利尔奥运会利用现代科学技术传送奥林匹克火种的做法后来受到非议。本来以传统的方式传递火炬，目的是在世界各地传播奥林匹克理想和精神，而利用卫星传送则失去了原来的意义。本届遂根据国际奥委会的决定，又恢复了传统方式，进行了火炬接力传递。

中华人民共和国奥委会的合法席位本来已在国际奥委会1979年10月的名古屋会议上得以恢复，但为了维护奥林匹克精神和中国的国家利益，他们也服从了中国奥委会于1980年4月24日发布的公告，放弃参加莫斯科奥运会。

本届奥运会前苏联共获金牌80枚、银牌69枚、铜牌46枚，居各队之首。这是前苏联自1952年以来在奥运会获金牌最多的一次，也是历届奥运会到当时为止一个国家在一届奥运会上获金牌最多的一次。民主德国金、银、铜牌分别为47、37、42枚，列第二。保加利亚获金牌8枚、银牌16枚、铜牌17枚，首次进入奥运会前三名之列。

8月3日的闭幕式上，因为美国反对，一反惯例，没有升起下届奥运会东道主美国的国旗，以洛杉矶市市旗代之。

第二十三届洛杉矶奥运会
——“民办奥运”的开端

因为近几届奥运会耗资不断加大和政治因素的干扰，使得申办奥运会的城市望而却步，越来越少。本届奥运会的申办城市洛杉矶在无对手的情况下，获得了本届奥运会的承办权。雅典会议以后，洛市开始了全面的筹划工作，首先成立了筹备委员会，1979年邀请金融人士、45岁的彼得·尤伯罗斯担任了筹委会主席。这位体坛默默无闻者，富有远见卓识，在这次筹备组织工作中，特别是财政管理上，表现了杰出的才华，从而一举闻名于世。

洛杉矶奥运会开幕式

奥运会的花费是巨大的，近几届更是如此。尤伯罗斯任主席后，面临的第一个难题是经费来源。洛杉矶奥运会是1896年奥运会创办以来首次由民间承办的运动会，既无政府补贴，又不能增加纳税人负担，加之美国法律还禁止发行彩票，一切资金就都得自行筹措。尤伯罗斯领导这个委员会白手起家，广开财源，采取了如下主要措施：与企业集团订立资助协议；出售电视广播权和比赛门票；压缩各项开支，充分利用现有设施，尽量不修建体育场馆；不新盖奥林匹克村，租借加州两座大学宿舍供运动员、官员住宿；招募志愿人员为大会义务工作等。

参与本届奥运会报道的新闻记者共有 9190 人，其中文字记者 4327 名，广播记者 4863 名。大会共招募志愿服务者 28742 人。

重返奥运赛场的中国体育代表团在洛杉矶奥运会开幕后的第一天便展示出新兴世界体育强国的风采。许海峰在男子手枪慢射比赛中所获的金牌不仅是本届奥运会决出的第一块金牌，更实现了炎黄子孙在奥运会上金牌及奖牌“零的突破”。

此后，中国队再接再厉，不断取得佳绩。本届体操比赛，中国队共获 11 枚奖牌，体操也成为中国代表团在这届奥运会上获奖牌最多的项目。

许海峰站在领奖台上

第二十三届奥运会的奥林匹克圣火在 8 月 12 日于欢乐、友谊的气氛中熄灭。东道主美国获得了奖牌大丰收，一共获金牌 83 枚，银牌 61 枚，铜牌 30 枚。其中金牌数是其参加历届奥运会中获得最多的一次，并且超过了前苏联在四年前创下的一个代表团在单届夏季奥运会中夺金数的最高纪录（80 枚）；罗马尼亚也取得了历史上最好的名次，位于第二，得金牌 20 枚，银牌 16 枚，铜牌 17 枚；联邦德国位居第三，金牌 17 枚，银牌 19 枚，铜牌 23 枚；中国队按金牌数排在第四位，计金牌 15 枚，银牌 8 枚，铜牌 9 枚。

第二十四届汉城奥运会
——规模创造历史的奥运会

第 24 届夏季奥运会于 1988 年 9 月 17 日到 10 月 2 日在韩国首都汉城举行。

汉城于 1981 年 11 月 1 日成立筹委会，集全国各有关部门，包括工商、企业、建筑、文教、艺术、传播等优秀人才于一体，积极开展各项筹备工作。当时，韩国政府不顾背负高额外债的压力，拨款 9 亿美元资助奥运会的筹备工作，将其中的 55% 用于竞赛场地、奥运村、记者村以及新闻中心等硬件建设，将 45% 用于美化市容、修建奥林匹克公园、改善医疗服务、提高接待质量、搞好宣传报道等软件建设。此外，加上一些间接投资，汉城奥运会的投资总额合计约为 30 亿美元。

汉城奥运会开幕式

汉城为举办本届奥运会共修建了竞赛场馆 34 座，以及各项辅助训练场地。奥林匹克公园占地 56500 坪，除主会场外，园内还设有自行车、举重、击剑、体操、游泳及网球共 6 个场馆，而且完成了公园绿化的目标，开发了供民众休闲娱乐的功能。各个场馆均采用现代化与标准化的设计，并且符合多功能的要求，许多场馆可随时提供相关的竞赛与训练条件，游泳池冬天可用温水，配合空调可不受气候的影响。奥运村和记者村都是公寓式的建筑，会后可以出售。另外还修了一个直达市中心的交通系统，使之成为交通方便、环境幽雅的新区。

本届共有159个国家和地区的8465名运动员（其中女运动员2186人，男运动员6279人），参加了25个大项237个单项的比赛。其规模之大，胜过以往各届。起初，国际奥委会担心因韩国与许多国家没有外交关系而使抵制国家增多，影响奥运会的参加代表团数量。结果，只是朝鲜因提出与汉城合办本届奥运会，并且主办至少一半项目的要求未被允许，而正式宣布抵制汉城奥运会，响应者也寥寥无几。此外加上国际奥委会主席萨马兰奇的外交协调，说服了许多有抵制意向的国家，都按时赶到汉城。

本届奥运会新列入了乒乓球比赛，恢复了已中断64年的网球比赛项目，并允许网球和足球职业运动员参赛，但足球职业运动员年龄限制在23岁以下。表演项目有在韩国流行的跆拳道、棒球、羽毛球和女子柔道等。

参与报道本届赛会的新闻记者共有11331名，其中文字记者4978名，广播记者6353名。共招募到27221名志愿服务者。

中国这次选派301名选手参加比赛。由于前苏联、民主德国及东欧等国家都参加了本届奥运会，竞争比上届激烈得多，中国运动员在本届奥运会上最终只获得5枚金牌、11枚银牌和12枚铜牌，总分数居第8位。

这届奥运会允许部分网球职业选手参赛，一举打破了传统的“业余原则”，可以说这是萨马兰奇改革奥运的步骤之一。

本届奥运会一共破64项奥运会纪录，其中有22项世界纪录。田径破奥运会纪录30项，其中世界纪录5项；游泳破奥运会纪录23项，其中世界纪录11项；举重总成绩破了奥运会纪录3项，其中世界纪录3项；射击与射箭破奥运会纪录与世界纪录各2项和1项。奖牌榜前三名的国家是：前苏联获金牌55枚、银牌31枚、铜牌46枚；民主德国金牌37枚、银牌35枚、铜牌30枚；美国获得金牌36枚、银牌31枚、铜牌27枚。东道主韩国以12枚金牌、10枚银牌与11枚铜牌名列第四，取得了自我宣传与运动成绩双丰收。

第二十五届巴塞罗那奥运会
——五环旗下的大团圆

第二十五届奥运会于1992年7月25日至8月9日在西班牙巴塞罗那举行。

巴塞罗那是前任国际奥委会主席萨马兰奇的故乡，是素有“地中海明珠”之称的国际旅游胜地。历史上巴塞罗那曾申办过1924、1936和1940年的3届奥运会，但均未成功。因而，他们非常珍惜这次机会，决心在国际奥委会的支持下，举办一届历史上最成功的奥运会。

本届奥运会共有28个大项257个单项，首次列入棒球、羽毛球两个大项，并新增设了女子柔道等20个单项。轮滑冰球、回力球和跆拳道及残障轮椅赛跑被列为表演项目。共有169个国家和地区的9367名运动员参加了比赛，其中女运动员2708人，男运动员6659人。参赛运动员最多的国家是美国537人，独联体472人和德国463人。中国派出251名运动员参加了20个项目的比赛，中国台北有37名运动员参加7个项目的比赛。国际奥委会的成员全部参加了本届奥运会，其中南也门和北也门，东德和西德各合并为一个国家奥委会、新独立的立陶宛、爱沙尼亚、拉脱维亚、克罗地亚、斯洛文尼亚、波黑共和国和纳米比亚等国的奥委会得到国际奥委会的承认。前苏联解体后，原有的许多世界级优秀运动员分散到各个独立的国家里，国际奥委会经过与各方多次协商，终于使他们聚在一起，原来15个加盟共和国除波罗的海3国外，余下的12国组成“独联体”代表队，所需经费靠奥林匹克团结基金和拉取赞助解决。这样，既保证了本届奥运会竞技的高水平，又解决了各个新独立国家的参赛问题。独联体代表团的旗帜则采用国际奥委会的会旗。未出席上届奥运会的朝鲜、古巴、塞舌尔、埃塞俄比亚、马拉加斯加、尼加拉瓜、阿尔巴尼亚7国也参加了本届奥运会。

巴塞罗那奥运会开幕式

由于南斯拉夫的战乱，联合国安理会在 1992 年 5 月底通过第 757 号决议，不准塞尔维亚和黑山地区的运动员参加国际比赛及国际性文化交流活动。为改变这种局面，促使这个地区的运动员参赛，国际奥委会主席萨马兰奇多方奔走，穿梭外交，直到开幕前 3 天，终于获得联合国安理会的恩准。但由塞尔维亚和黑山共和国组成的南斯拉夫运动员只能以个人身份参加，并不得参加开、闭幕式和集体项目的比赛。国际奥委会得知这个可喜的结果后，立即派专机接运南斯拉夫运动员，使他们按时参加了获准参加的各项比赛。

参与报道本届赛会的新闻记者共有 13082 名，其中文字记者 5131 名，广播记者 7951 名。共招募到 34548 名志愿服务者。

中国此次选派男运动员 118 人、女运动员 133 人参加除足球、曲棍球、棒球、手球及马术以外共 20 个项目的比赛。中国代表团在经过 1988 年汉城奥运会的失意后，本次重新发挥出高水平，结果共获金牌 16 枚，银牌 22 枚，铜牌 16 枚，成绩超过了此前最高的 1984 年奥运会时，取得了之前历史最好成绩。中国台北棒球队则获得了该项目的银牌。

本届奥运会一共破 19 项世界纪录，其中田径 3 项、游泳 9 项、射箭 5 项、自行车 2 项。最终获得金牌前三名的国家是独联体第一，金银铜牌数依次是 45、38、29 枚；美国第二，金银铜牌数依次为 37、34、37 枚；德国第三，金银铜牌数依次为 33、21、28 枚，中国队排在第四。

第二十六届亚特兰大奥运会
——奥林匹克大家庭的全家福

第二十六届奥林匹克运动会1996年7月19日至8月4日在美国的亚特兰大举行。

亚特兰大最有威胁的竞争者是希腊的雅典。因为1996年是诞生于希腊雅典的现代奥运会的百年大庆，雅典人非常渴望本届奥运会返回故乡，喜庆百岁的生日，因此他们喊出了“1996属于雅典”的争办口号，咄咄逼人。而亚特兰大的争办口号却是“尊重国际奥委会的选择”，显得那么谦虚有礼。也许是后者的口号更符合国际奥委会委员们的口味，也许是因为美国的财大气粗，也许还因为其他说不清的原因，最终是亚特兰大以51∶35的票数击败雅典，赢得了主办权。亚特兰大位于美国南部的佐治亚州，是州府所在地，也是前总统卡特和世界文学名著《飘》的故乡。

本届奥运会是奥林匹克大家庭的全家福，197个会员国全部出席，参加的运动员也增加到10318名，其中女运动员3512人，男运动员6806人。本届比赛中设26个大项41个分项271个小项，创下现代奥运会举办以来参赛代表团、参赛人数和比赛项目3项最高纪录。

亚特兰大奥运会开幕式

参与报道本届赛会的新闻记者共有15108名，其中文字记者5695名，广播记者9413名。大会共招募到47466名志愿服务者。

中国派出由495人组成

的体育代表团参赛，其中运动员309人（女运动员199人），运动员人数居各国和地区体育代表团的第12位。中国代表团是以年轻选手、新选手为主组成的，运动员平均年龄21.7岁，其中85%的人是第一次参加奥运会。中国运动员参加了本届奥运会26个大项中22个大项153个小项的比赛，共获得金牌16枚，奖牌总数50枚，有2人4次创4项世界纪录，3人6次创6项奥运会纪录，6人13次创12项亚洲纪录，7人15次创12项全国纪录。

比赛结果获得奖牌前四名的国家是：美国第一，金牌44枚、银牌32枚、铜牌25枚；俄罗斯第二，金、银、铜牌分别为26枚、21枚、16枚；德国第三，金、银、铜牌分别为20枚、18枚、27枚；中国名列第四，获金牌16枚、银牌22枚、铜牌12枚，金牌、奖牌榜均列第四，实现了冲击第二集团首位的预定目标。此外，中国代表团还有两人4次打破4项世界记录，乒乓球囊括4金。中国香港和中国台北运动员在此次奥运会上分别夺得1金和1银。

本届奥运会新设了一个女子项目：垒球，并第一次将沙滩排球、山地自行车、轻量级赛艇与女子足球列入比赛项目。而对足球项目的运动员参赛资格进一步放宽，允许各参赛队派遣三个职业球员出战，这三名队员的年龄和是否参加过世界杯赛也都不受限制。另外，自行车项目也对职业运动员敞开了大门。

第二十七届悉尼奥运会——成功的新千年奥运会

第二十七届夏季奥运会于2000年9月15日至10月1日在澳大利亚东南部港口城市悉尼举行。

本届共有来自国际奥委会199个会员协会的10651名运动员（其中女运动员4069名，男运动员6582名）参加了这届奥运会总共27个大项41个分项300个小项的比赛。参与报道本届赛会的新闻记者共有

16033 名，其中文字记者 5298 名，广播记者 10735 名，共招募到 46967 名志愿服务者。

2000 年悉尼奥运会开幕式

悉尼奥运会期间，共售出 670 万张门票，观看比赛的上座率达到 87%。其中 9 月 22 日，便有 400345 名观众前往奥林匹克公园观看比赛。在电视转播方面也取得了成功，全球有 220 个国家和地区通过电视收看了本届奥运会的比赛。而国际互联网的介入也使本届奥运会得到了更广泛的宣传。到赛会闭幕时，悉尼奥运会官方网站的点击次数已达到了 100 亿次。在市场销售方面，悉尼奥运会也取得了成功。从 1997 年到奥运会结束期间，赛会纪念品的销售额达到 4 亿 2 千万美元。

本届奥运会南、北朝鲜的运动员再次携手出现在了国际体育舞台，在开、闭幕式的入场仪式中，来自朝鲜半岛的两国运动员均行进在同一面代表团旗帜下。4 名东帝汶运动员以个人身份参加了本届奥运会。35 岁的马里亚·伊萨贝尔·乌鲁蒂亚在女子举重 75 千克以下级中夺得冠军，为哥伦比亚获得了第一枚奥运会金牌。越南跆拳道运动员唐赫南在 57 千克级比赛中获得银牌，这块银牌是越南自 1952 年开始参加奥运会以来赢得的第一枚奥运奖牌。同时，苏桑蒂卡·贾雅辛格在田径女子 200 米跑中荣获银牌，成为斯里兰卡第一位夺得奥运会奖牌的女运动员。

本届比赛中，铁人三项和跆拳道被首次列为正式比赛项目。此外，在现代五项和女子举重中均首次设立了女子比赛。大会也首次对运动员同时进行了 EPO 检测和血检。国际反兴奋剂协会（WADA）作为独立的组织，参与并监督了本届奥运会的药检工作。

中国代表团此次派出 311 名运动员参赛，以金牌 28 枚、奖牌总数 59 枚的优异成绩一举跃入了奖牌榜世界三强行列，这两项指标不仅都创下了中国自参加奥运会以来的单届最高纪录，而且均名列世界第三位。仅9月22日一天，中国就日收6金，创下了中国运动员参加奥运会历史上单日夺取金牌数的最高纪录。

在竞赛成绩方面，本届奥运会也是成功的，不仅创造了多个项目的世界纪录，而且涌现了众多明星运动员。比尔吉特·菲舍尔在皮艇比赛中获得两块金牌，她因此成为有史以来第一位能在相隔20年后重新夺取奥运会冠军的女运动员。英国赛艇运动员斯蒂文·雷德格雷夫本届再夺冠军后，成为第一位在连续五届奥运会上都获得金牌的赛艇选手。美国著名短跑运动员马里昂·琼斯在本届比赛中独得5枚奖牌，成为第一位在一届奥运会上夺取5块田径项目奖牌的女运动员。在开幕式上点燃圣火的弗里曼不仅是澳大利亚民族和解的象征人物，而且也是澳洲土著人获取奖牌的希望。她果然不负众望，在开幕式10天后摘取了400米跑的金牌，令东道主的观众兴奋不已。另一位澳大利亚运动员伊安·索普则更加风光，这位17岁的游泳巨星在以打破自己保持的世界纪录的成绩夺得男子400米自由泳金牌后，又随澳大利亚队夺取了4×100米自由泳接力和4×200米自由泳接力的两块金牌。此外，他还在200米自由泳比赛中获得了银牌。

在奖牌榜方面，美国以40金24银与33铜的成绩排名第一，俄罗斯以32金28银与28铜的成绩列第二。列第三位的是中国，金、银、铜牌分别为28枚、16枚与15枚。东道主澳大利亚以16金25银与17铜的成绩排名第四。

第二十八届雅典奥运会——奥运会重回故乡

第二十八届夏季奥运会于2004年8月13日至29日在希腊首都雅典举行。

奥林匹克运动发源地、1896年首届现代奥运会举办地希腊曾申办过1996年和2000年的两届奥运会，但都未能成功。尤其是1996年的第26届奥运会，踌躇满志的雅典欲夺下主办权，以在本土举办的奥运会庆祝现代奥运会创办100周年，并对申办获胜胸有成竹。但不料，美国的亚特兰大从半路杀出，将那届奥运会的主办权抢走。这一失败令希腊人耿耿于怀。2004年奥运会，雅典连续第三次提出申办。奥运会在时隔108年后，终于又回到了其故乡希腊。

希腊尽管得到了来之不易的举办权，但他们的筹备工作进展缓慢，以至于国际奥委会在2000年时曾一度考虑过变更本届奥运会的比赛地。希腊主办方此后加快工作节奏，在赛会开始前夕，总算勉强完成了筹备工作，使奥运会得以顺利进行。不过，由于游泳比赛场地已来不及建设顶棚，下午参赛的运动员只能经受烈日和酷暑的考验。幸好半决赛和决赛等最重要的比赛都是安排在水温和气温都相对稍低一些的晚间进行，便于运动员能在最重要的比赛中发挥出自己的最高水平。

雅典奥运会开幕式文艺表演

雅典奥运会不仅有些场馆的建筑受到称赞，更令人钦羡的是，雅典还有着其他任何城市都无法比拟的优势。本届运动会田径项目中的男、女铅球比赛是在古奥林匹亚体育场进行的，颇能使人重温古代奥运会的神圣和辉煌。而曾举办过1896年首届现代奥运会的帕那西奈科体育场经过重新布置，承办了本届赛会射箭和马拉松终点阶段的比赛；曾经作为1896年首届现代奥运会自行车赛场的卡莱斯卡基体育场经过翻建后，成为本届男、女足球比赛的场地；马拉松赛的路线则完全是传说故事中公元前490年希腊勇士菲里皮迪斯传递消息时所跑的原路线。

本届共有来自国际奥委会201个会员协会的11099名运动员参加了这届奥运会总共28个大项37个分项301个小项的比赛。与悉尼奥运会相比，减少了拳击项目的1个小项、男子摔跤项目的2个小项和女子花剑团体项目，增加了女子摔跤4个小项和女子佩剑个人项目。参与报道本届赛会的新闻记者共有21500名，其中摄影/文字记者5500名，广播记者16000名。共招募到160000名志愿服务者。

由于近几年来的国际恐怖主义活动猖獗，雅典奥运会进一步加强了安全保卫工作，组委会共动用了45000名保安工作人员。参与保卫工作的有来自警察、军队、海岸警卫队、消防队、私人保镖的人员和经过专门训练的志愿服务人员。尽管安全措施极为严密，但大会门票销售情况仍不理想。直到8月13日赛会正式开幕时，全部520万张门票还只卖出了不到一半。赛会开始后的头几天，许多赛事的看台上都有数千的空余席位。但这种情况很快就有了改善，尤其是晚间的田径比赛，能容纳7万人的看台场场爆满。其他赛事的赛场在大会最后一星期中也几乎是座无虚席。

我国此次派出了包括407名运动员（其中女运动员269名，男运动员138名）的代表团参加了除棒球和马术外的其他所有26个大项的比赛，取得了空前出色的战绩，以金牌32枚、奖牌总数63枚的优异成绩一举登上了奖牌榜的第二位（其中奖牌总数列第三位），金牌数和奖牌总数两项指标都创下了中国自参加奥运会以来的单届最高纪录，均超过了在四年前悉尼奥运会上创造的历史最好成绩，而且夺金牌面也达到了历史新高，获得金牌的项目增加至13个大项。

虽然我国在个别项目上表现不尽如人意，但还是取得了巨大的成功：在田径、游泳和水上三个奖牌大项中，历史性地同时获得了单项冠军。其中田径男子短距离跨栏项目更是实现了飞跃性的突破。一些传统强项却在本届比赛中遭到了有力的挑战，其中尤以体操、羽毛球、乒乓球和女子足球等项目最为明显。如何应对世界各队的挑战，继续保持这些优势项目的世界领先地位，是摆在四年后奥运会东道主中国体育界面前的重要课题。

中国台北选手也在本届奥运会上取得了历史性的突破，在跆拳道比赛开赛的第一天，陈诗欣在女子负49公斤级，朱木炎在男子负58公斤级中就先后奏凯，二人包揽了当天产生的全部两枚跆拳道金牌，并为中国台北首次夺取了奥运会金牌。

在竞争激烈的这届奥运会上，美国最终以35枚金牌、39枚银牌与29枚铜牌，奖牌总数103枚的成绩列总成绩第一位。在近几届奥运会上逐渐崛起的中国以32枚金牌、17枚银牌与14枚铜牌，奖牌总数63枚的成绩列第二位。最近几届奥运会上一直和美国分庭抗礼的另一世界体育强国俄罗斯以27枚金牌、27枚银牌和38枚铜牌，奖牌总数92枚的成绩排在第三。

第二十九届北京奥运会
——同一个世界同一个梦想

2000年8月28日，国际奥委会执委会会议决定，中国的北京、土耳其的伊斯坦布尔、法国的巴黎、日本的大阪、加拿大的多伦多取得申办2008年奥运会资格。

2008 北京奥运会主赛场——鸟巢

2001年2月，国际奥委会向5个申请城市发出“答卷”，要求书面回答6大方面的22个问题。6月20日前，各申请城市均按要求送交了“答卷”。此后，国际奥委会专家小组对各申请国选出申办候选城市。

最终，经过国际奥委会的综合考察，在2001年7月

13 日，北京时间 22 点 10 分，在俄罗斯的莫斯科，当时的国际奥委会主席萨马兰奇，宣布 2008 年夏季奥运会的主办城市的名字“The city of Beijing”，自此，中国的北京成功申办第二十九届奥林匹克运夏季动会成功，同时决定，奥运会将与 2008 年 8 月 8 日至 8 月 24 日在中华人民共和国首都北京举行，开幕仪式定在 8 月 8 日晚上 8 时。此届奥运会是中国首次举办夏季奥运会，亦是继 1964 年东京奥运会和 1988 年汉城奥运会后，第三个举行夏季奥运会的亚洲国家。

2008 北京奥运会标志性建筑物——水立方

这座具有 3000 多年历史的都市，从公元 1272 至 1911 年是元、明、清三个朝代的国都 1949 年成为中华人民共和国首都。悠久的历史赋予北京珍贵的文化遗产。万里长城在北京地区绵延数百里，夏宫颐和园是古代皇家园林的经典作品，故宫是世界上最庞大的皇家宫殿，老北京胡同和四合院历经数百年的风雨，记录着北京人平实的生活。在这里，古老和现代并存，辉煌的历史和现代的科技融合在一起，成为中国的政治、文化中心以及国际交往中心之一。

能容纳近十万观众的国家体育场“鸟巢”是举世瞩目的第二十九届奥运会主会场。“鸟巢”的设计在诸多方面体现了北京奥运会的三大理念（科技奥运、绿色奥运、人文奥运）。北京奥运会的开幕式在这里将一幅壮丽的画卷，在近十万来自世界各地的朋友和全球数十亿电视观众的眼前展开。古老汉字承载中华文明历史，水墨画黑白基调蕴含意趣，朵

著名运动员李宁点燃北京奥运圣火

朵桃花表和平心愿，海上丝路现中国热忱……五幅长卷画现礼乐之邦盛世，堪称一部以奥运语言展示的中国宣言“礼之用，和为贵”。

在如同浩瀚银河的“鸟巢”的“空中跑道”上，“体操王子”李宁踩着“祥云”，如“嫦娥奔月”般，迈着矫健的步伐绕场一圈，点燃了“祥云”奥运圣火，那一刻，五千年的中华文明与世界文明激情相拥。

奥运圣火在鸟巢上方燃烧

本届奥运会的会徽是“舞动的北京”印记。会徽将肖形印、中国字和五环徽有机地结合起来，彰显着先进的审美观念和昂扬的时代激情，承载着凝重的中华文化传统和激昂的奥林匹克精神。

本届奥运会吉祥物是五个可爱的福娃，他们的造型融入了鱼、大熊猫、奥林匹克圣火、藏羚羊以及燕子的形象。福娃代表了梦想以及中国人民的渴望，将祝福带给世界各个角落，向世界传递着友谊、和平、积极进取和人类与自然和谐相处的美好愿望。

北京奥运会标志性建筑之一的国家游泳中心“水立方”，是一座堪称创造了中外建筑史上奇迹的场馆。它是世界上规模最大，构造最复杂，综合技术最全面的模结构安装工程。被称为“非地球人”的美国游泳运动员菲尔普斯在这里独得 8 枚金牌并打破 7 项世界纪录，成为本届奥运会最耀眼的明星。菲尔普斯在北京奥运会上书写了美国运动员奥林匹克的新传奇。“从小时练习游泳开始，我告诉自己，我要做专业运动员，我要拿奥运会金牌，我要打破世界纪录。”这说明不管你的梦想有多高，有多远，都有可能实现。

在“鸟巢”的田径比赛中，一个新的传奇就此诞生，牙买加选手博尔特包揽了男子 100 米、200 米这两颗奥运会“皇冠上的明珠”并打破世界纪录。这是一个挑战人类极限的人，他是全人类的骄傲。

持续燃烧了16天的奥运圣火在“鸟巢”上空无数的焰火陪伴下徐徐地熄灭了，这是一届充满生机与活力，传递激情与梦想的奥运会。参赛国家和地区204个，运动员11438人，诞生了38项世界纪录。本届奥运会以空前宏大的规模，精彩纷呈的竞技，绚丽多姿的文化，定格在奥运史册上。

中国代表团历史上首次跃居金牌榜首位，获金牌51枚、银牌21枚、铜牌28枚。美国以36枚金牌、38枚银牌和36枚铜牌名列第二。俄罗斯以23枚金牌、21枚银牌、29枚铜牌位列第三。

人们会记住2008年的中国，记住充满生机与活力的北京。

人们会记住2008年的中国，记住钟情奥运的祥云在奥林匹克历史中划了最美的足迹，美丽的祥云、奥林匹克圣火在北京的奥林匹克上空闪耀、跃动整整16天，把同一个世界、同一个梦想照亮，不同国家、地区、不同民族、不同文化的人们组成了团结、友爱的奥林匹克大家庭。

第三十届伦敦奥运会——激励一代人

2005年7月6日，国际奥委会在新加坡举行的第117次国际奥委会会议上宣布，由英国伦敦举办。

伦敦位于英格兰东南部，跨泰晤士河下游两岸，它是英国的首都，也是全国政治、经济、文化与交通的中心，还是世界金融中心之一。伦敦交通发达，古迹繁多，有“英国旅游中心”之称。伦敦以它悠久的历史、斑斓的色彩、雄伟的风姿屹立于世界名城之林。伦敦有2000年左右的悠久历史，是历代王朝建都之所在。这是伦敦第3次主办夏季奥运会。

本届奥运会见证了新星的诞生、巨星的荣耀、传奇的告别。牙买加“闪电”博尔特继北京奥运会之后，再夺男子100米、200米和4×100

米接力冠军，成为伦敦奥运会上最闪耀的明星。北京奥运会的“八金王”菲尔普斯虽然没有上届的神奇，依然夺得四金二银，成为历史上夺得奥运会金牌和奖牌最多的选手，但“菲鱼的时代”也随之同我们挥手而别。与此同时，包括叶诗文、富兰克林等新星迅速涌现，有望在未来续写传奇。

本届奥运会也以多个“第一次”载入奥运史册：所有奥运代表团首次全部有女运动员参赛；南非“刀锋战士”奥斯卡·皮斯托瑞斯在4日登上400米预赛跑道时，成为奥运历史上第一位双腿截肢运动员。

在16个比赛日里，205个代表团的10500名运动员相聚五环旗下，共参加了26个大项、302个小项的角逐。在奥运圣火的映照下，健儿们在赛场上不断超越自我，并在游泳、田径、举重等项目上共创造44项新的世界纪录。

中国体育代表团共获得包括38金27银22铜在内的87枚奖牌，位列金牌榜和奖牌榜第二位，创造了赴境外参加奥运会的最好成绩。其中，除了乒乓球、羽毛球、跳水等传统优势项目表现优异外，以孙杨、叶诗文为领军人物的中国游泳共获得5金2银3铜共10枚奖牌，取得了历史性突破。

美国代表团以46金29银29铜的成绩名列金牌榜和奖牌榜首位，超越了北京奥运会时的成绩，显示了其雄厚的实力和群众体育基础。

伦敦奥运会闭幕“伦敦碗”现场盛况

英国代表团继四年前取得近百年奥运参赛史的最好成绩后，这次再上一个台阶，获得29金在内的65枚奖牌，位列美、中之后，冲进金牌榜前三。

而俄罗斯代表团在金牌榜上首次跌出前三，这是俄罗斯单独组团参加奥运会以来的最差战绩。但他们这次在奖牌榜上仍位列第三。

在金牌榜上名列前十的代表团还有韩国、德国、法国、意大利、匈牙利与澳大利亚。塞浦路斯、危地马拉、黑山、加蓬等代表团获得了自己历史上的首枚奥运奖牌。

作为唯一举办三届现代奥运会的城市，底蕴深厚的伦敦本着“预算之内、按时交工”的原则，交出了一份让国际奥委会基本满意的答卷。

正如组织者通过主火炬的设计理念想表达的那样：圣火熄灭，但奥林匹克精神将薪火相传。刻有每个参赛队名字的一朵朵铜花瓣，将刻着伦敦的记忆，带着圣火的气息，随205个代表团回家。在那里，又一代年轻人将踏着前辈的足迹，接受奥运精神的熏陶，为成为下一代的奥运人准备着。

奥运会竞赛项目

世界上被国际奥运会承认的国际单项联合会很多，但它所代表的那个运动项目却并不都能成为近一届奥运会上的比赛项目。而奥运会的比赛项目又是在不断地扩大和发展。这些项目是按照哪些原则设置的呢?

国际奥委会规定，列入奥运会正式竞赛的项目，必须是国际奥委会承认的国际单项体育组织管辖的项目。项目分为大项、分项、单项（或称小项）三大类别。大项即国际单项体育组织所冠名称，如田径、游泳；分项为大项中分支，如游泳中的跳水、水球，滑雪中的跳台滑雪、北欧滑雪两项等；单项则是每个决出名次的具体项目。

对于夏季奥运会的正式比赛项目的吸收，男子项目的要求是，必须至少在 50 个国家、3 大洲得到广泛开展的运动项目；女子项目的要求是，必须至少在 35 个国家和 3 大洲得到广泛开展的项目。对于冬季奥运会的正式比赛项目，男子项目的要求是，必须至少在 25 个国家和两大洲得到广泛开展的项目；女子项目的要求是，必须至少在 20 个国家和两大洲得到广泛开展的项目。

在项目设置方面，国际奥委会规定：举办奥运会的东道主对于现届奥运会项目的设置一般视自己的组织、接待能力和比赛场地、设施条件而定，但必须首先符合国际奥委会有关规定。对于每届奥运会的项目设置，国际奥委会在 1985 年颁布的规程中规定，每届夏季奥运会比赛至少要包括下列 21 个大项目中的 15 个项目才能举行。

奥运会的正式项目有田径、游泳（包括水球、跳水、花样游泳）、摔跤、体操（包括艺术体操）、举重、曲棍球、马术、击剑、赛艇、拳击、射击、现代五项、帆船、篮球、皮划艇、自行车、足球、排球、射箭、手球、柔道等。从第 24 届汉城奥运会开始，又增加了网球和乒乓球两个项目。

冬季奥运会比赛项目必须包括：现代冬季两项、有舵雪橇、冰球、无舵雪橇、滑冰、滑雪等项目。

要想使某项目列入奥运会正式比赛项目，必须在6年前提出申请。如果国际奥委会认可，则将该项目先列入本届奥运会作为表演项目。得到大家接受后，再在4年后的下届奥运会上列为正式比赛项目。所以，国际奥委会对发展一个新的奥运会比赛项目是十分慎重的。

除上述奥运会的正式比赛项目外，东道国根据具体情况可增设表演项目。但必须经东道国和国际奥委会具体协商后，在国际奥委会已经承认的项目范围内，经过讨论后确定。一般来讲，东道主大多选择在本国有影响的项目先作为表演项目，以争取4年后成为正式比赛项目。表演项目像其他正式比赛一样列入比赛日程，但不发奖牌。

此外，奥运会上还可设立示范项目。这主要是举办奥运会的东道主为了将具有本国民族特色和本国擅长的体育项目打入奥运会，利用东道主的便利，先将该项目作为这届比赛的示范项目，以对参加比赛的各国施加影响，替该项目将来进入世界作宣传。示范项目与表演项目不同，它不列入奥运会比赛日程，只像文艺演出一样，在奥运会期间举行示范表演赛。

夏季奥运会竞赛项目

田径

以竞走、赛跑、跳跃、投掷等运动技能组成的综合性竞赛项目。英国是现代田径运动开展最早的国家。田径运动由田赛、径赛、公路赛跑、竞走和越野赛跑组成。田赛和径赛必须在体育场内进行。田赛项目分为跳跃、投掷两类：跳跃项目包括跳高、撑竿跳高、跳远、三级跳远；投掷项目包括推铅球、掷铁饼、投链球、掷标枪。径赛项目分为短距离跑、中距离跑、长距离跑、接力跑、跨栏跑和障碍跑。其中：公路赛跑必须在公路上进行，有各种距离的公路赛跑和公路接力赛跑，包括半程马拉松、马拉松等；竞走项目在体育场内或场外进行均可；越野赛跑必须在原野、草地等自然环境中进行。此外，还有以部分田赛和径赛项目组成的全能运动。在体育场内进行比赛的项目均设世界纪录，在公路上进行比赛的项目仅设世界最好成绩。田径运动是比速度、比高度、比远度和比耐力的体能项目，或要求在很短的时间内表现出最快的速度和最强力量，或要求在很长的时间内表现出最大的耐力，最能体现奥林匹克“更快，更高，更强”的格言。田径运动是奥运会的必备项目，也是奥运会中金牌最多的项目。

足球

足球是球类运动项目之一，是用脚踢足球，做传球、接球、带球、抢截球以及用头顶球等动作为主的一项球类运动。足球运动的对抗性很强，运动员在比赛中采用合乎规则的各种动作，包括奔跑、急停、转身、倒地、跳跃、冲撞等，同对手进行激烈的争夺。一场足球比赛用时之长，场地之大，参观人数之多，都是其他运动项目所不及的。足球运动的技术和战术比较复杂、难度也大，可以培养人们勇敢顽强、机智果断等优良品质和团结协作的集体主义精神。

奥运会足球比赛始于1900年法国巴黎奥运会。在1900年法国巴黎奥运会和1904年美国圣路易斯奥运会上，足球比赛作为表演项目。1908年，在英国伦敦奥运会上成为正式比赛项目。

20世纪初，足球运动在欧洲国家迅速推广，各国相继成立了足球俱乐部，足球运动与商品社会的联系日益加深，产生了一批以踢球为生计的人。自此，职业足球开始风靡欧洲大陆。经过长期训练、比赛的职业运动员，在奥运会足球比赛场上的技术水平明显高于业余运动员。这种水平之间的巨大差距使奥运会足球比赛失去了竞技性、精彩性，影响了许多地区参与奥运会的积极性。特别是在1908年和1912年的奥运会上，英格兰职业足球运动员连夺两次冠军后，有关是否允许职业运动员参加奥运会的争议更加激烈。后来，国际足联开始对职业足球运动员参加奥运会进行了一些限制。但在如何区分职业运动员与业余运动员上，国际足联也没有一个很明确的概念与界定。

对奥运会足球比赛，国际足联与国际奥委会之间存在很大的分歧。国际足联一直反对职业足球运动员参加奥运会足球比赛。经过双方不断磋商，对参加者的要求也一直在改变。

1977 年，国际足联决定不允许参加过上届世界杯足球赛的运动员参加奥运会足球比赛。1984 年则修改为，参加世界杯的运动员从 1988 年夏季奥林匹克运动会开始可以参加奥运会足球比赛，但是年龄不得超过 23 岁。此后又决定只允许不超过 3 名年龄 23 岁以上的运动员参加。2009 年 12 月的国际足联执委会会议，决定在 2012 年伦敦奥运会上维持该规定。1996 年夏季奥林匹克运动会加入女子足球项目，由于当时女子足球运动发展仍未成熟，因此国际足联没有对女子足球作出限制。

国际足联担心奥运会足球比赛会成为另一个世界杯，从而动摇世界杯作为唯一最高水平的足球比赛的地位。

足球运动现已成为“世界第一运动”，是当今世界上开展得最广泛、最具魅力、影响最大的运动项目。

篮球

篮球自 1936 年以来一直是夏季奥运会比赛项目之一。

1896 年首届现代奥运会上，篮球就被列为表演项目。在 1928 年奥运会上，美国篮球队曾作了篮球表演比赛。1936 年第 11 届奥运会将男子篮球列为正式比赛项目，并统一世界篮球竞赛规则。1976 年第 21 届奥运会上，女子篮球列为正式比赛项目。国际篮联规定，奥运会篮球赛参加的男队为 12 个队。参赛资格是上届奥运会前三名、东道国、北美洲、南美洲、中美洲、大洋洲、亚洲、欧洲、非洲的冠军队和世界性选拔赛的第一名；参加比赛的女队为 8 个队，参赛资格是上届奥运会的前三名、东道国和世界性选拔赛的前四名。

从历届奥运会篮球比赛来看，世界强队多集中在欧美，美国男、女篮尤为突出。美国篮球依然保持着领先地位，但随着 1992 年允许职业选手参赛和美国 NBA 推行的球员国际化战略，一些世界级的强队与他们的差距正在缩小。谁是奥运会男篮冠军，已从以往的没有悬念发展到现在的扑朔迷离。

排球

1964 年，排球运动首次亮相日本东京奥运会赛场，有 10 支男队和 6 支女队参加了比赛。至 2004 年雅典奥运会，排球运动进入奥运会这个神圣的殿堂已经整整 40 个年头。在这充满着光荣与梦想的 40 年中，奥运会排球比赛的规模已由最初的 10 支男队和 6 支女队发展到男女各 12 支队伍。

排球是一位名叫威廉·基·摩根的体育干事于 1895 年在美国发明的。半个多世纪后的 1964 年日本东京奥运会赛场上，男子排球和女子排球比赛同时亮相奥运会赛场。排球在 1958 年东京举行的第 3 届亚运会上成为正式项目。

排球比赛是一项集体比赛项目，两队各派 6 名队员在由球网分开的场地上进行比赛。排球比赛场区为长 18 米，宽 9 米，边线、端线外至少有 3 米宽的无障碍区，上空无障碍区至少 7 米。男子网高 2.43 米，女子网高为 2.24 米。

排球比赛采用五局三胜制。比赛采用每球得分制，得分的队伍同时获得发球权，队员按顺时针方向轮转一个位置。每局比赛（决胜局除外）先得 25 分的一方获胜，当比分为 24∶24 时，比赛继续进行至某队领先 2 分为止。决胜局先得 15 分的一方获胜，当比分为 14∶14 时，比赛继续进行至某队领先 2 分为止。

沙滩排球

沙滩排球起源于 20 世纪 20 年代美国加利福尼亚的圣·莫尼卡（Santa Monica）海滩。那里有世界上第一块沙滩排球运动场，人们经常在闲暇时间到海滩进行家庭之间的沙滩排球比赛。由于打沙滩排球只需球网、排球和泳装等简单的运动装备，并且在海滩上进行比赛可以减轻人们的工作和生活压力，沙滩排球很快在美国兴起并流行开来。1993年正式通过沙滩排球为奥运会正式比赛项目。1996 年，沙滩排球在诞生 70 年后，终于被纳入奥运会。

1996 年亚特兰大奥运会上的首次沙滩排球比赛，男子比赛冠亚军被美国包揽。2000 年悉尼奥运会男子沙排冠军被美国队获得，亚军属于巴西队。2004 年雅典奥运会，巴西队在决赛中战胜西班牙队，首次夺得男子沙排冠军。2008 年北京奥运会，美国队在决赛中战胜巴西队，第三次夺冠。

中国男子沙排选手首次出现在奥运会上是 2008 年北京，徐林胤/吴鹏根小组赛三战全胜，但 1/16 决赛中由于经验不足遗憾落败，最终位列并列第 9。

1996 年亚特兰大奥运会，巴西两对选手包揽女子沙排冠亚军。2000 年悉尼奥运会，澳大利亚选手凭借东道主之利战胜巴西队夺冠。2004 年雅典奥运会和 2008 年北京奥运会，美国选手沃尔什/梅夺得两连冠。

中国女子沙排选手首次出现在奥运会上是在 2000 年悉尼奥运会，当时来自四川的迟蓉/熊姿进入前 16 名，最终并列第 9，而天津组合田佳/张静坤则两连败并列第 19 位。2004 年雅典奥运会，田佳/王菲（河南）并列第 9，王露（山西）/尤文慧（上海）并列第 19。中国队最好成绩是在 2008 年北京奥运会，中国两对女子选手双双得牌，田佳与新疆人王洁获得亚军，薛晨、张希夺得铜牌。

网球

网球是 2 人或 4 人在中隔一网的场地上，用球拍往返拍击一个有弹性的橡胶小球的一项球类运动，是奥运会比赛项目之一。

1896 年，在希腊首都雅典举行的第 1 届现代奥运会上，网球是奥运会八大比赛项目之一，也是唯一的球类比赛项目。这次比赛只有男选手参加，项目为单打和双打。女子单打、女子双打直到 1900 年和 1920 年才分别被列为奥运会正式比赛项目。

网球项目 1924 年退出奥运会，直到 1984 年第 23 届洛杉矶奥运会上再次被设为表演项目，1988 年才恢复成为奥运会正式比赛项目。

1992 年，第 25 届西班牙奥运会网球比赛是当时水平最高的一次。中国运动员第一次加了奥运会网球比赛，树立了攀登网球技术高峰的信心。

2004 年，在第 28 届雅典奥运会上，中国女子双打运动员李婷和孙甜甜获得了网球女子双打冠军，为中国网球的历史写下了光辉灿烂的一页。

2008 年北京奥运会上中国女子网球选手郑洁和晏紫获得铜牌的佳绩。

以她们为代表的中国女子网球选手找准双打这个突破口，争取在较短的时间内缩小甚至达到国际水平。

羽毛球

羽毛球是一项室内外均可进行的小型球类运动。比赛时，一人或两人为一方，中隔一网，用球拍经网上往返击球，使球落在对方场地上或使对方击球失误而得分。这项运动器材设备简单，场地不限，深受男女老少喜爱。它要求运动员具有较好的力量、速度和耐力，而且步法要灵活，反应要敏捷，技术要全面。

现代羽毛球运动始于英国。1877 年英国出版第一部羽毛球竞赛规则，同年英国成立羽毛球俱乐部。1893 年英国举办首届全英羽毛球锦标赛。20 世纪初，羽毛球运动开始传到世界各地。1934 年国际羽毛球联合会成立，总部设在伦敦。国际羽联 1948 至 1949 年举办第 1 届世界男子团体赛，1956 年举办首届世界女子团体赛。1978 年 2 月，由亚非国家组成的世界羽毛球联合会于香港成立，同年 11 月举办了第 1 届世界羽毛球锦标赛。国际羽联和世界羽联于 1981 年 5 月宣布合并，统称为国际羽毛球联合会，其管辖的比赛有汤姆斯杯赛、尤伯杯赛、世界锦标赛、全英羽毛球锦标赛和世界羽毛球系列大奖赛。

男、女羽毛球单打和双打于 1988 年被列为奥运会表演项目，于 1992 年巴塞罗那奥运会被列为比赛项目。在这届奥运会上，中国选手李永波和田秉毅获得男子双打铜牌，黄华和唐九红获女子单打铜牌，姚芬和林燕芬获女子双打铜牌。印尼队各获得男、女单打冠军。

当代中国的羽毛球运动，是在 20 世纪 80 年代才开始迅速发展起来的，但此后中国选手在世界大赛中不断取得优异成绩。中国羽坛先后涌现出李永波、葛菲、顾俊、孙俊、董炯等奥运明星。在 2000 年悉尼奥运会上，中国羽毛球队包揽男单、女单、女双、混双 4 枚金牌，在 2006 年举行的第 15 届羽毛球锦标赛上，中国羽毛球队夺得除混双之外的四个单项的金牌。中国的羽毛球运动已居于世界领先地位。

2008 年北京奥运会上中国队取得 3 块金牌、2 块银牌、3 块铜牌，总计 8 块奖牌的好成绩。

2012 年伦敦奥运会上，当蔡赟以及傅海峰组成的羽毛球男子双打组合将伦敦奥运会羽毛球赛场上的最后一枚金牌收入囊中的一刻，中国羽毛球又一次将历史书写——包揽奥运五金。从来没有哪一支球队能够完成这看似不可能的辉煌，但国羽却用这样的成绩证明了自己的强大，伴随着《义勇军进行曲》在温布利体育馆五次响起，宣告着中国羽毛球就此在伦敦成就了一项史无前例的伟业，中国队以 5 金 2 银 1 铜的成绩中国羽毛球全盛时代的到来！

2012 年中国羽毛球队员包揽奥运五金

羽毛球在奥运会上共设置男女单打、男女双打、混合双打五个项目，各单项间彼此相对独立，而每个项目都有着众多优秀的高手参与争夺，任何一项的闪失都无法实现包揽伟业。因此，在奥运会这样羽毛球最高水平的竞技舞台上，即使拥有所有项目顶尖选手的球队也无法豪言全取金牌，包揽的梦幻场景用“可望而不可及”来形容也不足为过。过往的五届奥运争夺里，只有中国、韩国、印尼、丹麦四个国家夺取过羽毛球金牌，然而却无一达到五金顶峰。

棒球

棒球是球类运动项目之一，是以球、棒、手套等工具，在棒球场上运用击球、跑垒、投球、传球和接球等攻防技术进行竞赛的一项集体性球类运动。比赛时，2 队各上 9 人，分守方和攻方，只有攻方才有得分机会。攻方队员击球后跑完一、二、三垒，回到本垒得 1 分。如攻方队员 3 人出局无人跑回本垒，攻方得零分，攻方变成守方。棒球运动具有集体性和对抗性，在世界上影响较大，被誉为“竞技与智慧的结合”。这一项目在美国、日本尤为盛行，被称为“国球”。

棒球运动起源于美国，至今已有 160 余年的历史。1839 年，世界上最早的棒球比赛，由美国陆军军官阿布尔·道布尔迪在美国纽约的库珀斯敦组织举办。1845 军世界第一个棒球俱乐部在纽约成立，并确定正式比赛场地的规格，制定了最严的竞赛规则。1869 年，美国成立世界上第一个职业棒球队。1871 年美国成立全国职业棒球运动员协会，1876 年改称全国职业棒球俱乐部联盟，简称全国棒球联盟。1884 年首次举办世界棒球冠军赛，1900 年成立美国棒球联盟，自 1938 年起举办世界业余棒球锦标赛。

自 1904 年起，棒球多次被列为奥运会表演项目。1986 年 9 月，棒球列入 1992 年第 25 届奥运会正式比赛项目。在该届奥运会的棒球比赛中，古巴队获金牌，中国台北队与日本队分别获银牌和铜牌。

古巴男子棒球队代表世界的最高水平，棒球被誉为古巴的国球。古巴队曾分别在 1992 年巴塞罗那、1996 年亚特兰大和 2004 年雅典奥运会上夺得桂冠，在 2000 年悉尼奥运会上因败于美国队而屈居第二名。

2005 年 7 月份和 2009 年 7 月国际奥林匹克委员会通过投票，2012 年伦敦奥运会和 2016 年里约热内卢奥运会暂停举办棒球和垒球比赛。

国际奥委会女发言人戴维斯证实，棒球之所以被“扫地出门”，是因为美国职业棒球联盟（MLB）最好的球员都不参加奥运会。此外，MLB 在反兴奋剂问题上采取的措施没有满足世界反兴奋剂组织的要求。

但 2010 年 7 月国际奥林匹克委员会决定，将棒球列入 2020 年奥运候选项目；并决定将棒垒球合为单一项目并将合并成立新的国际单项总会；此举不但节省场地资源，也有益于棒球运动的推展。

垒球

垒球是球类运动项目之一，脱胎于棒球，是一种类似攻占堡垒、以棒击球的竞赛活动，它是一项更适合在女子和少年中开展的、富有集体对抗性的、技术和战术要求很高的运动项目。它的比赛方法、运动员职责等与棒球基本相同，但球场、球、棒和投手投球技术等略有差异。正式比赛时每场须打满 7 局。

现代垒球起源于美国。1887 年，美国芝加哥法拉格特划船俱乐部最早发明了垒球运动。因垒球球体比棒球大而软，深受女子喜爱，故又称“女孩球”、“软球”。1933 年美国垒球协会成立，正式确认“垒球”的命名，并设国际联合规则委员会统一了规则。第二次世界大战结束后，垒球在美国、日本发展得很快，美国人称垒球为“人人参加的活动”。1952 年成立总部设在美国的俄克拉荷马州的国际垒球联合会。1965 年开始举办世界女子垒球锦标赛。1966 年开始举办世界男子垒球锦标赛。

1996 年，垒球被列入奥运会比赛项目，仅设女子项目。之前垒球曾在 1936 年和 1956 年，被列为奥运会的非正式项目进行比赛。

2005 年 7 月和 2009 年 7 月国际奥委会投票决定 2012 年和 2016 年暂停奥运会垒球比赛，2006 年 2 月 9 日确认。

2010 年 7 月，国际奥委会决定将垒球列入 2020 年奥运会侯选项目。国际垒球总会也在 2012 年 7 月决定和国际棒球总会合并新设国际单项总会。垒球未来将跟棒球成为单一项目出现在奥运会中。

垒球运动传入中国较早。开始时是作为学校体育课内容，直到 1924 年中国第 3 届全国运动会首次将女子垒球列为表演项目。1959 年第1届全运会上有21个省、市的女子垒球队参加比赛。1980年，中国参加国际垒球联合会。1981年，中国青年女子垒球队参加在加拿大举行的第1届世界青年垒球锦标赛，获第三名。1996年，中国女子垒球队在亚特兰大奥运会上夺得亚军；2002年，在女垒锦标赛上中国女垒夺得第四名。我国的棒球运动群众基础比较薄弱，但是女子垒球运动已能与世界一流水平的队伍如美国、日本、新西兰、澳大利亚等抗衡。

手球

手球是球类运动项目之一。是综合篮球和足球的特点而发展起来的一种用手打球、以球攻入对方球门得分的球类运动。

手球起源于欧洲。19世纪末，捷克斯洛伐克、德国、丹麦等国出现了类似手球的游戏。1917年，德国柏林体育教师海泽尔为女子设计了一种集体游戏，规定运动员只能用手传递或接抛球，双方身体不得接触。1919年，柏林另一位体育教师舍伦茨对海泽尔的游戏进行改进，规定持球者传球前可跑3步，允许双方身体接触。1920年制定竞赛规则。1925年德国与奥地利举行首次国际手球赛，后逐渐在世界各国开展。1928年举行首届世界男子手球锦标赛，自1957年起举办世界女子手球锦标赛。

手球比赛最初每队运动员为11名，又称11人制手球。1965年改为每队7名运动员：手球场地长40米，宽20米，有一中线将场地分为两个相等的半场。两端各有一个球门，球门高2米，宽3米。球用皮革或合成材料制成，男子用球重425至475克，女子用球重325至400克。全场比赛时间为60分钟，分上、下两个半时，每半时为30分钟，中间休息10分钟。进1球得1分，以射入对方球门多者为胜。

男女手球分别于1936年和1976年被列为奥运会比赛项目。1972年慕尼黑奥运会，手球运动首次进入室内，南斯拉夫队赢得了冠军。1976年蒙特利尔奥运会，女子项目首次进入奥运，前苏联队获得了金牌

2000年第27届奥运会规定男子12个队、女子10个队参加比赛。男子项目1999年世界锦标赛的前七名，亚洲、非洲、美洲、欧洲奥运

会预选赛的冠军获得参赛资格，东道国队自动获得参赛资格。女子项目1999年世界锦标赛的前5名，亚洲、非洲、美洲、欧洲奥运会预选赛的冠军获得参赛资格，东道国队自动获得参赛资格。

中国在1949年以前，手球仅在一些大专院校作为介绍性学习项目出现过。1959年第1届全运会举行首次较大规模的手球比赛。自1974年开始，每年都举办全国性的手球比赛。1977年，中国加入亚洲手球联合会。之后，手球运动在中国有了较快的发展，特别是女子手球项目已进入世界强队行列。

水球

水球，球类运动项目之一，是在水中进行的一种竞赛运动。比赛时每队上场7人，其中守门员1人，前锋、后卫各3人。运动员在水中互相配合，通过单手传球、接球、运球最后射门，以射门进球多的一方为胜。参加水球运动，能使全身肌肉得到锻炼，还能培养机智、果断、勇敢、顽强的意志和集体主义精神。

水球运动起源于19世纪60年代的英国。最初是人们游泳时在水中传掷足球的一种娱乐活动，故有“水上足球”之称。后逐渐形成两队之间的竞技水球运动。1877年，英格兰伯顿俱乐部聘请威尔森制定世界上第一部水球竞赛规则，并正式命名为“水球”。1879年出现有球门的水球比赛。1885年，英国游泳协会将水球列为独立的比赛项目。1890年水球首先传入美国，后又逐渐在德国、奥地利、匈牙利等国家广泛开展。

1900年在法国巴黎举行的第2届奥运会上，水球被列为正式比赛项目。至第二次世界大战前的历届奥运会水球比赛中，英国保持优势，曾4次夺得冠军。在第10、11届奥运会上，匈牙利异军突起，连夺两届冠军。从1948年第14届至1980年第22届奥运会期间，匈牙利又获4次冠军。水球优势一直为欧洲强队所占据。近年来，世界水球强队之间的水平已愈来愈接近，竞争也日趋激烈。

女子水球运动是新兴的项目。1980年7月，在马耳他举办第一次国际女子水球比赛。1986 年，在西班牙马德里举行第 5 届世界游泳锦标赛时，女子水球被列为正式比赛项目。

2000 年起，奥运会增设了女子水球项目。

目前加拿大、荷兰、美国、澳大利亚、德国等国家发展得比较好，水平较高。女子水球的话，则有荷兰、美国、澳大利亚、匈牙利和加拿大等强国。

中国的水球运动，在 20 世纪 20 年代中期由欧美传入香港和广东。1931 年，第 5 届广东省水上运动会开创水球比赛项目。新中国成立后，水球运动得到迅速发展。在 1974 年第 7 届亚运会上，中国水球队第一次参加大型国际比赛，获得第二名。1978 年第 8 届亚运会，中国水球队以 11∶1 战胜日本队，获得冠军。1980 年，中国水球队在莫斯科第 22 届奥运会水球预选赛中，战胜墨西哥、日本、以色列、埃及等国家队，平法国队。同年，中国水球队在马耳他举行的国际水球比赛中获第一名。

1982 年 12 月，在印度新德里举行的第 9 届亚运会水球比赛中，中国队蝉联冠军，这标志着我国水球运动已达到国际水平。但是，我国水球队无论在身高、体重、速度、体力、技术、战术方面尚有不小差距，要达到世界先进水平还需要经过艰苦的努力。

乒乓球

乒乓球是球类运动项目之一。它是由两名或两对选手，用球拍在中隔一网的球台两端轮流击球的一项球类运动。比赛时，运动员分别站在球台的一端，执拍以挡、抽、削、拉等攻防动作，隔网击球，球必须在台上反弹一次后过网，并落在对方台面上始为有效。乒乓球竞赛项目，分为团体赛和单项赛两大类。团体赛有男子团体和女子团体两项。单项比赛有男子单打、女子单打、男子双打、女子双打和混合双打 5 项。

乒乓球运动起源于英国，是由网球运动派生而来的。19 世纪末期，英国有些大学生在室内以桌为台，书为网，将酒瓶软木塞削为球，在桌上推来挡去，形成“桌上网球”游戏。1890 年前后，英格兰著名越野跑运动员吉布从美国带回空心赛璐珞球，代替软木塞球，因赛璐珞球击在木板拍上发出乒乓声响，故称“乒乓球”。1891 年，英国的巴克斯特申请乒乓球商业专利。1900 年 12 月，英国在伦敦举行有 300 余人参加的乒乓球比赛。1903 年，英国的古德发明胶皮球拍，随即旋转削球的打法问世。自 1926 年起举办世界乒乓球锦标赛。

1988 年，乒乓球首次进入奥运会，成为正式比赛项目，但比赛只设男女单打、双打 4 个项目。2000 年第 27 届奥运会 4 项比赛共 172 名运动员参加，其中男、女单打各 64 名，双打各 22 对。单打项目有 3 条获得参赛资格的途径：第一，国际乒乓球联合会公布的世界排名前二十名的运动员，每个协会最多只能 2 名；第二，洲际奥运会预选赛成绩最好的运动员，亚洲 11 名、非洲 6 名、欧洲 11 名、拉丁美洲 6 名、北美洲 3 名、大洋洲 3 名；第三，世界奥运会预选赛的前三名。东道国有 1 人自动获得参赛资格。双打项目根据洲际奥运会预选赛确定运动员的参赛资格，各洲的名额为：亚洲 6 对、非洲 3 对、欧洲 6 对、拉丁美洲 3 对、北美洲 2 对、大洋洲 2 对。每个协会每个单打项目最多 3 名运动员，每个双打项目最多 1 对。

乒乓球最早是 1904 年由上海四马路一家文具店经理王道平从日本介绍到中国的。1935 年，中国举办了第 1 届全国乒乓球比赛大会。新中国成立后，中国乒乓球运动得到迅速的普及和发展。从 1956 年起每年举行 1 次全国乒乓球比赛。1959 年，容国团获得第 25 届世界乒乓球锦标赛男子单打世界冠军后，中国运动员开始登上国际乒坛。经过艰苦的磨炼和探索，逐渐形成和创造以“快、准、狠、变”为技术风格的独特的直拍近台快攻打法。在 1961 年第 26 届世界乒乓球锦标赛中，中国队既通过欧洲关，又战胜远台长抽加秘密武器——“弧圈球”打法的日本选手，第一次夺得男子团体世界冠军。此后又连续获得第 27、28 届男子团体冠军。1981 年第 36 届世界乒乓球锦标赛上，中国队获得全部 7 个项目的冠军，创造自世乒赛 55 年以来的最高纪录。在 1995 年、2001 年举行的第 43、46 届世乒赛上，中国队再次获得全部 7 个项目的冠军。2004 年张怡宁、王楠在雅典奥运会上分别获得女单女双冠军；马林、陈杞夺得男子双打冠军。

2008 年北京奥运会届的乒乓球赛事共产生 4 枚金牌。中国运动员包揽男子个人、女子个人、男子团队、女子团队的全部金牌，并有 4 金 2 银 2 铜的佳绩，可以说，2008 北京奥运乒乓球项目是中国队的表演赛。2012 年伦敦奥运会再次成为中国队的天下，独霸乒乓球赛事全部的 4 枚金牌，并有两枚银牌入账。可以这么说，中国队代表了乒乓球赛的最高水平。

曲棍球

曲棍球又称“草地曲棍球”。19 世纪下半叶兴起于英国。1861 年，英国成立世界上第 1 个曲棍球俱乐部。1875 年，英国成立世界上第 1 个曲棍球协会。1886 年，英国曲棍球协会成立。1895 年，英国举行首次曲棍球赛。后逐渐传入印度等英联邦国家。曲棍球场地长 91. 40 米、宽 55 米，球门高 2. 14 米、宽 3. 66 米，球棍长 80 至 95 厘米，球重 156 至 163 克。比赛时两队各有 11 名运动员上场。全场比赛时间为 70 分钟，分上、下两个半时，每半时 35 分钟，中间休息 5 至 10 分钟。进 1 球得 1 分，以射入对方球门多者为胜。

曲棍球自 1908 年伦敦奥运会起成为夏季奥运会比赛项目之一，当时只有男子项目。1924 年巴黎奥运会由于曲棍球没有国际化的管理架构而取消了该项比赛。同年国际曲棍球联合会成立。1928 年阿姆斯特丹奥运会曲棍球重新成为奥运会比赛项目。

赛艇

赛艇起源于 17 世纪的英国。1715 年，为庆祝英王加冕，英国首次举行赛艇比赛。1775 年，英国制定赛艇竞赛规则，并建立赛艇俱乐部。1846 年，英国人在艇舷上安装了桨架，加长了桨的长度，提高了划桨效果。1847 年，英国又将重叠板的外龙骨艇改装成平滑的内龙骨艇，提高了赛艇的速度。1857 年，美国的巴布科克发明滑座，运动员划桨时能前后移动，增加腿部力量。1882 年，俄国人将封闭式桨栓改为活动式桨环，提高了划桨幅度。赛艇类似织布梭子，两头尖而窄长，有桨架，用木材、铝合金或玻璃钢制成。艇内装有带滑轮的座板，可在两条轨道上滑动。划动时，运动员两腿蹬、两臂拉。赛艇按乘坐人数、有无舵手以及使用单桨还是双桨划分项目。男子有单人双桨、双人双桨、双人单桨无舵手、双人单桨有舵手、4 人双桨无舵手、4 人单桨无舵手、4 人单桨有舵手、8 人单桨有舵手 8 个项目。女子有单人双桨、双人双桨、双人单桨无舵手、4 人双桨有舵手、4 人单桨有舵手、8 人单桨有舵手 6 个项目，赛艇规格同男子项目。比赛距离男子为 2000 米，女子为 1000 米。每条航道长 2200 米，宽 12.5 至 15.0 米，一般为 6 条航道，最多为 8 条航道。运动员必须在自己的航道内完成赛程。以艇首到达终点的先后顺序判定名次。1896 年被列为首届奥运会比赛项目，因浪大未举行。1900 年再度被列为比赛项目。

1976 年，女子运动员开始参加奥运会赛艇比赛。1982 年新德里第 9 届亚运会上，赛艇成为亚运会正式比赛项目。

比赛必须在静水水面上进行。从起点到终点，应是同样宽度的直航道。航道长 2000 米，宽度为 13.5 米。国际性赛艇比赛在标准航道上举行的比赛，通常有 6 条以上航道；国际赛联赛艇锦标赛和世界杯，比赛应在 6 条航道上进行，但原则上至少应设 8 条航道。比赛的航道除有 2000 米的比赛距离外，还有适当的准备活动水域。终点线外至少留有 100 米的自由水域。航道两边，应各留有一条航道宽度的安全警戒水域。

航道由串联在一起的浮标区分。浮标的间隔为 10 米或 12.5 米，浮标表面应该是柔软的，直径不得超出 15 厘米。整条航道上的浮标颜色呈规律分布。浮标从起点至 100 米为红色，从 100 米后至 1750 米为橙色或白色，从 1750 米后至终点为红色。在整个赛道两侧每间隔 250 米应有明显的距离标志。

皮划艇

近代皮划艇的出现与 16 世纪人们的探险和漫游欧洲北部海域有关。

比赛在天然或人工湖面进行，水面宽90米以上，长2200米。设9条航道，道宽5至9米，用串有塑料浮球的钢索划分。运动员必须在各自指定的航道内完成赛程。以艇首到达终点的先后顺序决定名次。奥运会赛艇比赛项目设为皮艇和划艇两种。皮艇在19世纪90年代的欧洲得到广泛开展。皮艇有舵，比赛时，运动员坐在艇内，面向前方，手持双桨在艇的两侧轮流划动，依靠脚操纵舵控制航向。有单人艇、双人艇、4人艇和障碍回转项目。划艇两头尖，艇身短，无桨架，无舵。划桨时前腿成弓步立，后腿半跪，用铲状单叶桨在固定的舷侧划水，并控制方向。有单人、双人、障碍回转项目。

皮划艇自1936年柏林夏季奥运会起成为每届夏季奥运会比赛项目。奥运会皮划艇比赛分皮划艇激流和皮划艇静水两类：

比赛中使用两种船：1人或2人的划艇（canoe）和1人、2人或4人的皮艇（kayak）。从而产生了缩写，比如："C-1"是"单人划艇"项目，"K-2"是"双人皮艇"项目。比赛距离一般是500米或1000米（1936年到1956年还有10公里项目）。

帆船

帆船现代帆船始于荷兰。1662年，英王查理二世举办了英国与荷兰之间的帆船比赛。1720年，爱尔兰成立皇家科克帆船俱乐部。帆船分稳向板帆艇和龙骨帆艇两类。稳向板帆艇轻快灵活，可在浅水中行驶，奥运会项目中的"飞行荷兰人"型、"芬兰人"型、"407"型、"星"型、"拖纳多"型等均属此类，是世界最普及的帆船。龙骨帆艇也称"稳向舵艇"，体大，不灵活，但稳定性好，帆力强，只能在深水中行驶。奥运会项目中的"暴风雨"型、"索林"型等均属此类。比赛在海面进行，场地由3个浮标构成等边三角形，每段航道长度为2至2.5海里。比赛为绕标航行，共进行7场，取其中成绩最好的6场之和评定总分，总分少者名次列前。1896年被列为首届奥运会比赛项目，因天气不好未举行。1900年再次被列为奥运会比赛项目。原为男女混合项目，1988年奥运会开始男女分设为正式比赛项目。

拳击

现代拳击始于英国。1719 年，英国拳击冠军詹姆斯·菲格在伦敦创办拳击学校。1743 年，英国著名拳击家布劳顿制订竞赛规则，确定拳击场为 24 英尺见方，四周围以绳索。1747 年，拳击手套发明。1838 年颁布的《伦敦拳击锦标赛规则》取代了 1743 年制订的规则，1853 年再次修改，拳击运动逐渐完善。1869 年，英国记者钱伯斯提出划分回合的新规则，规定参赛选手必须戴拳击手套，每个回合 3 分钟，回合之间休息 1 分钟，被击倒在地的选手必须在 10 秒钟内自行起来，否则即判为失败。该规则后由英国的约翰·肖尔托·道格拉斯侯爵整理出版，1891 年得到世界公认，被称为"昆士伯里规则"。1880 年，英国业余拳击协会成立。1882 年，世界最重量级冠军挑战赛首次举行，有业余、职业拳击比赛之分。

拳击于 1904 年夏季奥运会起成为每届夏季奥运会比赛项目。除了 1912 年夏季奥运会以外，该届奥运会举办国瑞典当时禁止该项运动。

奥运会属业余拳击赛，只允许业余运动员参加，水平低于职业拳击赛。比赛按体重分级别进行，现代奥运会设 48、51、54、57、60、63. 5、67、71、75、81、91、91 公斤以上级。2012 年伦敦奥运会，女子拳击项目第一次进入奥运会。

自行车

自行车起源于欧洲。1800 年，俄国乌拉尔地区维利赫杜纳城的叶菲姆·米赫拉维奇·阿尔塔蒙诺夫工匠制作出铁脚踏车。他骑该车从乌拉尔的维利赫杜纳到莫斯科，往返达 5335 公里。这是世界上第 1 辆自行车，至今仍陈列在俄罗斯达吉里市的博物馆内。1867 年，英国的麦迪逊设计出第 1 辆装有钢丝辐条的自行车。1869 年，英国的斯塔利和劳森发明链条式联动装置。1880 年，使用滚珠轴承。1886 年，英国的詹姆斯将前后轮改为大小相同。1887 年，德国曼纳斯公司生产无缝钢管自行车。1888 年，英国的邓洛普发明充气橡胶内胎。1868 年 5 月 31

日，法国的圣·克劳德公园举行了2公里自行车比赛，这是有记载的最早的自行车比赛。1893年举行首届世界业余自行车锦标赛。1895年举行首届世界职业自行车锦标赛。1903年首次举行环法自行车赛，该赛事每年1次，是世界最著名的自行车赛。自行车奥运会比赛项目分为场地赛、公路赛和越野赛3大类。比赛用车不装车闸和变速装置。

马术

现代马术运动始于欧洲。1734年，美国弗吉尼亚成立查尔列斯顿马术俱乐部，这是世界最早的马术俱乐部。1953年，首次举办世界场地障碍马术锦标赛。1966年，开始举办花样骑术锦标赛。现代奥运会比赛项目有花样骑术、三日赛和障碍赛。花样骑术又称“盛装舞步骑术赛”，比赛时，马和骑手要在长60米、宽20米的场地内用12分钟的时间完成一系列的规定和自选动作，以骑手完成动作的姿势、风度、难度等技巧和艺术水平评分，得分高者名次列前。三日赛又称“综合全能马术赛”，骑手在3日内连续参加3项比赛，第1天进行花样骑术，第2天进行越野赛，第3天进行障碍赛，以3项总分评定名次。障碍赛，场地至少为2500平方米，设置10多个高1.40至1.70米的障碍，运动员骑马必须按规定的路线、顺序跳越全部障碍，超过规定时间、马匹拒跳以及运动员从马上跌落等都要罚分。

马术自1900年巴黎夏季奥运会起成为每届夏季奥运会比赛项目，但到1912年之间没有马术比赛，以后一直都有马术比赛。

击剑

击剑起源于古代的决斗。14世纪，由于枪炮的出现，击剑失去军事价值，逐渐成为一项体育运动。1776年法国剑师博西耶尔发明金属网护面。1882年，法国成立世界上第1个击剑协会。1893年，美国业余击剑协会成立。1931年开始使用电动裁判器。1938年举行首届世界击剑锦标赛。奥运会比赛项目设有重剑、佩剑、花剑3个剑种。通常初赛采用循环赛，半决赛、决赛采用淘汰赛。分个人赛和团体赛，团体赛每队4人。击剑是奥运会初期唯一允许职业选手参赛的项目。

体操

现代体操始于18世纪。当时欧洲先后出现以杨（1778至1853年）为代表的德国体操、以林（1776至1839年）为代表的瑞典体操、以布克（1777至1847年）为代表的丹麦体操。20世纪20年代，国际体操联合会将德国、瑞典两大体操流派结合起来，创立现代体操运动。1903年开始举办世界体操锦标赛。奥运会体操比赛项目设有自由体操、鞍马、吊环、跳马、双杠、单杠、高低杠和平衡木项目，分个人全能赛、单项赛和团体赛。

自由体操

19世纪初始于德国。在规定的场地和时间内完成编排成套的徒手和技巧动作。比赛场地面积为12×12米，铺设地毯或弹性地板。比赛时间男子为50至70秒，女子为70至90秒。男、女满分均为20分。男、女自由体操分别于1932年和1952年被列为奥运会比赛项目。

鞍马

源于跳马项目。1804年，德国著名体操家顾茨姆斯（1759至1839年）将木马上的马鞍换成一对铁环，后铁环被木环取代，形成现在的鞍马。仅设男子项目。1896年被列为奥运会比赛项目。

吊环

起源于法国，后传入意大利和德国。1842年，德国的施皮斯制作了世界上第1副吊环。原为体操训练的辅助手段，19世纪后半叶成为独立的比赛项目。仅设男子项目。1896年被列为奥运会比赛项目。

跳马

源于罗马帝国末期的骑术训练，后改为与真马外形相似的木马。1836年，德国的施皮斯在学校体操课上首次表演跳马。男、女满分均为20分。男、女跳马分别于1896年和1952年被列为奥运会比赛项目。

双杠

起源于德国。1811 年，德国著名体操家扬在柏林郊外的哈森海德体操场首次安装这种体操器械。最初为体操训练手段，19 世纪 40 年代成为独立的比赛项目，仅设男子项目。1896 年被列为奥运会比赛项目。

单杠

起源于德国。1811 年，德国著名体操家扬首次安装了世界上第 1 副单杠。1812 年将木杠改为铁制，后又改为钢制，杠的弹性和承受力增大。19 世纪 20 年代成为独立的比赛项目，仅设男子项目。1896 年被列为奥运会比赛项目。

高低杠

始于欧洲。横杠由玻璃钢制作，椭圆形，长 2.40 米，高杠高 2.30 米，低杠高 1.50 米，两杠间距可在 1.10 至 1.40 米间调整。仅设女子项目。1952 年被列为奥运会比赛项目。

平衡木

起源于公元前的罗马时代。18 世纪末，德国体操家将其用于体操训练的辅助器材，后传向欧美国家。1845 年成为女子体操项目，仅设女子项目。1952 年被列为奥运会比赛项目。

个人全能

又称“个人全能决赛”。每队参赛最多有 3 名运动员，只有团体赛全能成绩排位前 36 名的运动员才有参赛资格，只比自选动作。将运动员团体赛中各单项规定动作与自选动作总得分的 1/2 加上个人全能决赛中自选动作的得分作为最后得分，排列名次，得分高者名次列前。男、女个人全能分别于 1900 年和 1952 年被列为奥运会比赛项目。

团体赛

集体比赛项目。每队 6 名运动员，男子参加 6 个单项的比赛，女子参加 4 个单项的比赛。比赛时先进行规定动作，然后进行自选动作，以规定动作和自选动作各单项前 5 名的得分总和判定名次，得分多者名次列前。男、女团体赛分别于1904年和1928年被列为奥运会比赛项目。

艺术体操

又称“韵律体操”。女子项目。起源于欧洲。19世纪末出现有音乐伴奏的各种身体动作练习。20世纪初，瑞士日内瓦音乐学院教师达尔克罗兹创编韵律体操，将身体练习与音乐结合起来，并从最初的徒手发展为后来的使用轻器械的形式。1962年被国际体操联合会确定为独立的比赛项目。1963年开始举办世界艺术体操锦标赛。奥运会比赛项目仅设团体赛、个人全能赛和单项决赛。其中：团体赛每队最多有3名运动员参加4项不同器械的自选动作，每项满分为10分，总得分最高为120分，总分高者为胜；个人全能赛每队最多有2名运动员，团体赛全能成绩排位前26名的运动员才有资格参加，必须完成4项不同器械的自选动作，每项满分为10分，4个项目总得分最高为40分，总分高者为胜；单项赛每队有2名运动员参加，以各单项的得分评定名次，最高分为10分，得分多者为胜。艺术体操中使用的轻器械主要有绳、圈、球、棒、带等，其中绳、球、棒、带于1984年被列为奥运会比赛项目，圈于1988年被列为奥运会比赛项目。

蹦床

早在19世纪中叶，北美的科曼契印第安人就使用过类似的蹦床。马戏团的杂技演员使用类似的蹦床至少也有200年的历史。20世纪30年代，美国跳水冠军尼森制作出类似于当今的那种蹦床，用来帮助自己的跳水与翻转训练，后来创办了“尼森蹦床公司”。第二次世界大战期间，美国利用蹦床训练飞行员和领航员的定位技能，取得良好效果，以后逐渐成为一项运动，在美国的中学、大学广泛开展。1947年，美国在得克萨斯州举行首届全国蹦床表演赛。1948年起被列入正式比赛。后传入欧洲。1958年，英国开始举行全英蹦床锦标赛。1964年，英国举行首届世界蹦床锦标赛。1969年，法国巴黎举行首届欧洲蹦床锦标赛。

蹦床运动主要表现动作的高飘，动作之间富有节奏的连接和变换，包括双脚起跳、背弹、腹弹、坐弹动作，全套动作中间没有停顿和中间跳。个人比赛中运动员要完成3套动作，每套由10个动作组成。选手要表现出优美的姿势、正确的动作技术、理想的高度和良好的身体控制能力。

蹦床的边框由金属制成，长5米05，宽2米91，高1米15。弹网用尼龙或其他相近韧性材料制成，周围用112个弹簧牵拉固定。运动员动作有效区域只是中间小小的白色网内部分，一旦触及边上蓝色的垫子或掉在地下，只能即时结束比赛，分数按已完成的动作计算。这种残酷的“忽然死亡法”曾让不少名将前功尽弃，泪洒赛场。

2000年悉尼奥运会蹦床才被列为奥运会比赛项目，欧美人长期独步蹦床天下。中国自1998年开展蹦床运动以来，发展迅速。在2004年雅典奥运会上，黄珊汕一举夺得女子网上个人项目的铜牌。2007年加拿大世锦赛上，中国队共获得三金四银。特别是在男女网上个人赛这两个奥运项目上，更摘得一金两银，北京奥运会上，中国代表团再次收获了两枚金牌的优异成绩，证明了蹦床是中国奥运军团可能再次爆发的夺金点。

柔道

柔道是属于摔跤类型的两人徒手较量的一项竞技运动。它在技术上讲究“柔”，即“刚柔相济，以柔克刚”，最有效地利用对手力量，摔倒对手或在对手倒地之后加以制伏；在精神上讲究“道”，即培养运动员的道德意志品质，陶冶美的情操。在锻炼、训练或比赛时，要保护对手，使双方都得到身心锻炼的好处。此外，它在捕俘擒敌和自身防卫等方面也有一定的实用价值。

现代柔道起源于日本先是柔术。1882年，日本东京帝国大学学生嘉纳治五郎综合当时流行的各派柔术的精华创造了以投技、固技、当身技为主的现代柔道。同时，还在东京永昌寺创建训练柔道运动员的讲道馆，后被誉为“柔道之父”。1884年设立柔道段位制。1893年开始训练女子柔道运动员。1900 年又重新制定比赛规则。1931 年，日本建立世界上第一个女子柔道协会。第二次世界大战后，柔道传播到欧美等国。1951 年欧洲成立欧洲柔道联盟，于 1952 年初又改称力“国际柔道联合会”。1956 年，在东京举行第 1 届世界柔道锦标赛。1964 年的第 4 届锦标赛开始分 4 个级别进行比赛。之后，规定每 2 年举行一次世界锦标赛。1980 年又开始举办世界女子柔道锦标赛。1964 年第 18 届奥运会柔道开始列入男子比赛项目。1992 年第 25 届奥运会增设女子比赛项目。现代柔道技术主要由投技和寝技组成。投技包括手技、腰技、足技、全身技，寝技包括抱压技、反关节技。比赛中，如一方用投技迅速有力地将对方摔成背部着地，或用关节技、绞技迫使对方认输，或使用固技达 30 秒。这 3 种情况都可获“一本”（比赛术语）。一方获得“一本”比赛即结束，判为此方获胜。

在柔道段位的设置上，水平高者即高段位。通常以柔道服上的腰带颜色来表示运动员段位的高低。未入段的新手系白带，1 至 5 段系黑带，6 至 8 段系红白间隔带，9 段、10 段系全红带。目前，世界上只有极少数人达到了“系红带”的高段水平。但在大型运动会（如奥运会、亚运会、全运会）上，为便于裁判员和观众区分双方运动员，往往规定一方系一根白色腰带，另一方系一根红色腰带。

柔道比赛按运动员体重分为 8 个级别。男子为 60、65、71、78、86、95、95 以上公斤级和不分体重的无差别级（从 1988 年第 24 届奥运会开始不设无差别级比赛），女子为 48、52、56、61、66、72、72 以上公斤级和不分体重的无差别级。1992 年第 25 届奥运会列入的女子柔道项目除无差别级外，其余各级均列入了比赛。

比赛一般在 14 米 ×14 米或 16 米 ×16 米的榻榻米垫子上进行。榻榻米的颜色通常为绿色。运动员身穿白色或米黄色柔道服，徒手赤脚，腰扎段位带（现为红、白腰带）。每场比赛男子 5 分钟，女子 4 分钟。比赛中不许用头、肘、膝顶撞对方，不许抓头发或对肘关节以外的其他关节使用反关节的动作。另值得一提的是，柔道是一项非常讲究礼节的运动。运动员不仅要有高超的技巧，而且要有良好的体育道德。

我国的柔道运动起步较晚，但发展却比较迅速。1983 年举行第 5 届全运会时，柔道被列为正式比赛项目。目前，男子柔道水平较高的国家有日本、法国、德国、波兰、韩国、乌兹别克等，女子柔道水平较高的国家有古巴、日本、朝鲜、韩国、中国、比利时、波兰、西班牙等。中国女子项目中略占一点优势。中国柔卧在上届奥运会上夺得 1 金 1 银 3 铜。男子柔道，目前男队在奥运会上的最好成绩是第五名。因此还必须彻底改变男弱女强的局面。

跆拳道

跆拳道起源于1500 年前的韩国民间武术，由韩国的花郎道、中国的武术、日本的空手道融合而成。公元688 年新罗王国统一韩国，跆拳道得到大力推广。第二次世界大战后逐渐在世界各国广泛发展。1973 年开始举办世界跆拳道锦标赛。1988 年，跆拳道被列为奥运会表演项目，1992 年成为奥运会比赛项目。中国跆拳道协会成立于1995 年7 月。

跆拳道比赛是在 12 米 ×12 米的软垫上进行的。比赛时间实行 3 分钟 3 回合制，中间休息 1 分钟。它属于有直接身体碰撞的激烈对抗性项目。运动员比赛时，必须穿戴护头、护身、护裆、护臂和护腿。比赛过程中，运动员互相击打对方可得分的部位分别是：躯干的胸、腹、两肋，以及头部和颈部的前面。裁判员通过选手的击打力度、准确性及技术动作是否正确等判定是否得分。得分多者名次列前。比赛按体重分为 8 个级别：50、54、58、64、70、76、83 公斤级和 83 公斤级以上。

跆拳道是一种锻炼身体、磨炼意志和健全精神的武道。其以精湛的腿法、迅猛有效的攻击、有法有术的防守，被誉为世界第一搏击运动。其丰富多变、优美潇洒的腿法，还被世界武坛公认为腿击术流派中的“王中之王”。

中国跆拳道运动起步较晚，但在奥运会上也取得过较好的成绩。

2000 年第 27 届悉尼奥运会上，中国选手陈中获得女子 67 公斤以上级冠军，夺得中国奥运跆拳道首枚金牌。

2004 年第 28 届雅典奥运会上，在女子跆拳道 67 公斤级决赛中，中国选手罗微以 8—6 战胜东道主希腊选手，勇夺冠军，为中国代表团获得了第 29 枚金牌。2004 年 8 月 29 日，雅典奥运会跆拳道女子 67 公斤以上级决赛在法里罗海滨区奥林匹克体育馆进行。经过三回合激烈争夺，最终中国选手陈中以 12—5 的成绩完胜法国选手巴维热获得冠军卫冕成功，为中国代表团赢得了第 32 枚金牌，这是中国代表团在雅典奥运会跆拳道项目中夺得的第二枚金牌，也是中国跆拳道队在夏季奥运会中夺得的第三枚金牌。

2012 伦敦奥运会中国跆拳道选手吴静钰以 8 比 1 战胜西班牙选手卫冕成功

2008 年间 8 月 20 日第 29 届奥运会我国小将吴静钰在女子 49 公斤级决赛中，为中国军团摘得一枚金牌。这不仅仅是中国队的第 45 枚金牌，更值得骄傲的是这也是我国跆拳道女子项目小级别摘取的首枚奥运金牌。中国跆拳道队的优势一直集中在女子大级别比赛，自 2000 年跆拳道被首次引入奥运会之后，中国队奥运会上所取得的三枚跆拳道金牌全都来源于大级别，分别是 2000 年悉尼奥运会 67 公斤以上级陈中，2004 年雅典奥运会 67 公斤级罗微，67 公斤以上级陈中蝉联。吴静钰结束了小级别选手中始终没有产生能冲击世界冠军实力的队员。

2012 年在伦敦奥运会跆拳道项目比赛中，中国跆拳道队仅有三名选手参赛，但依然取得一金一银一铜的好成绩。在 2012 年第 30 届伦敦奥运会上，吴静钰成为女子 49 公斤级首位卫冕奥运冠军；侯玉琢在女子 57 公斤级决赛中不敌英国选手琼斯，取得银牌；刘哮波拿到一块男子 80 公斤以上级的铜牌。侯玉琢的银牌和刘哮波的铜牌，都是中国选手在各自级别上的奖牌“零”突破。

摔跤

摔跤世界最古老的竞技项目。公元前 708 年，古代奥运会已有这一比赛项目。比赛在每边长 12 米的垫上进行，垫的厚度根据使用材料的弹性而定，一般为 6 厘米左右。垫中间直径 9 米的圆圈为比赛区。比赛时运动员必须身穿红色或蓝色摔跤服，鞋为平底软靴。每场比赛为 2 个回合，每个回合为 3 分钟，中间休息 1 分钟。比赛分古典式摔跤和自由式摔跤两种，按体重分为 10 个级别：48、52、57、62、68、74、82、90、100 和 130 公斤级。仅设男子项目。奥运会比赛项目设有古典式摔跤和自由式摔跤两类：古典式摔跤又称“古典式角力”，18 世纪末 19 世纪初盛行于法国。1896 年被列为奥运会比赛项目；自由式摔跤又称“自由式角力”，始于 18 世纪末 19 世纪初的欧美国家，1904 年被列为奥运会比赛项目。

游泳

游泳现代游泳始于英国。17 世纪 60 年代流行于约克郡地区。1828 年在利物浦乔治码头修建了世界上第 1 个室内游泳池。1837 年，世界上第 1 个游泳协会成立。1908 年规定游泳必须在水池内比赛。

夏季奥林匹克运动会的游泳比赛从 1896 年第一届奥运会开始就是正式比赛项目。在这个项目中，澳大利亚和美国具有较大的优势。

在 1896 年夏季奥林匹克运动会上，游泳比赛不分泳姿，只有 100 米、500 米、1200 米 3 个项目。1900 年第 2 届奥运会时，将仰泳分出；1904 年第 3 届奥运会时，又分出蛙泳。1912 年第 5 届奥运会时，女子游泳被列为比赛项目。1956 年夏季奥林匹克运动会又增加了蝶泳。到目前为止，共有 6 大项 32 个小项。

在奥运会游泳比赛上，男子和女子各有 16 个比赛项目，除了男子是 1500 米自由泳，女子是 800 米自由泳以外，其他项目男女一样。奥运会目前正式比赛项目有四种泳姿：自由泳，仰泳，蛙泳和蝶泳。其中仰泳、蛙泳和蝶泳的比赛距离为 100 米到 200 米之间，自由泳则分 50

米、100 米、200 米和 400 米，以及女子 800 米和男子 1500 米。

个人混合泳的长度有 200 米和 400 米两种，运动员必须在比赛过程中分别使用四种不同的泳姿游相同的距离，顺序依次是蝶泳，仰泳，蛙泳和自由泳。而在混合泳接力项目中，四名运动员也必须分别使用不同的泳姿，顺序则是仰泳，蛙泳，蝶泳和自由泳。其他的接力项目还有 4 ×100 米和 4 ×200 米自由泳接力。

奥运会游泳比赛使用的是 50 米长的标准池，所有距离在 50 米以上的比赛都必须在途中折返。

比赛时，任何一个运动员在出发时如果有错误都会被取消比赛资格。接力比赛中，如果任何一个运动员在他的队友触壁前 0. 03 秒之前离开出发台的话，这个队将被自动取消比赛资格，除非犯规队员回到起点重新开始。

花样游泳

花样游泳起源于欧洲，原为游泳比赛间歇时的水中表演项目，由游泳、技巧、舞蹈和音乐编排而成，有“水中芭蕾”之称。1920 年，花样游泳创始人考特斯将跳水和体操的翻滚动作编排成套，在水中表演。后传入美国和加拿大。1934 年在美国芝加哥万国博览会上举行首次表演。1937 年，考斯特成立世界上第 1 所花样游泳俱乐部。1942 年，美国业余体育联合会确认为正式比赛项目。1952 年被列为奥运会表演项目。1956 年得到国际游泳联合会承认。1973 年开始举行世界花样游泳锦标赛。1984 年被列为奥运会比赛项目。比赛必须在至少长宽为 12 米 ×12 米、深 3 米的池内进行，运动员可以在陆上开始，但必须在水中结束。分规定动作和自选动作，自选动作应有音乐伴奏。各动作均有难度系数。每个动作最高得分为 10 分，以得分总和评定成绩，总分高者名次列前。

跳水

跳水项目起源于游泳运动的发展过程中。5 世纪时，古希腊陶瓶上已有一群男孩头朝下跳水的描绘。17 世纪，在斯堪的纳维亚半岛、地中海、红海沿岸一带的港口，盛行从岸上、桅杆上跳入水中的活动。现代跳水运动始于20世纪，1900年瑞典运动员在第2届奥运会上进行了跳水表演。1904年在圣路易斯奥运会上，男子跳水首次被正式列为比赛项目。1912年在斯德哥尔摩奥运会上，女子跳水运动员首次被允许参加比赛。直到1951年，跳水才成为规则完整的奥运会正式比赛项目。

跳水比赛分男、女10米跳台跳水和男、女3米跳板跳水四个项目，并分成双人和单人进行比赛，共8块金牌。不论是跳板还是跳台跳水，完成动作的过程都包括助跑、起跳、空中技巧和入水四个阶段。跳水的主要规则有：

（1）男子个人项目和男子双人项目进行6个动作的比赛。

（2）女子个人项目和女子双人项目进行5个动作的比赛。

（3）上述6个或5个动作中不允许有重复的动作。

（4）代码相同的动作视为同一个动作。

现代五项

现代五项是由马术、击剑、射击、游泳和越野跑5个单项组成的综合性全能运动项目，是现代奥林匹克运动创始人顾拜旦倡导设立的。项目设计模仿拿破仑时代信使穿越战场所经历的活动：先骑马穿越村庄，游过一条挡住去路的河，上岸后又使用剑和手枪与遭遇的敌人搏斗，最后跑过田野完成任务。

这一项目起源于2000多年前的古奥运会，但那时的五项运动是由掷标枪、短距离跑、掷铁饼、角力和跳远组成的。1911年，国际奥委会瑞典委员巴尔克建议设立符合军队特点的比赛项目。1912年，将现代五项作为唯一的军事项目列入奥运会比赛，但仅限军队中的军官参加。1949年，国际奥委会取消这一限制。

现代五项运动是在古代五项竞技的基础上演变和发展而来。这先后2个五项运动都是当时军人所须掌握的实用战术本领，因此又都称作军事五项。现代五项比赛按击剑、游泳、射击、越野跑和马术的顺序在连续5天内赛完。以各项总分排列名次，得分多者名次列前。

击剑：使用重剑，采用单循环赛。每场比赛在3分钟内结束，一剑定胜负。如在规定时间内未决出胜负，则判双方均负。胜场占所有场数的70%等于1000分。

游泳：男、女分别为300米和200米自由泳，男子用3分54秒、女子用2分40秒游完全程各得1000分。超过或节约0.5秒则减少或增加4分。

射击：使用5.6毫米口径手枪，距离25米，射20发子弹，每5发为一组，以环数计算得分，每环分值22分，满分为1132分。参赛者以射中182环时得1000分。如射中环数大于或小于这个分数，便以每环15分的分值从1000分中增加或减去。

越野跑：男、女距离分别为4000米和2000米，男子14分15秒、女子7分40秒跑完全程可获得1000分。每快或慢1秒，增加或减少1分。

马术：骑马在600米的规定路线上越过15道按顺序设置的障碍。1分43秒内跑完规定的路线，可获最高分1100分，如超时、碰落障碍、马匹拒跳、骑手落马等均判犯规，要受扣分处罚。

奥运会的现代五项比赛分个人和团体两类：个人赛是以单项得分的总和计算个人成绩，得分多者名次列前。男子于1912年、女子于2000年被列为奥运会比赛项目；团体赛以各队4名成绩最好的运动员计算团体总分，总分多者名次列前，男子于1952年被列为奥运会比赛项目。

2000年第27届奥运会设男、女个人2个项目，各有16名运动员参加比赛。每个协会每个项目最多2名运动员，参赛的男子运动员必须在洲际奥运会预选赛达到5100分，女子达到4800分。1999年世界锦标赛、世界杯赛的冠军，亚洲、非洲、美洲、欧洲、大洋洲奥运会预选赛冠军，2000年世界锦标赛的前五名，世界杯3次分站赛的各站冠军获得参赛资格，东道国澳大利亚1名运动员自动获得参赛资格。

奥运会上现代五项运动的团体赛由每个国家派3名运动员组成国家代表队，3名运动员在比赛中个人得分的总和为团体分，分数高的队名次列前。

铁人三项

铁人三项比赛是新兴的综合性运动竞赛项目。由游泳、自行车和长跑 3 个项目按顺序组成，运动员一鼓作气赛完全程。它是一项培养参赛者战胜自然和自我的铁人精神，充分锻炼和体现运动员体能、技术和意志的项目。

铁人三项运动起源于美国。1974 年 2 月 17 日，一群体育爱好者聚集在夏威夷的一家酒吧里，争论当地举办的渡海游泳赛、环岛自行车赛、檀香山马拉松赛哪个项目最有刺激性、挑战性，最能考验人的意志和体能。美国海军中校科林斯提出，谁能在 1 天内先在海里游 3.8 公里，然后乘自行车环岛骑行 180 公里，再跑完 42.195 公里的马拉松全程，中途不得停留，谁就是真正的铁人。科林斯的想法得到大家的支持。1978 年 2 月 18 日，科林斯在夏威夷组织了首次铁人三项比赛，项目为在海里游泳 3 公里、骑自行车 120 公里、长跑 32 公里，全程共 155 公里。有 15 人参加比赛，其中还有 1 位女选手。结果有 14 人赛完全程。第一名的成绩是 11 小时 46 分。该次比赛后被追认为首届世界铁人三项锦标赛。铁人三项比赛出现后，最初仅在夏威夷和加利福尼亚流行，后逐渐在澳大利亚、新西兰、西班牙、法国、英国、日本、中国等国家广泛开展。

铁人三项运动是对人体生理极限的挑战，然而它的魅力也就在于挑战。目前，这项运动已在许多国家风行起来。1987 年，中国也在海南三亚市首次举行了铁人三项赛。

铁人三项赛对参加者的身体条件要求很高，参赛者均须持有医生证明，才能确认比赛资格。对大多数比赛参加者来说，取得比赛名次并不重要，重要的是完成所有比赛以证实自己的力量。

铁人三项有不同距离的比赛。夏威夷铁人三项锦标赛：游泳 3.8 公里，自行车 180 公里，马拉松 42.195 公里。威尼斯世界铁人三项锦标赛：游泳 3.04 公里，自行车 120 公里，长跑 29.44 公里。世界铁人三项锦标赛：游泳 1.5 公里，自行车 40 公里，长跑 10 公里。这也是铁人三项比赛的标准距离，按游泳、自行车、长跑的顺序进行。

2000 年奥运会按第三种标准首次将铁人三项列为比赛项目，设男、女个人两个奖项，共 100 名运动员参加比赛。参赛资格根据世界排名确定，每个协会每个项目最多 3 名运动员参赛，东道国澳大利亚自动获得参赛资格。

冬季奥运会竞赛项目

冰球

冰球，又称“冰上曲棍球”，是冰上运动的集体竞赛项目。比赛时，运动员手持球杆，穿着冰鞋，在冰场上拼抢击球，以击入对方球门内的球数多者为胜。冰球运动由于速度快、对抗性强、激烈程度高，有助于培养勇敢坚毅、机智果断的素质和强壮的体质。

冰球运动起源于加拿大。19 世纪中叶，加拿大安大略省的金斯顿地区流行脚穿冰鞋，手持曲棍，在冰冻的湖面上追、运、击打圆球的游戏。1855 年 12 月 25 日，在金斯顿举行首次冰球比赛。1858 年传至欧洲。1860 年，加拿大开始使用橡胶制成的盘形冰球。1875 年 3 月 3 日，在加拿大蒙特利尔的维多利亚冰场举办了第一次正式冰球赛。1879 年，加拿大麦克吉尔大学的学生罗伯逊和史密斯教授共同制定比赛规则，规定每队比赛人数为 9 人。1890 年加拿大成立安大略冰球协会，这是世界上第一个冰球协会组织。1893 年加拿大冰球队首次赴美表演。1902 年，欧洲第一个冰球俱乐部在瑞士的莱萨旺成立。1910 年举行第 1 届欧洲冰球锦标赛。1912 年加拿大国家冰球协会首创 6 人制打法，并被国际冰联沿用至今。

女子冰球始于 19 世纪 60 年代。1892 年在多伦多举行了首次女子冰球赛。1916 年在美国举行了加拿大和美国参加的首次国际女子冰球比赛。自 1990 年起举行世界女子冰球锦标赛。

男子冰球于 1920 年第 7 届奥运会列为正式比赛项目。女子冰球于 1998 年第 18 届冬奥会列为正式比赛项目。从 1924 年开始，冬、夏季奥运会分开举行，冰球遂成为冬奥会的主要项目之一。在第 7 届奥运会上，加拿大冰球运动员以其独特的打法，战胜欧洲所有球队，获得冠军。1924 年，第 1 届冬奥会在法国沙莫尼举行，加拿大队以绝对优势再次获得冠军。1924—1953 年，加拿大冰球在世界上一直处于领先地位，多次赢得世界冠军。1954 年，前苏联队在斯德哥尔摩第 21 届世界冰球锦标赛上，以 7∶2 战胜加拿大队，获得冠军。随着欧洲冰球风格的兴起，加拿大独占冰球优势的局面逐渐被打破。1980 年，在第 13 届冬奥会的冰球比赛中，美国队打败了蝉联 4 届冠军的前苏联队，夺回 16 年前丢掉的金牌。现在欧美各队水平接近，比赛争夺更加激烈。

冰球运动在中国已有近 70 年的历史。1935 年，在北平举行的第 1 届华北冰上运动表演会上，第一次举行冰球比赛。新中国成立后，冰球运动得到迅速发展。自 1955 年起，我国每年举行一次全国冰球比赛。1956 年以后，中国冰球队开始参加国际比赛。1985 年，开始组建女子冰球队，于 1986 年举办全国首届女子冰球邀请赛。

雪橇

雪橇原为冬季雪上的一种交通工具和游戏活动，起源于瑞士，后逐渐在欧洲、北美和亚洲等地流行。雪橇最初为木制，后发展成用金属制作。1884 年英国举行首次雪橇公开赛。1924 年被列为首届冬奥会比赛项目，分有舵雪橇和无舵雪橇两种类型。

有舵雪橇又称长雪橇，是集体乘坐装有舵板的金属雪橇沿专设的冰雪线路滑降的一项冬季运动，由无舵雪橇发展而来。18 世纪 80 年代，两位美国考察人员惠内和蔡尔兹在瑞士的圣莫里茨将两个无舵雪橇前后用木板钉在一起。前面的用于控制转弯，并进行一次比赛，引起观众的兴趣。1888 年瑞士的马蒂斯研制成装有操纵舵的长雪橇，木制架子，铁制滑板。1903 年在圣莫里茨建成世界上第一条人工有舵雪橇滑道。雪橇形如小舟，金属制成。橇首有流线型罩，橇底前部是一对舵板，上与方向盘相接，橇底后部为一对固定平行滑板，橇尾装有制动器。冬奥会设双人座（1932 年列入）和四人座（1924 年列入）两个比赛项目，仅限男子参加，比赛时每队下滑 4 次，以 4 次比赛的总时间计算名次，时间少者为胜。

无舵雪橇又称平底雪橇、短雪橇、运动雪橇，是乘坐不装设舵板的木质雪橇沿专设的冰雪线路滑降的一项冬季运动。据记载，早在 1480 年挪威就已出现无舵雪橇。1883 年瑞士在达沃斯举行世界上第一次无舵雪橇比赛。1889 年德国成立无舵雪橇俱乐部。无舵雪橇为木制，底面有一对平行的金属滑板。滑板不得装置能操纵滑板的舵和制动器。无舵雪橇有男子单人、双人和女子单人 3 个比赛项目，均从 1964 年起被列为冬奥会正式比赛项目。男、女单人项目比赛每队限报 3 人，每名运动员可滑行 4 次，以 4 次滑降时间总和计算名次，少者为胜。双人项目比赛时每队不得超过 2 名运动员，每名运动员可滑行两次，以两次滑降时间总和评定名次，少者列前。

冰橇

冰橇是以雪橇为工具借助起滑后的惯性从山坡沿专门构筑的冰道快速滑降的一种冬季运动项目。

冰橇最早流传于北欧，所以又称北欧冰橇。19 世纪在瑞士、奥地利、意大利、德国以及美国等国家兴起。第一个比赛用冰橇是 1887 年由瑞士圣莫里茨地区的机械专家马蒂斯设计制造的。冰橇最初的构造比较简单，由两根滑铁和一个木质结构并用铅块加重的橇架组成。滑铁固定在橇架的底部，没有操舵装置。到 20 世纪初，橇架开始改用铁制，用直径 1.5 至 2 厘米的圆铁弯制焊接而成。根据当时规则的要求，整个冰橇的重量不得超过 50 公斤，长不得超过 70 厘米，宽不得超过 38 厘米。

冰橇同无舵雪橇的区别主要在于运动员身体在雪橇上的姿势。无舵雪橇滑降时，运动员仰卧在雪橇上，两脚在前，并通过身体姿势的变换，控制雪橇行驶的方向。而冰橇运动员则是俯卧在雪橇上，且头部在前，并利用安装在专用皮靴前部的防滑钉，控制雪橇运动的方向或制动。比赛时，运动员必须穿戴保护装备，如护肘、护肩以及头盔等。

冰橇规则对场地的要求十分严格，线路的设计必须符合北欧古代“十”字形字母。因此，当时的冰橇场地只有圣莫里茨一处符合国际规则要求。这个场地线路长为1214米，起点和终点的高度差为157米。整个线路有10个转弯处。1928年和1948年冬奥会冰橇比赛就在这个线路上进行，冠军分别被美国运动员希顿和意大利运动员比比亚获得。

冰橇仅1928年和1948年列为冬季奥运会比赛项目。从50年代开始，随着无舵雪橇的兴起，冰橇逐渐被淘汰，目前已很少有国家开展这项运动。

冰上溜石

冰上溜石又称掷冰壶，是一种以队为单位在冰上进行推掷（溜石）的冰上竞赛运动项目。

冰上溜石，起源于苏格兰（现苏格兰还存有上刻1511年字样的砥石）。14世纪苏格兰流行一种在冰上进行滚石的游戏。16世纪中叶开始出现正规的冰上溜石比赛。18世纪随着英国的殖民统治传入北美。1795年苏格兰成立世界上第一个冰上溜石俱乐部。1807年传入加拿大。1820年开始在美国等地流行。1838年苏格兰冰上溜石俱乐部制定第一个竞赛规则。20世纪初，冰上溜石在加拿大广泛开展，并从室外逐渐移入室内，正式成为一项冬季体育比赛项目。1927年加拿大举行首次全国冰上溜石比赛，当时称麦克唐纳·布赖尔锦标赛（后来更名为拉巴特·布赖尔锦标赛）。20世纪60年代在瑞典、挪威、瑞士、法国、联邦德国、丹麦以及意大利等国家广泛开展。1955年传入亚洲，1959年举行首届苏格兰威士忌杯赛，1968年改称加拿大银扫帚锦标赛，自1986年起正式定名为世界冰上溜石锦标赛。世界女子冰上溜石锦标赛从1979年开始举行。国际冰上溜石联合会于1966年成立，1991年更名为世界冰上溜石联合会。1924年、1932年、1936年、1964年、1988年和1992年6次列为冬奥会表演项目，1998年开始列为冬奥会正式比赛项目。

冰上溜石运动于20世纪90年代传入我国。哈尔滨首先引进全套设备开展这项运动。

冰上溜石的比赛场地长 44.5 米、宽 4.32 米。场地四周设有 2 英寸高、4 英寸宽的木框，以防砥石溜出界外。场地中线两端分别有前卫线、丁字线和后卫线。丁字线的交叉点即是营垒的中心点。以中心点为圆心，向外分别画出半径为 0.15 米、0.61 米、1.22 米、1.83 米的同心圆。砥石由苏格兰不含云母的花岗岩石制成，直径 0.29 米，厚 0.115 米，重 19 公斤，呈扁圆形。

比赛时每场两队参加，每队 4 人，共进行 10 局。各队运动员每人每局均投两次（共 16 枚砥石）。比赛时各队位于本方营垒中心线后，按 1 垒队员、2 垒队员、3 垒队员和主力队员的顺序，向对方交替投掷砥石，以砥石距离对方营垒圆心的远近计分。每石 1 分，积分多的队为胜。比赛时，除投掷队员外，另有 3 名队员都拿着扫帚用力打扫投掷前进的道路，以利本方掷出砥石的顺利滑行并取得最佳得分。

滑雪

滑雪起源于距今 5000 余年前的北欧。1921 年在瑞典耶姆特省发现约有 4500 年历史的滑雪板。1733 年，挪威的埃马豪森出版了世界上第 1 部《滑雪指南》。1840 年，挪威的诺德海姆发明了近似现代式样的滑雪板。1861 年，挪威的奥斯陆成立了世界上最早的滑雪俱乐部；同年，首届全国滑雪比赛在奥斯陆举行。1883 年，挪威滑雪联合会成立。挪威的奥斯陆有“滑雪运动之都”誉称。1923 年，世界上第 1 个滑雪俱乐部成立。1924 年，滑雪被列为冬季奥运会比赛项目。列入冬季奥运会的比赛项目包括高山滑雪、越野滑雪、跳台滑雪、北欧两项、自由式滑雪、速度滑雪。

（1）高山滑雪：是在越野滑雪基础上逐步形成的。1936 年开始被列为冬季奥运会比赛项目。现比赛项目有男女全能（1936 年列入）、速降（1948 年列入）、回转（1948 年列入）、大回转（1952 年列入）和超大回转（1988 年列入）。

（2）越野滑雪：因起源于北欧，故又称“北欧滑雪”。1924 年开始被列为冬季奥运会比赛项目。

（3）跳台滑雪：又称“跳雪”。1924 年被列为冬季奥运会比赛项目。

（4）北欧两项：由越野滑雪和跳台滑雪组成，很长时间在挪威、瑞典流传，成为北欧的传统项目。1924 年开始被列为冬季奥运会比赛项目。1984 年以前只设个人赛，1988 年开始增设团体赛，仅有男子项目。

（5）自由式滑雪：始于 20 世纪 60 年代，在高山滑雪基础上发展而成。自 1992 年开始被列为冬季奥运会比赛项目。现设男女空中技巧（1994 年列入）、男女雪上技巧（1992 年列入）、男女雪上芭蕾。

（6）速度滑雪：1992 年冬季奥运会被列为表演项目。

现代冬季两项

现代冬季两项是以滑雪板、滑雪杖和步枪为工具在专门的线路上滑行一定距离的同时，在指定区域进行射击的一种综合性竞赛项目。现代冬季两项在国际体育分类上均属独立的运动项目，目前在中国被列为雪上项目。

现代冬季两项起源于斯堪的纳维亚半岛，由远古时期的滑雪狩猎演变而成。挪威曾发现大约 4000 年前的两个人足蹬滑雪板手持棍棒追捕野兽的石雕。1767 年挪威边防军滑雪巡逻队举行滑雪射击比赛。据记载，这是世界上最早的现代冬季两项比赛。1861 年挪威成立滑雪射击俱乐部。1912 年挪威军队在奥斯陆举行名为“为了战争”的滑雪射击比赛，后逐渐在欧美国家推广，成为一项体育运动项目。

1924 年现代冬季两项被列为首届冬季奥运会表演项目。1958 年举行第 1 届世界现代冬季两项锦标赛。自 1960 年起列为奥运会正式比赛项目，并定名为现代冬季两项。1969 年，现代冬季两项的活动开始由 1948 年创立的国际现代五项联盟领导。国际现代五项联盟也由此更名为国际现代五项和冬季两项联盟。1992 年，现代冬季两项脱离该组织，创立国际现代冬季两项联盟，并获得国际奥委会的承认。1974 年在莫斯科举行的世界锦标赛上又增加一项 10 公里短距离赛。短距离赛要求运动员在 10 公里滑行过程中进行两次射击，一次在 2.5 公里处采用卧射，一次在7.5公里处采用立射；每次为5发子弹，射击5个靶，每脱一靶加滑150米的距离作为处罚。

现代冬季两项运动比赛时，要求运动员既要有能在激烈运动的情况下迅速转入原地相对静止的技能，又要有在原地相对静止中迅速转入激烈运动的能力。因此，完成这项运动相当不易，运动员必须具备全面的基本技术。

比赛的线路一般设在郊外丘陵起伏的地区。根据项目路程和射击次数，在全程设3至5圈滑行线路，并另设有圆形或椭圆形的150米的处罚区（在射击子弹脱靶时加罚滑跑1圈）。比赛用5.6毫米小口径步枪，扳机引力不得小于500克，瞄准系统不得使用放大装置，子弹的初速不得超过420米/秒。

比赛时，运动员脚蹬滑雪板，手持滑雪杖，携带好枪支和子弹（但不能事先在枪膛中装子弹，只有进入射击位置后，才可将弹夹装在步枪上进行射击），沿标记的滑道，按正确的方向和顺序滑完预定的全程。

个人赛采用单人出发，间隔时间为30秒或60秒。接力项目各队第一棒同时出发。男子20公里和女子15公里射击4次，射击姿势及顺序为卧射、立射、卧射、立射，每人每次5发子弹。男子10公里和女子7.5公里接力均射击2次，射击姿势及顺序为卧射、立射。个人赛每次5发子弹，接力赛每人每次8发子弹。命中不加罚时间。成绩计算是越野滑雪的全程时间加被罚的时间，合计为总成绩。

滑冰

滑冰运动是借助专用冰刀或其他器材，在冰场上进行竞赛的一种冬季冰上运动项目。滑冰运动首先出现的是作为交通手段的速度滑冰，随后又有花样滑冰、冰上舞蹈和短跑道速度滑冰。

滑冰起源于荷兰。11至12世纪的荷兰、英国、瑞士以及斯堪的纳维亚一些国家就有脚绑兽骨，手持带尖木棍支撑冰面向前滑行的记载。13世纪中叶，荷兰出现一种镶嵌在木板上的铁制冰刀（用于冰上运输）。1572年苏格兰人发明第一双全铁制冰刀，标志着现代滑冰运动的开始。17 世纪后，这种最初的冰上运输形式逐渐发展成为一种运动项目。1742 年英格兰成立世界上第一个滑冰俱乐部——爱丁堡俱乐部。1850 年美国的布什内尔制作了第一副钢制冰刀。1879 年英国滑冰协会成立。1902 年挪威的保尔森发明了我们现在使用的管式速度滑冰冰刀。

1924 年滑冰运动被列入第 1 届冬季奥运会正式比赛项目。主要有速度滑冰、花样滑冰、冰上舞蹈和短跑道速度滑冰。这里重点介绍速度滑冰和短跑道速度滑冰。

速度滑冰

速度滑冰，简称速滑是滑冰中历史最为悠久、开展最为广泛的冬季运动项目。1763 年 2 月 4 日在英国首次举行 15 公里的速度滑冰赛。1889 年在荷兰的阿姆斯特丹首次举办世界冠军赛。比赛在周长 400 米的跑道上进行，跑道由两条直线道和两条弧线道连接而成，分内、外两条跑道，各宽 5 米。内跑道的内圈半径为 25 米，外跑道的内圈半径为 30 米。比赛时每组两人，同时滑跑，每滑一圈交换一次内、外道。现代比赛项目中有男子 500 米、1000 米、1500 米、5000 米、10000 米；女子 500 米、1000 米、1500 米、3000 米、5000 米。

短跑道速度滑冰

短跑道速度滑冰，简称短道速滑。起源于加拿大。19 世纪 80 年代，加拿大修建室内冰球场，一些速度滑冰爱好者经常到室内冰球场练习。19 世纪 90 年代中期，加拿大的蒙特利尔、魁北克、温尼伯等城市相继出现室内速度滑冰比赛。1905 年加拿大首次举行全国短跑道速度滑冰锦标赛，后逐渐在欧美国家广泛开展。1976 年首次在美国伊利诺斯州的尚佩思举行国际短跑道速度滑冰赛。1981 年开始举办世界短跑道速度滑冰锦标赛。比赛场地面积为 30 米 ×60 米，跑道每圈长 111.12 米，采用分组预、次、复、决的淘汰制，抽签决定道次。比赛时，运动员在一条起跑线上同时起跑，滑行过程中可以随时超越对手。比赛计时以运动员的冰刀越过终点线时为准。运动员必须戴护盔和防护手套。主要比赛项目有男子 500 米、1000 米、5000 米接力；女子 500 米、1000

米、3000 米接力。

花样滑冰

花样滑冰是滑冰运动的一种主要运动形式，由运动员足蹬冰鞋在冰面滑行中配合音乐做出各种跳跃旋转和造型动作，滑出各种图案。

17 世纪，滑冰在向速度方面发展的同时，人们开始追求优美的姿势，以舞蹈的姿势在冰上滑行，这就是花样滑冰的初始形态。花样滑冰在 18 世纪英国正式开展，并成立早期的滑冰俱乐部。后相继在德国、美国、加拿大等欧美国家迅速开展。1772 年英国皇家炮兵中尉约翰逊撰写的《论滑冰》在伦敦出版，这是世界上出版的第一部涉及花样滑冰的书籍。1860 年，美国芭蕾舞表演艺术家海因斯将滑冰运动与舞蹈艺术融为一体，在欧洲巡回表演，大大丰富了花样滑冰的内容和形式。1868 年美国的丹尔尼·梅伊和乔治·梅伊首次表演双人滑。据记载，这是世界上最早的双人花样滑冰表演。1872 年奥地利首次举办花样滑冰比赛。1896 年在俄国彼得堡举行首届世界男子单人花样滑冰锦标赛。1906 年在瑞士达沃斯举行首届世界女子单人花样滑冰锦标赛。这些赛事每年一届，延续至今。

花样滑冰从 1924 年第 1 届冬奥会开始列为正式比赛项目。冬奥会比赛每个国家和地区每项限报 3 人（队）。主要有男女单人滑、双人滑和冰上舞蹈 4 个比赛项目。这里重点介绍单人滑和双人滑项目。

单人滑

分男子单人滑和女子单人滑两项，比赛内容包括规定图形和自由滑。按顺序进行，第一天进行规定图形，第二天进行自由滑。规定图形：运动员必须在 2 分 40 秒的规定时间内完成一套由跳跃、旋转、联合跳跃、联合旋转共 8 个动作和连接步编排而成的节目。裁判员首先根据运动员完成动作的质量、难度以及完成情况评定规定动作分，然后再根据内容编排的均衡性、音乐的一致性以及速度、姿势、音乐特点表达等评定表演分。自由滑：运动员自选音乐，在规定的 4 分 30 秒内完成一套编排均衡，由跳跃、旋转、连接步法以及各种姿势组成的滑行动作。裁判员根据运动员的动作难度、数量、质量以及内容编排、音乐配合、姿态、表情、独创性、场地利用等评定技术水平分和表演分。

双人滑

由一男一女派对参赛。比赛按创编节目和双人自由滑的顺序进行。第一天进行创编节目，第二天进行双人自由滑。创编节目：运动员自选音乐，在 2 分 40 秒的规定时间内完成一套双人短节目规定动作，每个动作只允许做一次，附加动作扣分。裁判员根据运动员完成动作的质量、完成情况以及内容的编排、音乐的配合等评定规定动作分和表演分。双人自由滑：运动员自选音乐，在规定的 4 分 30 秒内完成一套自编动作。裁判员根据运动员完成动作的难度、质量、动作编排、音乐配合，以及姿态、表情、独创性、场地利用等，评定技术水平分和表演分。双人滑由男女共同表演，强调相互间动作配合协调。表演时除具备所有单人滑动作，还包括一些典型的双人动作，如托举、捻转托举、双人旋转、螺旋线、抛跳等。

历届奥运会亮点

最值得纪念的三秒钟

1928 年阿姆斯特丹奥运会还发生了一件永载奥运史册的事，尽管只持续了短短的三秒钟，却成就了田径运动史上的一段佳话。

芬兰历史上最优秀的长跑选手帕沃·努米（Paavo Nurmi），早在 1920 年安特卫普奥运会上就获得了 10000 米和越野跑的金牌。1924 年巴黎奥运会上，努米先获得了 1500 米冠军；2 小时后又获得 5000 米的金牌；2 天之后再获得了 10000 米越野跑的冠军，他领先的优势达到 1 分 24 秒，并帮助芬兰队获得了团体金牌；接下来的一天，当大多数选手还处在体力恢复期的时候，努米又在 3000 米团体赛中夺冠。努米还想参加万米的卫冕战，但是芬兰官员却拒绝为他报名，回到芬兰之后，愤怒的努米创造了万米的世界纪录，这一纪录保持了将近 13 年。

1928 年，31 岁的努米第三次来到奥运赛场。赛前舆论普遍认为，男子 1000 米、5000 米和 3000 米障碍赛 3 块金牌非努米莫属。

然而，3000 米障碍赛出现了令人惋惜的小小的意外，努米在跨过水池障碍时不慎摔倒，并同时绊倒了身边的法国运动员杜坎。瘦削的杜坎没有为被绊倒而感到生气，也没有迅速爬起来就往前跑。他在自己起身的同时，还没来得及站稳，就伸出了一只高贵的手，将绊倒自己的努米搀扶起来，然后再继续比赛。这个动作短暂得只有 3 秒，在竞争激烈的田径场上却足以毁掉一个人的金牌梦想。观众在为努米担忧的同时，

伟大的长跑冠军帕沃·努米

又深深地被杜坎的善良所打动，奥林匹克永远铭记着这平凡而伟大的一幕。

努米也非常感动，他忘记自己的冠军使命，执意陪杜坎跑完全程，让杜坎在他前面到达终点，以作为回报。从这一刻开始，这场比赛已不再是运动成绩的较量，而是人文精神的闪耀。但精疲力尽的杜坎反复示意，让努米超过自己，去成就梦想。直到最后一圈，努米才为了国家的荣誉不得不放弃个人的想法，开始冲刺，但为时已晚，努米最终获得了银牌。赛后，努米和杜坎没有留下任何感言，但那令人崇敬的 3 秒钟却永远珍藏在世人的心中。

努米是奥运会历史上 5 名获得过 9 枚金牌的选手之一，也是有史以来最出色的田径选手之一，尤其是他的竞赛项目是长跑，这一成就显得更加难能可贵。努米与科勒赫迈宁和里托拉等人一道，确立了 20 世纪 20 年代芬兰长跑帝国的地位。1952 年赫尔辛基奥运会开幕式，当 55 岁的努米高擎火炬进入会场时，全场掌声雷动，观众高呼“努米！努米！”努米一边跑，一边频频点头向观众致敬，再由 62 岁的科勒赫迈宁从努米手中接过火炬，点燃主体育场熊熊燃烧的奥林匹克圣火。

比金子更闪亮的友谊

1936 年奥运会因美国选手杰西·欧文斯大放异彩而被人们称作“欧文斯运动会”。他在田径场上一共荣获 4 枚金牌，新闻记者惊呼他是“黑色闪电”。而对于欧文斯来说，他获得的第四枚金牌份量最重，最耐人寻味。

这是一场充满戏剧性的跳远比赛，最具夺冠实力的是杰西·欧文斯和德国选手卢茨·朗。8 月 4 日，在跳远及格赛时，欧文斯有两次起跳过早，被判犯规，险些不能进入决赛，这令他焦躁不安。他的竞争劲敌、德国运动员卢茨·朗不仅没有幸灾乐祸，反而在一旁安慰欧文斯，向他伸出援手，指点技术要领。他帮助欧文斯找到了起跑位置，把自己的毛巾放在起跑点作为标志。正是得益于这位德国运动员的帮助，欧文斯才避免了因犯规被罚出比赛，并在第三次试跳中跳过 7. 15 米的及格标准，进入了决赛。决赛时，欧文斯与卢茨·朗展开了激烈的冠军争夺战，最后欧文斯以 8. 06 米的成绩获胜，他创造的奥运会纪录一直保持到 1960 年罗马奥运会，而卢茨·朗则获得了银牌，成绩是 7. 87 米。

欧文斯与卢茨·朗在奥运赛场上结下了深厚的友谊，在希特勒与十万观众的注视下，卢茨·朗跑上去同欧文斯握手表示祝贺，并手拉着手跑到看台前互相高喊着对方的名字。欧文斯由衷地感叹说："在体育运动中，人们学到的不仅仅是比赛，还有尊重他人、生活伦理、如何度过自己的一生以及如何对待自己的同类。"希特勒原本以为能够为卢茨·朗颁发金牌，显示日耳曼民族的优越性，看到欧文斯登上领奖台，非常不快。

然而，希特勒没有忘记卢茨·朗，二战期间叮嘱陆军征兵部门一定要"关照"一下那个输给了黑人的奥运跳远亚军。卢茨·朗被征召入伍后，于 1943 年在圣皮耶罗阵亡。消息传来，欧文斯悲痛地说："即使把我获得的所有奖牌和奖杯熔化成黄金，都没有我和卢茨·朗的友谊更加闪亮；卢茨·朗使我深刻了解到，单纯而充满关怀的人类之爱，是真正永不磨灭的奥林匹克精神。"

匈牙利的骄傲——独臂神枪手

第二次世界大战的阴云终于散尽，奥林匹克又迎来了属于自己的节日。1948 年第 14 届奥运会在伦敦举行，饱受战争创伤的人们兴高采烈，聚集在运动场上。射击场上，有位左手持枪的运动员吸引了广大观众的目光。在 5 个人像靶前的 25 米处，他沉着、冷静地站着，当目标开始转动，他迅速而又平稳地举起枪，在规定的时间内，十分熟练地打完了 60 发子弹，以 580 环的优异成绩夺得了 25 米手枪速射比赛的冠军。

此人就是匈牙利选手卡洛伊·塔卡奇（Karoly Takacs），他原本是右手持枪，在第二次世界大战前就是一位优秀的射击运动员，多次获得全国冠军的称号。他为什么要改用左手？其中隐藏着一段不幸而感人的故事。

1936 年，神枪手卡洛伊·塔卡奇在一次军事演习中发生意外，被炮弹炸掉右手，那时他正好在用右手持枪射击。对于一名射击运动员来说，失掉了持枪手就等于运动生涯的终结。失去了右臂的塔卡奇痛不欲生，苦恼万分。后来在亲朋好友的关怀下，他坚强地挺了过来。从医院出来以后，塔卡奇并不想就此放弃自己的射击事业，他决心改用左手，重新练习射击。功夫不负有心人，塔卡奇以惊人的毅力、顽强的意志，逐渐习惯了左手持枪，成绩慢慢提高，并最终练就了一套左手枪法。

10 年磨一剑，塔卡奇出现在伦敦奥运会上，已经是 38 岁的高龄运动员了。这是他首次参加奥运会，赛场折桂使他成为一位名噪一时的独臂神枪手，成为匈牙利的骄傲。4 年后的赫尔辛基奥运会上，塔卡奇又以 579 环的成绩夺得 25 米手枪速射金牌，成为奥运会男子手枪速射项目的首位卫冕冠军。令人惊讶的是，亚军竟是他的学生库恩（szilard Kun），师徒同登领奖台。

江山代有人才出，1957 年在布加勒斯特举行的第 4 届国际射击邀请赛中，我国运动员张铉与塔卡奇、库恩同场较量，并以 582 环的成绩战胜了这一对师徒。

把奥运金牌扔进俄亥俄河

奥运精神并不只是照耀在四年一度的奥运会上，许多人将奥林匹克的和平、友谊、团结牢牢铭记于心，指引着他们的人生道路，甚至成为终身为之奋斗的目标。这是奥运精神真正而持久的弘扬，也是对人类进步的不懈努力。

1960年罗马奥运会，共有19位选手参加了81公斤级拳击比赛。年仅18岁的美国黑人卡修斯·克莱（Cas sius Clay）一路过关斩将，直接杀进决赛，对手是波兰选手兹宾尼·皮亚特可夫斯基。其名不显、其貌不扬的卡修斯·克莱赛前并不被人看好，何况皮亚特可夫斯基是个左撇子，而克莱曾经两次败在左拳手之下。决赛于9月15日进行，前两个回合克莱以守为主。第三回合他终于抓住一次良机，果断地以一记毁灭性的右直拳，将对手重重地击倒在地，尽管皮亚特可夫斯基顽强地爬了起来，但已经摇摇欲坠，无法继续比赛。卡修斯·克莱为美国队获得了1枚奥运会的金牌。

然而，载誉而归的克莱没有得到应有的尊重。当时美国种族歧视相当严重，黑人处于整个社会的最底层，谈不上任何的权利与地位。一天下午，克莱骑着新买的摩托车前往市长办公室，应邀向权贵们展示一下他的奥运金牌，市长称他是未来的拳王。在回家的路上，突然下起暴雨，他走进了一家餐室，白人女招待以“黑人不准入内”为由，将他驱逐出店。克莱从脖子上取下闪闪发光的金牌，很有礼貌地表示自己是新科奥运冠军。但餐馆老板却傲慢地吼道：“我不管你是什么人！总之，我们不招待黑鬼！”克莱的心像掉到了冰窟里，强忍饥饿在大街上走着。一伙游荡的窃贼上前调笑，企图抢走他的金牌。克莱忍受不了种族歧视的侮辱，来到了杰斐逊大桥，径直走到桥顶，愤怒地将那枚为之奋斗了6年的，忍受过挨打、流血、痛苦换来的金牌扔进了俄亥俄河黑色的水流里，以作为无声的抗议。

1964 年，卡修斯·克莱开始转入职业拳坛，从桑尼·里斯顿手里夺得世界重量级拳击冠军。在接下来的 9 年中，他 9 次卫冕成功。后来美国发起民权运动，抗议对黑人的歧视，黑奴出身的卡修斯·克莱不愿再沿用奴隶主的姓氏，他皈依了穆斯林，并为自己更改姓名：穆罕默德·阿里（Muhammad Ali）。这就是日后誉满世界，并被记入人类体育辉煌史册的拳王阿里。

越战期间，奉行和平、友谊、团结的阿里拒绝加入美国军队充当炮灰。为此，他被剥夺了冠军头衔，并且在随后被禁赛三年半。1974 年，阿里击败福尔曼重新夺回世界重量级拳王，随后他又连续十多次卫冕成功。在 1981 年，阿里带着创职业拳坛 56 胜 5 负的纪录退役。

1996 年的亚特兰大奥运会上，人们又看到拳王阿里的身影，他作为最后一名火炬手，点亮了开幕式的火炬。这是人们对他的尊重，也是对他曾经遭受到的不公正待遇的歉意。后来，在 1996 年亚特兰大奥运会的男篮决赛的中场休息时间，国际奥委会主席萨马兰奇亲自为阿里补发了 1 枚金牌。1998 年，阿里被联合国授予世界和平信使奖。对于当年怒弃金牌一事，阿里在自传中说：“1960 年夏天，罗马归来后所遇到的各种事情中，最令我难忘的不是那英雄式的欢迎和庆祝会，而是一个漆黑的晚上——我站在杰弗逊大桥，把奥运金牌扔进俄亥俄河里。”

最后一名马拉松选手

由于墨西哥城的海拔高度问题，人们对 1968 年墨西哥城奥运会一直心存疑虑。全球范围内很多媒体都在预测，墨西哥城奥运会将会危害运动员的健康，对那些参加耐力比赛项目的运动员影响尤为突出。为了消除人们的质疑，一些运动员被邀请到墨西哥城进行训练，但发现情况不容乐观。欧洲媒体便呼吁国际奥委会取消墨西哥城的奥运会举办权。

但国际奥委会坚定地认为：既然墨西哥城的700万居民和每年来访的100万国外游客都能够正常地生活，海拔就不应该成为阻止奥运会举办的理由。为平息争论，墨西哥城邀请各国运动员举行了3次大型测试比赛，结果表明：无论是比赛成绩，还是运动员的身体状况，都并没有受到太大的影响。于是，赛会照常举行。

然而，紧张而忧虑的气氛一直笼罩着墨西哥城奥运会，甚至有人发出“死神站在走路线上”的惊悚之言。高海拔对于运动员的成绩有着直接影响，有利于400米以下的径赛和跳远、跳高、投掷等项目创造好成绩，但由于空气稀薄，容易导致运动员缺氧，对于耐力项目非常不利。因此，墨西哥城奥运会在成绩大爆炸的同时，也演绎出许多意外。

10月20日，在挑战勇气与耐力的男子马拉松比赛中，来自坦桑尼亚的选手约翰·艾哈瓦里在19公里处因缺氧而一阵晕眩，不慎跌倒，膝盖摔伤，右腿肌肉拉伤，照常理应退出比赛，他的教练也跑过来劝他放弃比赛。但这位倔强的非洲汉子不肯放弃，他给双腿缠上绷带，继续前行。然而，长距离的奔跑、长时间的缺氧，使他的腿伤越来越重，连绷带上都沾满了血污。艾哈瓦里忍着钻心的剧痛，拖着流血的伤腿，一瘸一拐地缓慢地跑着，丝毫没有停下来的意思。

选手陆续到达终点，比赛的结果是肯尼亚人马莫·沃尔德获得金牌。时间一分一秒地流走，颁奖仪式结束了，天色渐渐暗了下来，观众纷纷散去，赛事工作人员也清理好赛场，准备撤离。然而，当体育场中的最后几个观众正要离开时，最后一名运动员踏着夜色，孤独而坚定地跑进了主体育场。他就是约翰·艾哈瓦里，此时距离发令枪响已过去了4个小时。观众和工作人员立即回转神来，对他报以热烈的掌声。艾哈瓦里一瘸一拐地绕体育场跑完最后一圈，冲向终点。记者随后采访他，问他为什么不索性退出比赛？艾哈瓦里笑了笑，说：“我的祖国从7000英里以外的远方把我送到这里，不是让我开始比赛的，而是让我完成比赛的。”

艾哈瓦里获得最后一名，没有荣耀和鲜花，但他以自己的行动诠释了奥林匹克精神的真谛，这就是重在参与、永不放弃。如今，很多人都忘掉了那一届奥运会的马拉松冠军，艾哈瓦里却以“最伟大的最后一名”，成为奥运史上的经典。

为中国夺得第一枚奥运会金牌的许海峰

许海峰是中国男子射击运动员，1957 年 8 月 10 日出生，安徽省和县人。1984 年第 23 届奥运会上，他以 566 环的总成绩夺得男子自选手枪慢射冠军，成为本届奥运会第 1 枚金牌的获得者，也是中国奥运史上的第一个冠军。

许海峰小时候就喜欢打弹弓，有“弹弓王”之称。1979 年和 1982 年，他两次参加巢湖地区射击集训，同年加入安徽省射击队。1983 年被选入国家射击集训队。1983 年，他在第 5 届亚洲射击锦标赛中，即获气手枪亚军和自选手枪慢射第三名。同年在第 5 届全运会中，获自选手枪慢射亚军。

1984 年 7 月 29 日，在洛杉矶普拉多奥林匹克射击场，争夺第 23 届奥运会首枚金牌的战斗——男子 60 发手枪慢射开始了。来自 37 个国家的 55 名神枪手在 80 个靶位上摆开阵势。开始，外国记者蜂拥在世界冠军瑞典选手斯卡纳克尔的靶位后面，但紧接着他们又被站在 40 号靶位上的穿红色运动衣的中国运动员许海峰吸引住。时间一分一秒地过去，激战逐渐接近尾声，此时许海峰还有最后一组的 10 发子弹。在打出 1 个 10 环、2 个 9 环时，耳边不时传来靶位后记者和观众的叹息声，他心里出现小小的波动。但他很快地平静下来，坐下来闭目养神，分散的思想又开始集中。随后，许海峰又端起枪，9！9！10！10！还有最后 1 颗子弹，许海峰觉得周围的空气仿佛凝固了，人们都在屏息等待这艰难的一枪。他举起枪，又放下，再重新举起，终于他果断地一扣，许海峰以 566 环的成绩获自选手枪冠军。

奥林匹克运动与中国

蹒跚起步

现代奥林匹克运动传入中国，并取得发展，经历了一个漫长的过程。

在 1896 年第 1 届现代奥运会召开的前夕，清政府就收到了国际奥委会的参赛邀请。当时，清政府无暇顾及体育赛事。4 年后，国际奥委会再次向中国发出邀请，但在八国联军进犯北京、清王朝统治风雨飘摇之时，奥运难以摆上议事日程。

1904 年许多中国报刊曾报道过第三届奥运会消息。

1906 年，中国的一家杂志介绍了奥林匹克历史。

1907 年 10 月 24 日著名教育家张伯苓先生在天津学界运动会发奖仪式上，以奥林匹克为题发表了著名的演说。他指出：虽然许多亚洲国家获奖机会甚微，但仍然派出选手参加奥运会。他建议中国组队参加奥运会。

1908 年伦敦奥运会后，天津一家报纸再次介绍了奥林匹克运动的历史，还提出要争取这一盛会在中国举行。天津体育界人士用幻灯展示了伦敦奥运会的盛况，举办了奥林匹克专题演讲会。

1910 年 10 月 18 日至 22 日，在“争取早日参加奥运会”和“争取早日在中国举办奥运会”口号的鼓舞下，在南京举办了中国历史上第一次全国运动会——“全国学校区分队第一次体育同盟会”。

1913 年开始举办的远东运动会（最初名为“远东奥林匹克运动会”），是奥林匹克运动在亚洲的先驱，中国是发起者之一。在远东运动会上中国运动员取得了较好的成绩，表现了良好的体育道德。

1915 年国际奥委会致电远东运动会组委会，承认了远东体协，并邀请中国参加下届奥运会和奥委会会议。

1922 年，我国的王正延当选为国际奥委会委员。

1924 年中华全国体育协进会成立后，中国陆续加入了田径、游泳、体操、网球、举重、拳击、足球、篮球等 8 个国际单项体育联合会。在第 8 届奥运会上，我国 3 名选手参加了表演赛。

1928 年第 9 届奥运会上，我国派观察员宋如海参加，并进行了考察工作。

1931 年，当时的中华全国体育协进会被国际奥委会承认为“中国奥林匹克委员会”。中国正式参加奥运会的历史由此开始。

1932 年，第 10 届奥运会在美国洛杉矶举行。我国本不想派选手参加，仅由全国体育协进会总干事沈嗣良前往观礼。而日本帝国主义扶持的伪满，为了骗取世界各国的承认，竟然电告国际奥委会：拟派刘长春、于希渭作为“满洲国”选手参加奥运会。举国一片哗然，刘长春也予以拒绝。在强大的舆论压力下，国民政府决定，刘长春、于希渭作为运动员，宋君复为教练员，沈嗣良为领队，代表中国参加奥运会。在开幕式上，刘长春执旗前导，沈嗣良、宋君复以及中国留学生和美籍华人刘雪松、申国权、托平等 6 人组成了中国代表团。于希渭因日方阻挠破坏，未能成行。刘长春在 100 米、200 米预赛中位于小组的第五、六名，未能取得决赛权，但他以我国第一位参加奥运会的选手而留名于中国奥运会史。

1936 年，第 11 届奥运会在德国柏林举行。中国派出了 140 人组成的代表团，其中运动员 69 人，参加篮球、足球、游泳、田径、举重、拳击、自行车等 7 个项目的比赛。另外，还有 11 人的武术表演队和 34 人组成的体育考察团。其中篮球比赛胜过法国队，撑杆跳选手符宝卢取得复赛权。中国武术队的多次表演轰动了欧洲。

1945 年抗日战争胜利后，中国的第一位国际奥委会委员王正延和体育家袁敦礼、董守义等人提出请求第 15 届奥运会（1952 年）在中国举行，引起了国人的兴奋。

1948 年，第 14 届奥运会在英国伦敦举行。我国派出了 33 名男运动员参加了篮球、足球、田径、游泳和自行车等 5 个项目的比赛，但没有一人进入决赛。奥运会结束后，代表团在当地华侨总会的帮助下，解决了路费，运动员才得以返回祖国。

为合法性而战

1949 年，中华全国体育协进会改组为中华全国体育总会（中国奥委会）。

1952 年中华人民共和国成立不到 3 年，就赶上了第 15 届赫尔辛基奥运会。

1952 年 2 月初，芬兰驻华公使向中国外交部表示，芬兰政府希望中国派出运动员参加 7 月在赫尔辛基举行的第 15 届奥运会。中华全国体育总会于 2 月 5 日当即致电国际奥委会，表示决定参加该届奥运会。与此同时，芬兰友好协会主席皮可拉及许多芬兰友好人士也发表谈话，敦促国际奥委会邀请中国参加奥运会。2 月 13 日，盛之白代表国际奥委会委员董守义出席在挪威奥斯陆举行的第 46 届国际奥委会，会上再次表达了中华全国体育总会的立场和愿望。

经过激烈的斗争后，7 月 18 日晚，中国接到第 15 届奥运会组委会主席、赫尔辛基市市长佛伦凯尔的邀请电。国际奥委会终于在第 15 届奥运会举行前夕，做出邀请中华人民共和国运动员参赛的决定。但是，第二天——7 月 19 日，奥运会就开幕了。赫尔辛基远在万里之外，中国，去？还是不去？周总理当机立断，于 7 月 19 日晚批示：要去。

时间太仓促了，中国临时组织参赛队伍。7 月 23 日，中国体育代表团组成。一支篮球队，一支足球队，外加游泳选手一名，全团共 40 人。荣高棠为团长，黄中、吴学谦为副团长，董守义为总指挥，李凤楼为足球队指导，牟作云为篮球指导。

7 月 24 日深夜，出发前夕，周总理不顾一天的疲劳，在中南海接见了这支待发的队伍。他关切地询问了准备情况，又亲切地指出：此去把五星红旗插到奥运会就是胜利。正式比赛赶不上，可与芬兰的运动员进行比赛，积极参加友好活动。

7 月 25 日凌晨，中国体育代表团乘三架飞机，从首都西郊机场起飞，日夜兼程，赶到赫尔辛基时已是 29 日 11 时了。大会虽近尾声，但中国体育代表团的到来，仍受到芬兰人民的热烈欢迎。特别是董守义，当他走下飞机时，立即受到前来欢迎的、熟识的国际奥委会委员们的拥抱。中国体育代表团被送至奥林匹克村。12 时半，举行升旗仪式，数百名他国的运动员和新闻记者赶来参加，气氛十分热烈友好。曾参加过第 14 届奥运会的足球选手张邦伦，荣幸地成为升旗手。只见他轻轻地、缓缓地拉动绳索，五星红旗伴随着庄严的义勇军进行曲，冉冉升起，奥林匹克盛会上，又扬起一面新生民族的风帆。

但是，中国体育代表团来得实在太晚了，大多数比赛项目结束，惟有吴传玉赶上参加第二天的百米仰泳预赛，但由于旅途疲劳和时间差，吴传玉没有打进决赛。足球队和篮球队未能正式参赛，他们在芬兰期间只进行了一些访问比赛。我体育总会代表还参加了国际足联、国际篮联、国际泳联的代表会议和体育教育会议。

1956 年，中华全国体育总会发表声明，宣布不参加第 16 届奥运会。中国台北派出 21 名男运动员，参加了田径、举重、射击、篮球、拳击项目的比赛。

1958 年，中国奥委会被迫中断与国际奥委会关系。

1960 年，第 17 届奥运会在意大利罗马举行。中国台北派出 47 名运动员，参加了田径、游泳、射击、足球、篮球和拳击项目的比赛，中国台北运动员杨传广获十项全能亚军，是本届奥运会亚洲获得的唯一一枚田径奖牌，是中国获奥运会第一枚奖牌。

1964 年，第 18 届奥运会在日本东京举行。中国台北派出 55 名运动员参加田径、篮球、举重、射击、自行车、体操、拳击、柔道项目的比赛。

1968 年，第 19 届夏季奥运会在墨西哥首都墨西哥城举行。中国台北派出 43 名运动员参赛，纪政在 80 米栏比赛中获得银牌，为中国女子取得首枚奥运会奖牌。

1970 年，国际奥委会第 70 届全会于荷兰阿姆斯特丹举行，中国台北的徐亨当选为国际奥委会委员。

1972 年，第 20 届夏季奥运会在德国慕尼黑举行。中国台北派出 63 名运动员参加田径、游泳、举重、射击、自行车、射箭、摔跤、柔道、拳击和帆船项目的比赛。

1979 年 10 月 25 日，国际奥委会执委会会议在日本名古屋召开，通过承认中国奥委会为全国性奥委会、恢复中国在国际奥委会合法席位的决议。11 月 26 日，国际奥委会于洛桑宣布，经国际奥委会全体委员通讯表决，批准执委会名古屋会议有关中国代表权的决议。中国奥委会是中国全国性组织，中国台北地区以中国台北奥委会名称，使用经国际奥委会批准的新旗、歌、徽参加奥林匹克活动。

中坚力量

1980 年 2 月 13 至 24 日，第 13 届冬季奥运会于美国普莱西德湖举行，中国首次派选手参赛。第 22 届奥运会于苏联莫斯科举行，中国未派队参赛。

1981 年 9 月 27 至 10 月 3 日，国际奥委会第 84 届全会于巴登巴登召开，何振梁当选为国际奥委会中国委员。

1983 年中国的荣高棠获奥林匹克银质勋章。

1984 年第 23 届奥运会在美国的洛杉矶举行，中国奥委会和中国台北奥委会均派队参赛，这是海峡两岸运动员首次在夏季奥运盛会中相逢。中国奥委会派出 225 名男女运动员参加了 16 个大项的比赛。中国射击运动员许海峰夺得本届奥运会的第一枚金牌，实现了中国在奥运会中金牌零的突破。中国运动员在本届奥运会上共获得 15 枚金牌、8 枚银牌和 9 枚铜牌，总分数居第 8 位。中国钟师统获奥林匹克银质勋章。

1986 年，中国副总理万里获奥林匹克金质勋章，黄中获奥林匹克银质勋章。中国奥委会获奥林匹克杯。

1987 年李梦华获奥林匹克银质勋章，陈镜开获奥林匹克铜质勋章。

1988 年在汉城举行的第 24 届奥运会上，中国派出了由 445 人组成的代表团，其中运动员 300 名，他们参加除曲棍球、马术两个项目以外的 21 个大项的比赛。此外，由各国际单项体育组织指定的 30 名中国代表担任了裁判、技术代表等职务。中国台北由 140 人组成的代表团也参加了本届奥运会，其中运动员 90 名，参加 12 个项目的比赛和 3 个项目的表演赛。

在此次奥运会上，17 岁的许艳梅为我国夺得了本次参赛的第一枚金牌。

16 岁的庄泳夺得女子 100 米自由泳亚军，与中国游泳在奥运会上无奖牌的历史告别。赛艇也实现了奖牌“零的突破”，张香花等 4 人获女子 4 人单桨有舵手赛银牌，李荣华等 8 人获 8 人单桨有舵手赛铜牌。

李梅素在铅球赛中获得铜牌，是这届奥运会亚洲唯一的一枚田径项目奖牌。

中国乒乓球队也获得了 2 枚金牌。

但是，汉城不是洛杉矶。本届奥运会上，中国只获得 5 枚金牌、11 枚银牌、12 枚铜牌，不仅远远落后于苏、德、美等体育大国，甚至不及同处亚洲的韩国。

第 24 届奥运会是名副其实的国际体育盛会。世界各路好手悉数参赛，其水平之高，竞争之烈为历届奥运会所罕见。

洛杉矶奥运会虽然创造了参赛国和参赛人数的奥林匹克之最，但由于前苏联及东欧各国的抵制，在竞赛水平上大打折扣。而中国运动员屡有收获的举重、射击等项目恰恰是东欧选手的强项，本届奥运会金牌易手的事实便是明证。居金牌第一和第二的苏联和民主德国分别夺得 55 枚和 37 枚金牌，上届霸主美国仅获 36 枚金牌居第三。

本届奥运会中国虽然丢失了一些金牌，与国人期望值略有偏差，但仍打破了 3 项奥运会游泳纪录，创造了 7 项亚洲纪录，充分显示出中国仍具有相当的实力和水平。

1989 年，何振梁当选国际奥委会副主席。《奥林匹克宪章》中译本在中国出版。

1990 年，陈先、路金栋、宋中获奥林匹克银质勋章。中国成功地举办了第 11 届亚洲运动会。

1991 年，中国北京 2000 年奥运会申办委员会成立。

奥运强国

1992 年 7 月 25 日至 8 月 9 日，第 25 届奥运会在西班牙的巴塞罗那举行。

7 月 26 日，开赛的第一天，年轻的中国运动员便夺得 1 金 3 银，令整个世界为之一惊。庄泳以 54 秒 64 的成绩击败了世界纪录保持者美国选手汤普森，夺得女子 100 米自由泳金牌。这是中国代表团在本届奥运会上获得的第一枚金牌，也是中国游泳运动员第一次登上奥运会的冠军领奖台，中国游泳史辉煌的一页从此翻开。庄泳的成功仅仅是一个开始，沉寂多年却已是春色满园的中国游泳界将从这里迈向世界。

7 月 29 日下午，钱红又夺得女子 100 米蝶泳比赛的冠军。此后已获两枚银牌的林莉又以 2 分 11 秒 65 的成绩夺得女子 200 米个人混合泳的金牌，并打破了沉睡 11 年的世界纪录。杨文意获女子 50 米自由泳金牌，打破了她本人保持 4 年的世界纪录。以“五朵金花”为主组成的中国游泳队共得4金5银，仅次于美国、独联体和匈牙利，跻身世界四强。游泳项目的突破为中国代表团开了个好头。

7月27日，刚满15岁的跳水小将伏明霞一跳惊人，以近50分的绝对优势荣登女子跳台跳水冠军宝座；当晚“老虎”庄晓岩过五关斩六将，勇夺女子72公斤以上级柔道比赛的金牌，成为名副其实的“卫冕王”。比赛第三天，王义夫、张山双双报捷，张山在双向飞碟射击比赛中战胜了50多名男女选手，成为奥运会飞碟射击史上第一个女冠军；

上届奥运会铜牌得主王义夫宝刀不老，一枪定乾坤，圆了他的金牌梦。

身高只有1.36米，体重37公斤的小陆莉在高低杠比赛中，以潇洒和精湛的技艺写下了本届奥运会体操项目的第一个10分。

李小双以“团身后空翻三周”的超难动作，荣获男子自由体操冠军。

在女子三米跳板决赛中，高敏又夺得了她跳水生涯中的最后一枚金牌。

邓亚萍和乔红赢得女子乒乓球双打冠军。

陈跃玲在女子10公里竞走中取胜，成为中国奥运会史上第一位田径冠军。

吕林、王涛获得乒乓球男子双打冠军，使跌入低谷的中国男子乒乓球又见到了一线曙光。少年老成的孙淑伟在男子跳台决赛中，动作高难精彩，执法的7位裁判有6人打出10分，创造了跳台比赛中的奇迹，赢得了桂冠。

8月5日，邓亚萍再展雄风，以3:1战胜老搭档、队友乔红，荣获女子单打冠军，曾许诺要为拿奥运会金牌的邓亚萍发奖的国际奥委会主席萨马兰奇，在观看完邓亚萍的比赛后，果然履行其诺言，亲自为邓亚萍颁奖。

在此次奥运会上，中国健儿共获得金牌16枚、银牌22枚、铜牌16枚，3人2次创2项平1项世界纪录，7人9次创7项奥运会纪录。在参加第25届奥运会170个体育代表团中，中国列第4位，这是中国体育从未有过的辉煌，这次全面历史性的超越，将载入中华体育史上光辉的一页。

1993 年，第 1 届东亚运动会于中国上海举行。国际奥委会主席萨马兰奇于北京授予伍绍祖、张百发、张彩珍等奥林匹克银质勋章。奥林匹克博物馆新馆在洛桑落成，中国的体育美术展品被选为永久展品。中文版《奥林匹克理想——顾拜旦文选》一书出版。国际奥委会第 101 届全会于摩纳哥蒙特卡洛召开，中国以两票之差落选。

1994 年，第 12 次国际奥林匹克大会在法国巴黎贝尔西体育馆举行。国家体委主任伍绍祖、中国奥委会主席何振梁出席了这次大会。何振梁再次当选为国际奥委会执行委员。第 17 届冬季奥运会将于挪威利勒哈默尔举行，中国获 1 枚银牌 2 枚铜牌。

1996 年是现代奥运的百年诞辰，7 月 19 日至 8 月 4 日在美国亚特兰大举行的第 26 届奥运会实现了奥运家庭的大团圆。

本届比赛中设 26 个大项 271 个小项，共有来自世界 197 个国家和地区的 10788 名运动员参加了各项比赛的角逐，各国选手经过 17 天的激烈争夺共打破 25 项世界纪录。

上述数字皆创造了奥运会历史上的新纪录。金牌榜上，美国、俄罗斯、德国分获前三，中国代表团面对种种不利条件，团结拼搏，获得了 16 金 22 银 12 铜的可喜成绩，金牌、奖牌榜均列第四，实现了冲击第二集团首位的预定目标。

此外，中国代表团还有两人 4 次打破 4 项世界记录，3 人 6 次创 6 项奥运会纪录，6 人 13 次创 12 项亚洲纪录，7 人 15 次创 12 项全国纪录，乒乓球囊括 4 金。这个成绩基本反映了我国竞技体育的发展水平和在国际体坛的地位。

值得一提的是，中国代表团的男运动员们经过不懈努力，突破性地夺得 7 金 9 银 5 铜，向世界展现了我国男子运动员的实力。

香港和中国台北运动员在此次奥运会上分别夺得一金一银。

亚特兰大奥运会，一个向世界展示民族精神、风骨和力量的英雄挺身而出的舞台。

于是，世界在这里，认识了一个民族。

美国迈阿密奥运会足球场，当中国姑娘克瑞典、取丹麦、平美国，又顽强地以3：2战胜巴西，冲入决赛之后，世界震惊了。中国姑娘冲入首届奥运会，便揭开了中国足球史上极为辉煌的一页。

中国女足，原定1999年冲入世界前三的目标，被这十几名普普通通的姑娘提前三年完成。

跳水名将熊倪，8年前因裁判因素而丢失金牌，4年前汉城奥运会再次未能如愿。8年来挫折并没有把他压垮，反而使他更为坚强，他给自己立的目标就是"立志征服裁判"，终于圆了迟到了8年的奥运之梦……18岁的小将伏明霞包揽女子跳板和跳台两项冠军，以绝对优势捍卫了她在跳水项目上的统治地位。

乒乓小将包揽了全部4枚金牌，萨马兰奇第二次给蝉联女子单打奥运冠军的邓亚萍颁奖，并助她当选奥委会运动员委员会委员。体操全能冠军李小双受到美国总统接见，克林顿祝贺他成功时说："虽然在比赛中你有失败，但可贵的是你能重新站起来。"

1997年，国际奥委会主席萨马兰奇宣布香港将以"中国香港"的名义参加奥运会。

1998年，第18届冬季奥运会在日本长野举行，中国获得6枚银牌2枚铜牌。中国申办2001年大学生运动会，并成功获得举办权。北京再次提出申办2008年奥运会的要求。

1999年，中国奥委会批准、支持北京申办2008年奥运会。

2000年9月15日至10月1日，来自全球200个代表团的1.1万多名运动员，参加了本世纪最后一次奥运会——在澳大利亚悉尼举行的第二十七届奥运会28个大项、300个小项的角逐。共创造了34项世界纪录，77项奥运会记录，3项奥运会最好成绩。

本届奥运会的竞争格局发生了新的变化。除美国、俄罗斯代表团依然显示出雄厚的整体实力，继续处在第一集团外，中国体育代表团在悉尼奥运会上共夺得28枚金牌、16枚银牌和15枚铜牌，在金牌榜和奖牌榜上均排在第三位。中国首次进入奥运会金牌榜前三名，取得了历史性的突破。中国运动员共有3人12次创8项世界纪录，6人11次创11项奥运会纪录，成绩比前四届奥运会有了大幅度的提高，创下了参加历届奥运会金牌数和奖牌数的最高纪录。

共有9个小项7个人蝉联了本项目的奥运会冠军，共有18个小项29个人是第一次拿到奥运会冠军。击剑、自行车等项目有了新的突破。

第一次参加奥运会的陶璐娜，关键时刻挺身而出，为中国队夺得本届奥运会首金。

熊倪、伏明霞经历了退役、复出的轮回，为了祖国，又重新达到了自己事业的高峰。伏明霞还成为了获得4枚奥运跳水金牌的运动员之一。

中国男子体操队47年不懈追求，终于圆了团体金牌梦。

首次参加奥运会的中国女子曲棍球队在接连击败前世界冠、亚军荷兰、德国后获得第五名。

女足姑娘虽然没有如人们希望的那样进入四强，但她们顽强拼搏的精神赢得了人们的尊重。

在会期的9月22日，中国代表团日进六金、三银、一铜。这一天被称为“中国日”。

2001年7月13日，通过激烈的竞争，北京以56票赢得2008年第二十九届夏季奥运会主办权。

2004年雅典奥运会，中国不仅保持了奖牌总数第3的位置，还以32枚金牌的成绩首次超过奥运强国俄罗斯，占居金牌榜第2的位置。2002年中国女运动员杨扬在盐湖城冬奥会上获得短道速滑2枚金牌，打破了冬奥会历史上中国金牌为零的僵局。中国成为国际奥运大家庭中的重要一员。

2008年第29届北京奥林匹克运动会，中国获得51枚金牌，首次位列夏季奥运会金牌榜第一名，总奖牌第二名的好成绩。

2012年第30届伦敦奥运会上，中国体育代表团共获得38枚金牌，27枚银牌，22枚铜牌，奖牌总数达到87枚，排名金牌榜第二和奖牌榜第二，这一成绩也打破在2004年雅典奥运会上创造的32枚金牌的海外参加奥运会的最好成绩纪录。中国运动员共创造6项世界纪录和6项奥运会纪录。

中国参加奥运会的历史，可以说是中国发展的缩影，是中华民族崛起的历史见证。当国弱民穷之时，不要说奥运奖牌，能参赛就是十分不易的事情，“东亚病夫”与“零蛋记录”成为孪生兄弟。当新中国成立，特别是改革开放、国力日益强盛、社会快速发展之时，中国即迅速步入奥运强国之列。

U0558552

·河 南 省 作 家 协 会 重 点 作 品 扶 持 项 目·

苏七月的七月

青 年 作 家 文 丛

苒小雨 著

郑州大学出版社
河南文艺出版社

编委会

主　　任　邵　丽

副 主 任　何　弘　乔　叶

委　　员　刘先琴　冯　杰　墨　白　鱼　禾

杨晓敏　廖华歌　韩　达　南飞雁

单占生　李静宜　王安琪　姬　盼

目　录

设色宣纸

1

现在，段小秋依然不打算理会父亲打来的电话，任由那一串数字在手机屏幕上反反复复地闪烁。

她拿着画笔，在接近于黑的蓝色里勾画一只白鹤，让那只白鹤站在黑暗的边缘。她设想画面里还会出现几枝荷——妖冶的蓝荷。她的左手边有个陶瓷花瓶，里面插着几枝樱花，前两天带回来的时候还是花蕾，此时，已经开了一桌子的春天。

叮咚一声，小鱼的微信从平板电脑里跳出来：秋，下楼吧，接你去吃饭。

贴心，正愁晚饭呢。段小秋回复。她看了一眼陶瓷花瓶里那团明亮的粉，觉得它在这里极不和谐。回头看看身后，从小桌到书柜再到钢琴，屋子就这么大。最后，她把花瓶移到了钢琴上，退后几步，远远看了一眼，觉得这样好多了。这才换衣服出门。

段小秋没想到，晚上的饭局陈默也在。

段小秋和陈默中间隔着小鱼。刚一开席她的筷子就掉了两次，服务生给她换了两次，紧接着再掉，有点儿说不过去了。小鱼歪着头看了段小秋一眼，又向周围扫了一圈，问："段小秋，你看上谁了激动成这样？"

一桌子人目光齐刷刷投过来。

唯独陈默没有扭头。他招呼服务生又取了一双筷子，递筷子时才看了她一眼，温和持重。那一眼段小秋刚好接住，一时间心头潮起。

五年了，居然还能再见到他。

五年前，火车咣当咣当从北向南，走了十几个小时，把段小秋卸在了这座城市。那时她二十二岁，脑后扎着无精打采的马尾，脸色苍白，眼神倔强，穿着红色半长款羽绒服，手里拉着二十四寸黑色拉杆箱，从出站口的风里往外挤。

刚过了春节，从万物凋零的北方，走进江南这座城市，像提前走进了春天。陌生的宽阔的马路，路面比她的鞋子都干净。路两侧的树木郁郁葱葱，叶子在阳光里泛着肥嘟嘟的亮光。她走过第二个十字路口，看到一个街心公园，便拖着黑色的影子走了过去，她并不知道自己想做什么。身旁有棵高大的树——后来她才知道那是一棵古老的香樟树，它已经在这里站了上千年，周身散发着深沉的木香，树冠展开，枝繁叶茂，侧枝像粗壮的手臂延伸出去，仿佛一个有力的怀抱等在那里。那一刻，段小秋原本一片狼藉的心，突然就风平浪静了。

她想，就这里了。多好的城市啊，不像那个令人伤心的中原小城，天灰蒙蒙的，地灰蒙蒙的，一切都是灰蒙蒙的，好像每天都在不停地下着灰，让人抬不起头。

凭借一纸师范学院的毕业证，段小秋成了一所私立小学五年级的语文老师。

那天中午，校长请客，庆祝本校某位老师获得第二届校园文学大赛优秀奖。除了学校领导和语文组全体老师，还特意邀请了文学大赛的一位评委。

“陈默，我大学睡了四年上下铺的，文学博士，著名诗人，浙大文学院最漂亮的教授，马上要去美国访学两年。”校长这样介绍那位评委。

没错，校长的确用了“漂亮”这个词，来形容那位身材魁梧、器宇轩昂的男士。

那天校长高兴坏了，每端一杯酒，就要提一下优秀奖。优秀奖也是大奖，给学校争了大光。获得优秀奖的那位女老师像从战场凯旋的花木兰，豪气冲天地喝了不少酒。

陈默就坐在校长右侧。看到他的那一刻，段小秋想到了那棵香樟树，鼻息间似有深沉的木香萦绕。那是段小秋第一次喝白酒，不喝不行，校长劝酒的口气就像在布置教学任务。还没搞清楚那酒是什么味道，段小秋就蒙了。

校长再次挥手喊道：“满上，都满上！”脸红脖子粗的。

段小秋实在不行了，跑出去躲，背靠着墙站在包间门外，麻木的感觉从舌尖到嘴唇，向全身扩散。

门吱呀一声打开，陈默走了出来，看到她站在门外有些意外，问：“有事吗？”

“没……”她摇摇头，一摇头就天旋地转。

陈默伸手扶住了她：“你是不是酒精过敏？”

他盯着她的脸，又拉起她的手看了看她的手腕。段小秋的手腕上布满了红斑，她被自己手腕上的红斑吓一跳。陈默拐回去推开门，看到一屋子人都已经满上了。他没办法，重新拉上门。“我送你去医院。”说着，他扶起她就往外走。

后来，医生警告段小秋，“你这是严重的酒精过敏，已经引起喉头水肿，会导致呼吸困难，幸亏送医及时。以后，千万不能再接触酒精了。”

等挂上液体，陈默问道：“你之前不知道自己酒精过敏？”

“我第一次喝酒。”段小秋很不好意思。不知深浅就灌下去那么多，真是糗大了。

陈默没再说什么，给她倒了一杯水。

接过水杯的时候，段小秋再次想到那棵香樟树，鼻息间有了深沉的木香……

第一个学期结束后，段小秋就辞职了。每天带着一群小学生读唐诗宋词，不是她追求的理想生活。亲爹伙同后母买断她家庭身份时塞给她的那笔钱，够她在杭州过几天舒适日子，所以，她以为她可以从容地思考一下人生。

那些天，段小秋从容地睡觉、起床，坐在出租屋的懒人沙发上发呆。天明了，然后天又黑了，她看着时间一步一步往前走，走得像没走一样，什么都没留下。这样没过多久，她就从容不下去了，发呆发得她内心惶恐。

接下来，她给闹钟定了时间，按时起床，吃饭，出门，在别人工作的时候，她认真地逛着杭州城的大街小巷，走累了，她就随意跳上一辆公交车，坐到终点站，然后投币，再坐回来。时间陪同她一起逛下去，一天，又一天，除了遇到过一棵又一棵香樟树，依然什么都没有留下，这让她更加惶恐不安。人生的方向实在难以确定。

那天下午，段小秋绕着西湖漫无目的走着。走了苏堤，逛了“南屏晚钟”，又逛了“三潭印月”。感觉有点儿累，就找了一家冷饮店，买了一大杯炒酸奶，又走回湖边，坐在一棵垂柳下，吃着炒酸奶发着呆。游人极少，四个老年人指指点点从远处走过来，走到段小秋身边时，她才听清楚他们正一边指点一边评论。听话里的意思，他们打算认认真真地把著名的“西湖十景”都看上一遍。只有到了他们那个年纪，才有资格那么从容吧。这时候，有位花白头发的老太太吟诵道：但愿人长久，千里共婵娟。另一位老人接着说，李老师您最擅长苏体，可否给我写幅字，就写这句。没问题，明天就好。李老师爽快地答应着。他们从段小秋身边走过，走远。段小秋还在一口一口吃着炒酸奶。

不知过了多久，远处传来一阵清越悠扬的钟声，一声，两声……天色一点点暗下去。

回去的路上，段小秋看到一处醒目的大海报，挂在杭州城璀璨的夜里，一个很美的女人，摆出一个很美的体式，美得超凡脱俗，不染尘埃。细看，竟是一家瑜伽会所的广告。她在那幅海报前站了半天，那上面有一个座机号两个手机号，她从两个手机号里选了一个拨出去。

后来，段小秋就成了那家瑜伽会所的金牌教练。

再后来，会所的一位合伙人要退股去国外发展，段小秋接下了她手里的股份，成了那里的半个老板。她的照片被做成海报，挂在会所的大门外——当初无精打采的马尾辫，从一根橡皮筋里释放出来，竟显得富丽堂皇，万语千言；她本就身材高挑，瑜伽又把她滋养得肤色莹润，腰肢纤柔，如果有人在那里驻足，一定会赞叹海报里的女子美得超凡脱俗，不染尘埃。

但这并没有给段小秋带来多少自信。她认为那是摄影师与美编的功劳，与她本人关系不大。她还有很多事情要做。段小秋又陆续学了钢琴、书法、国画。小鱼都看不下去了，你整天这么虐自己，累不累啊?

不累。段小秋瞄一眼小鱼，调皮地笑。

小鱼撇撇嘴，说，典型的荷尔蒙过剩，你该来一场轰轰烈烈的恋爱了。

其实，小鱼这些年没少给段小秋介绍男朋友，但她一个也没有看上。你眼睛长头顶上去了？小鱼奚落她。当然不是。只是茫茫人海中，她一直没遇到陈默那样的人。

2

段小秋不知道陈默是否还记得她。那天晚上，朋友们面对面建了一个微信群。段小秋纠结了半天，还是通过那个群加了他的微信。加上以后，却不知道要说什么，就干脆什么都没说，连一句问候都没发。

后来有一天，陈默给她发来一首他写的诗。段小秋把那首诗看了好几遍，给他发过去一个大拇指。接着，她提起五年前她酒精中毒，他送她去医院，她说：那次真的要谢谢你。

好半天，陈默才回复了一个笑脸。段小秋没再说什么，以为聊天就此结束。但过了一会儿，他又发过来一条：如果能在一个美丽的城市，与你偶遇该多好。

她感到奇怪，说：杭州这个城市……还不够美吗？

他回了个调皮的笑脸，然后又说：我刚出发，去哈尔滨。

她想都没想，说：那你等我。点开支付宝，她买了当天下午去哈尔滨的机票。

几个小时以后，他们住进了哈尔滨著名的大公馆酒店。一部百年老唱机正放着俄罗斯风情的曲子。

“读过余秀华的那首诗吧？她敢说，而你却敢做。”陈默说的是那首《穿越大半个中国去睡你》，“看到你的时候，我被惊倒了，没想到你真来了。”

“我等了你五年呢。”段小秋认真地说。

“以前有过这样的经历吗?”他压在她身上问。

段小秋一下子僵在了那里，诧异地瞪大眼睛看着他，不知道该说什么。她的脑回路还没通畅，他又补了一句：“看你这个样子，是没有的。”

这时候段小秋才反应过来，她有点拿不准该把他哪句话当重点。但有一点是可以确定的：她不该来。她很遗憾，他居然误会了她。如果让她再选一次，她还会来吗?几乎不假思索，就有了肯定的答案，她当然还会来。也许这是她的错，她不懂得生活也需要意象和修辞。

陈默有些兴奋，规划着在哈尔滨的行程，明天去哪儿，后天去哪儿，大后天……

段小秋只是听着，没有回应。第二天早上，她就从哈尔滨飞了回来，落荒而逃。

接下来的日子，除了原本带的几节课，段小秋又替一个休婚假的同事带了几节，有了空闲，就不停地鼓捣设色纸本——她喜欢用厚重浓烈的颜色打底，然后让自己身陷其中，孤注一掷地寻找出路，拉一道光进来，这种挑战让她乐此不疲。

小鱼看着段小秋把一张宣纸染成接近黑的蓝色，在里面勾画出一株弱小纤细却焕发着生命之光的绿萝，撇着嘴说：“这株绿萝活得可真不容易。”

段小秋叹口气："能活在这世间本就不容易。"

小鱼看着段小秋，突然问："怎么这么悲观？段小秋，你最近是不是很缺钱？"

小鱼从原来的单位跳槽到晚报当了摄影记者。她父母经营着一家很有点规模的美食城。她当然对钱没有概念，整天背着相机满大街跑，纯属凑热闹，玩好才是她的第一要务。

"是呢，我一直缺钱你又不是不知道。"段小秋说。

"那听起来就不是缺钱，是缺爱。"小鱼说。

段小秋正在试听一首瑜伽音乐。听着听着，好像又回到了哈尔滨的中央大街。高纬度的余晖为那个黄昏赋予了亘古的意义，陈默走在她身旁，说，这里汇集了文艺复兴、巴洛克、折衷主义及现代多种风格的建筑，是目前亚洲最长的步行街之一。那一刻，她想象可以与他一起，在那条有着欧式或者仿欧式建筑的大街上一直走下去，走出"最长"这个词的深刻含义。

小鱼一把抢过手机，关了音乐："说吧，是不是心里有人了？"

中央大街瞬间消失，"最长"也失去意义。段小秋看着小鱼，半天才说："有也没用，还不是自作多情？"

"真的有啊，快，说具体点。"小鱼一下子来了兴致，一脸的八卦相。

段小秋低头想了一下，从五年前第一次见到陈默的那一刻讲起。当然有些事她不会讲的，比如余秀华敢说而她敢做的那件糗事。讲完以后，小鱼却不八卦了，吃惊地睁大眼睛："陈默呀，他是我学长。"

段小秋也有些惊讶："真的啊？太巧了。"

"他比我高六届，我上学那会儿，他已经是个传说了。"小鱼郑重地伸出大拇指给段小秋点赞。"人这一辈子，活的不就是一座城、一个人吗？你都有了，比我幸福。而且，你还真有眼光，我那著名学长，无论精神还是物质，可都是真正的贵族。怎么不早说？你要早说，我早就把他给你拽来了，还用得着你苦等五年？"

"以前又不知道你们认识，再说，为什么要让你把他给我拽来……"段小秋有些委屈地说。

"好好好，都明白，如果他不喜欢你，你是不会主动凑过去的。真是的，多耽误事的自尊。他本人的情况你都清楚，就不用说了，再给你透露一点，他老爸是大老板，北美和欧洲都有生意，他老妈是大律师，好好把握哦。"小鱼说，一脸媒婆相，这都是长期以来多次给段小秋介绍对象落下的病。

"我以前不了解他的家庭，好吧，你成功吓到我了，我可没有信心，让自己陷入一段现实版白马王子与灰姑娘的故事。"

"别把我学长想得那么俗，况且你又不是灰姑娘，要才有才要貌有貌，会挣钱养家，又会琴棋书画，世上有你这样的灰姑娘吗？"小鱼说。

段小秋没再接话，她想，如果小鱼知道她的过去，还会对她这么有信心吗?

东厢房是平房，风把屋顶上的几段圆木从这头刮到那头，又从那头刮到这头，咣当咣当的，像在碾轧着谁的人生。风停的时候，屋里躺了一个多月的女人去世了。

不满一岁的段小秋窝在奶奶怀里睡得无忧无虑，她还不明白发生了什么，就失去了母亲。第二年，她父亲段老三再婚，娶了邻村高大剽悍的王兰英。王兰英的婚事以前被耽搁，完全因为她的长相。用段小秋奶奶私下里的说法，王兰英长得有点像门神，如果在晚上，冷不丁看到她，会吓出一身冷汗的。

来年，段小秋的弟弟段小冬在元旦那天出生。奶奶先往那张皱巴巴的小脸上瞅，瞅了半天，坚信孙子并没有遗传王兰英的剽悍基因，他长得更像段老三，才松了一口气，放心地笑了。

段老三他爹兄弟三个，不知什么原因，老大老二都没生养。段老三上面原本还有两个哥哥，只是都没活过十八岁。这样，段家三门就只有段老三这一个男丁，也算是百顷地里一棵苗。段老三把段家上一辈的三个老弟兄养老送终后，顺理成章能继承段家的三院房子。当初，也是看在那三院房子的分儿上，王兰英才心甘情愿做了他的填房。

王兰英刚过门那会儿还装装样子，后来干脆就不装了，脾气上来了看谁都不顺眼，奶奶是老不死的，段小秋是讨债鬼。王兰英发脾气的时候，段老三从来不敢插嘴。奶奶虽然护着孙女，但毕竟老了，心有余而力不足。

段老三身子弱，干不了重活，这个家一直都是王兰英扛着，自然就有了当家做主的派头，特别是生了儿子以后，底气更足了，经常骂段老三是病痨鬼，让他们母子跟着受罪。在王兰英的骂声里，段老三一年四季都把头低在胸前。对于段小秋，王兰英基本上不管不问，任由她自生自灭。段小秋整天穿着脏兮兮的衣服，顶着乱蓬蓬的鸡窝头，奶奶看到了就叹气，一边叹气一边给孙女梳头换衣服。

段小秋是在对王兰英的质疑中长大的。不断扩大的心理阴影面积，让她渐渐明白了后妈这个角色究竟意味着什么。

3

陈默对段小秋说出“我想你”这三个字时，是一个周末的早上。

段小秋盯着那三个字看了半天，有些激动，又有些委屈，不想回复他。过了一会儿，陈默拨通了语音，听到他的声音，段小秋一下子就原谅了他。

陈默一进门就抱起了段小秋，还没走到床边，就已经把她剥了个精光。风平浪静之后，段小秋贴近陈默的耳朵说：“我以后要常常见到你。”

陈默把伸在段小秋脖子下面的手臂弯过来，搂住了她的肩膀，没有回答。他看着上方的那块天花板，灯是三角形的白色吸顶灯，灯罩上有浅蓝色花纹。四周的墙壁很白，对着床头的那面墙上挂满了干花；通过卧室的门，能看见客厅里那架黑色的钢琴，钢琴上有一只花瓶，插着几枝香水百合，正开得馥郁芬芳。朝南的落地窗前放着原木色的大书桌，一角的笔架上挂着大大小小数十支毛笔，各类书法、国画教程摆放得整整齐齐，正中间铺着一张宣纸，一半是原色，另一半涂成了乌云翻滚的样子——好像那里随时都会生发出故事。

这是段小秋租住的六十平方米的公寓，在一栋楼的二十八层，悬在这座城市的半空中，离天和地都很远。

陈默的手机放在床头柜上，一闪一闪的，不断有信息涌进来，最后还来了一个电话。他接了，嗯嗯嗯的，嗯完了，手机就挂了。他放下手机，拍了拍她的乳房，从床上起身，去卫生间简单洗了个澡，穿戴整齐，又把她在怀里抱了一下，紧紧的。

“我该走了。”陈默说，拿起公文包走向门口。

段小秋有些恍惚，看了一眼挂在对面墙上的表，上午十点半。他是八点半过来的。

后来，每次陈默来，段小秋都以为他会多待一会儿，可每次他都把见面的时间卡在两个小时之内。这更像他精心安排的工作计划，所有不被他纳入计划的行为统统无效。

手机突然响起，段小秋看了一眼，又是那个号，父亲的。心里不由烦躁起来，干脆把手机调成静音，正面朝下，扣在了床头柜上——她无法面对父亲在抛弃她五年之后，像什么事都没发生过一样在电话里对她嘘寒问暖。

在那个家里，段小冬总有各种各样的特权，段小秋只能慢慢去习惯，比如她要习惯每逢节日段小冬有新衣服新玩具，而她不可能有；每逢新学期段小冬有新书包新文具，而她不可能有；段小冬生病了全家人守着，想要什么买什么，想吃什么给什么，而她也不可能有此待遇……

当初，让幼小的段小秋受不了又无处可躲的是，段小冬总是在每顿饭的餐桌上，把他可以吃鸡蛋的特权放大了给段小秋看，他故意把张大的嘴凑到段小秋面前，满嘴都是被唾液稀释后黏稠的蛋黄，像填了一嘴黄灿灿的屎。段小秋手里拿着半个硬馒头，面前放着一碗小米粥，没有菜。段小秋曾在梦里无数次探寻过清水煮鸡蛋的味道，梦醒后，她却什么都不记得了。从段小冬的嘴里，她认定鸡蛋散发出的就是鸡屎的臭味。她皱着鼻子往后躲，段小冬却得寸进尺往前凑。段小秋只好再躲，一屁股从凳子上摔下来，饭碗扣在了怀里，接着又掉在地上摔碎了。

段小冬哈哈大笑，黏稠的蛋黄溢出他的嘴角，越发像是吃过屎的样子。

王兰英用筷子轻轻敲了一下儿子的头说："好好吃饭。"然后瞪了段小秋一眼，"吃个饭都不消停，真是讨债鬼，碗碎了，以后你就别吃饭了。"

“讨债鬼，你是讨债鬼，以后都没饭吃了。”段小冬学着妈妈的语气，用筷子点着段小秋说。他们总是沆瀣一气，用一个又一个鸡蛋摧毁段小秋在餐桌上的幸福感。

夏天，王兰英买了一窝雏鸡，养在一只纸箱里。段小冬常常蹲在箱子边逗雏鸡，唧唧唧，唧唧唧……他叫得比小鸡还欢快。段小秋正在写作业，被小鸡和段小冬的叫声吵得心烦意乱，就用两团棉花塞住了耳朵。这个举动被段小冬发现了，他就捧着两只小绒球一样的小鸡跑过来，放在她的桌子上，鸡和人一起弄出了很大的动静。

烦死了！烦死了！段小秋捂着耳朵。可没人帮她，无论段小冬对她做了什么，两人一旦发生冲突，最后父母骂的一定是她。段小秋只能闭着眼睛，无声地抗议。

一个周日的中午，段老三进城卖菜去了，奶奶在邻居家串门，王兰英带着段小冬不知去了哪里。家里没人的时候，是段小秋最放松的时候。她一个人坐在院子里看书，盛放小鸡的纸箱就放在屋檐下。一只芦花鸡站在纸箱旁边，它身后有一堆新鲜的鸡屎。段小冬每天吃的鸡蛋，就是那只芦花鸡下的。这让她更加坚信，鸡蛋发出的就是鸡屎的气味。芦花鸡咕咕叫着，绕着纸箱转圈，这儿挠一下，那儿挠一下，好像要把小鸡从纸箱里刨出来。

鸡犬不宁。这是段小秋在语文课上新学的成语。她不喜欢这个成语。

段小秋跑过去，赶走了那只芦花鸡，伸头俯视着纸箱里那些鹅黄色的小东西，想起段小冬对着她张嘴的样子。脚下那摊新鲜的鸡屎，正散发着腥臭的味道。一只芦花鸡已然如此，要是这些小鸡都长成芦花鸡，那可真就鸡犬不宁了。段小秋四下看看，发现窗台上有一盒火柴。火柴盒又脏又烂，猩红的火柴头从盒子里探出来，像一朵朵熟睡的火焰。段小秋的手伸向了那个火柴盒。

但段小秋就是划不着火柴，第一根断了，第二根又断了。她划第三根的时候，听到一个声音："小秋，你要干什么？"

段小秋的手一抖，火柴盒掉在地上。不知什么时候，杜明已站在了身后。看到段小秋紧张的样子，杜明好像明白了一切。他从地上捡起火柴，轻轻划了一下，一朵熟睡的火焰就苏醒了。杜明举着火焰看着段小秋。段小秋看看火焰，又看看火焰下面纸箱里那一窝挤来挤去拥挤得毫无意义的小鸡。火焰迅速往前跑，将要接近杜明手指的瞬间落了下去，刹那间，纸箱里炸开一朵巨大的火焰。

两个人都惊呆了。

屋檐下，风缠绕着，卷起烟和热浪扑面而来，杜明先回过神来，他一把拉起段小秋飞快地跑出了家门。

"天呢，哪个天杀的干的？我的一窝鸡呀……"听到王兰英的号啕时，院子里的纸箱已烧成灰烬，空气里还残留着焦煳的味道。

后来，段小秋跑去屋后的水塘边，用一根树枝挑开扔在垃圾堆上的那一小堆灰烬，先看到一个，接着，是一个又一个尖尖的焦黑的鸡头骨……奶奶在水塘边找到她时，被她的样子吓坏了。拉着她的手回家的路上，见人就问："你看这孩子，眼睛都直了，这咋回事啊？"

段小秋的眼睛睁得大大的，黑眼珠一动也不动，像中邪了似的。奶奶喊来了杜明的奶奶，活神仙杜奶奶连着给她叫了三天魂，她才恢复正常。

王兰英认定是段小秋干的。奶奶说王兰英太过分，跳出来为孙女说话："你胡说什么啊，她才十二岁，有你这么糟蹋孩子的吗？"奶奶一般不和王兰英起冲突，但忍无可忍的时候，她还是有办法的。奶奶降伏王兰英的办法就是站在街口数落她的不是，让左邻右舍来为她助阵。王兰英再剽悍，终究还是在意闲话的。她没有证据，只能把火气憋在肚子里。再看段小秋的时候，她的眼神里就充满了仇恨。

4

小鱼打来电话时，段小秋刚给一个二十八岁的孕妇上完孕瑜伽。

小少妇怀孕六个月了，人还瘦得像一根苍白纤弱的麻秆，两条瘦腿突兀地扛着一个不堪重负的肚子。课堂上，每一个体式都让段小秋捏着一把汗，那可是两条人命啊。

小少妇说："段老师你瞧瞧，我现在都成什么样子了。人家说，多坐一分钟，世界上就少一个好看的屁股，怀孕后，我只能躺着和坐着，还好，有孕瑜伽。”

小少妇有气无力地用手摸了摸自己的臀部。段小秋顺着她的手看了一眼，看不到孕瑜伽会给她的臀部带来什么希望。心里说，其实不用那么麻烦的，对于你来说，多坐一分钟，世界上就少一个屁股。

二十八岁没有屁股的小孕妇让段小秋很是羡慕。段小秋今年二十七岁，陈默比她大六岁，有时候她会想象能怀一个他的孩子。多年瑜伽教练的经历，她坚信自己的子宫比她见过的任何一个孕妇都健康，那是一片孕育生命的沃土。可是，也许一切只是她的一厢情愿，只是个梦。

“陪我去追星吧。”小鱼在电话里说。

“好啊。”段小秋一口就答应了。

“小秋你没事吧，今天怎么了？”小鱼问，“谁不知道段小秋是个大忙人，不正常啊，我还以为我得多求你一会儿呢，你不会跟我学长吵架了吧？”

“吵什么架啊，你学长就是个传说。”段小秋想，要是能吵吵架，也能证明爱情的存在。现在他们之间的关系更像上下级，他礼貌，周到，却疏离；她一脸期待，万般柔情，小心翼翼，却改变不了两个小时的长度。段小秋认为陈默对她是没有爱情的。她不能与一个对自己没有爱情的男人保持亲密关系。必须离开他。

“那好，你收拾一下马上出发，机票我都买好了。”小鱼挂了电话。

小鱼的偶像是靳小天。在小鱼的推荐下，段小秋看过几部靳小天演的电视剧，他总是眯着眼睛，把男主演得像他自己一样倾倒众生。小鱼拿她的每一任男朋友与她的偶像比，比来比去，就把自己剩下了。

靳小天与另外几个明星一起参加湖南电视台一个娱乐节目。票贵得离谱，前来追星的人多得也离谱，阶梯式的观众席上黑压压一片人头。小鱼不知道怎么弄到两张贵宾席的票，视野挺好，台上的主持人和嘉宾都看得清清楚楚。靳小天在台上的一举一动，都让小鱼捂着嘴瞪大眼睛激动得不行。段小秋真为她担心，生怕她的手一松开，就会有成千上万颗心从她嘴里跳出来。实在看不下去了，有这个必要吗？

“哎，如果有机会和他一夜情，你愿意吗？”段小秋凑近小鱼的耳朵问。

小鱼愣了一下，表情有点儿扭捏，打了段小秋一巴掌，说：“如果谁都可以，那小天他受得了吗？”

段小秋放眼四顾，也是啊。

前排贵宾区最中间的位置上，突然有个头往上蹿了一大截，挥手喊道：“小天，我女朋友让我告诉你，她爱你！”

现场一片哗然。全世界都疯了。

主持人赶紧用手势把声音往下压，压了半天才压下去。现场录制不允许出现这一段，谁这么不懂规矩？小鱼说：“神经病吧？”

段小秋往那个方向看了一眼，一个非常夸张的金黄色卷发头不安分地在那里晃，他右手搂着一个长发白衣的女孩儿。小鱼告诉段小秋，那女孩儿是某市某艺术馆的舞蹈演员，整天在粉丝群里晒图。

“你们都互相认识？”段小秋问。

“有认识的，更多的不认识。我们有粉丝群，经常在群里互动，群里比她疯狂的人多了去了，动不动就要给小天送钱，送豪宅。”小鱼说。

“做个明星真爽。小天都收了吗？”段小秋问。

“那当然，明星不爽谁爽？但没听说他收过谁的钱和豪宅，人自己都有。”小鱼说。

散场后，跟着人群往外走，段小秋看到了那个女孩。她就走在段小秋的左侧，长发白衣，身材高挑，五官精致，神色迷离。接着段小秋看到了那个金黄色的卷发头。

“我好想拥抱他一下。”女孩儿嘟着嘴说。

“没问题，那就拥抱他一下。”金黄色卷发头说。

“可是根本无法接近他。”女孩儿又嘟着嘴说。

“我给他十万，让你拥抱他一下，我就不信他不肯。”金黄色卷发头说。

“十万……拥抱一下应该差不多吧，不过也不一定，明星都很有钱。”说最后三个字的时候女孩儿拖足了长音。

“不行就一百万。”金黄色卷发头豪迈地说，他往女孩儿这边看了一眼，“只要你高兴。”

段小秋看清了耀眼的金黄色卷发里的那张脸——段小冬！

手机在兜里振动，段小秋顾不得接听。小鱼拉着她的手往前冲，大家都在赶往嘉宾出口处，要在那里堵靳小天，至少再看他一眼，说不定还能合个影。

段小秋说：“小鱼你快去，我在外围给你拍照。”

“好，给我多拍几张。”小鱼像鱼一样游进了人群。

段小冬和白衣女孩儿站在出口处的台阶上，段小冬的右手臂始终搂着女孩儿，一副胜券在握的样子。他还是那么不可一世。段小秋心想。她看见段小冬远远地往这边扭了下头，但不确定他是不是看到了她。

突然，人群中有个声音喊道：“好像在第二出口！”

人群哗啦啦蜂拥而去，里三层外三层。小鱼挤在里面进不去也出不来，很快就被淹没了。这种局面，估计很难有合影的机会。等着拍照的段小秋感觉自己没了用武之地，就停在原地没过去。她掏出手机看了一眼，五个未接，全是来自父亲的。段小秋把手机调成了飞行模式。

过了一会儿，身后静悄悄走出一行人，段小秋回过头，看到靳小天向这边走来。看到段小秋，他扯着嘴角笑起来，右手食指竖在唇边，狡黠地做了一个噤声的手势。段小秋站在原地没动，只在心里感慨：原来明星也是人嘛，不知道小鱼们整天疯狂地追个什么劲儿。

第二出口的人有所觉察，蜂拥向这边时，靳小天已经坐进车里。

段小冬的声音划破夜空：“小天，你等等，我女朋友想拥抱你一下，我给你一百万！”

靳小天的车在夜色中绝尘而去。

小鱼拉着段小秋的手臂，走在突然寂静下来的夜色里，很是失落：“每次都像是来与他离别的，小秋，我好难过。”

段小秋拥抱了小鱼。这个与她一样二十七岁的姑娘，她活得可真年轻，只有年轻才会如此冲动，如此疯狂。而自己已经老了，渴望一个属于自己的家。

一辆黑色的越野车驶过身边，段小秋看到车里白衣长发的女孩和金黄色卷发的段小冬。

“嗬，奔驰大G！”小鱼说。

“这车得多少钱?”段小秋问。

“两百万总有吧。这哥儿们据说是个拆二代，独生子，家里拆迁时得了一千多万。只是，拿着整个身价的十分之一去帮女朋友追星，还是挺疯狂的。”小鱼说。

“独生子，他为什么是独生子?”段小秋问，突然很恼火。

“独生子还有为什么的?他自己在群里说的。有天他在群里跟另一个人较上劲了，两个人都牛烘烘的。对方是个富二代，就骂他，你一拆二代，有什么了不起的，不就是坐吃山空混吃等死吗……你怎么了小秋?”小鱼问。

“没怎么，这些人真是无聊至极，有点钱就了不起啊。”段小秋摸了一下额头，那里恢复得很好，并没有留下疤痕。但段小冬当年那一烟灰缸砸下去，疤痕留在了她心里。

“你到底怎么了?”小鱼问，她觉得哪里不对。

“没怎么。”段小秋掩饰着，感觉额头隐隐作痛，她希望永远不要再想起过去。“没怎么，走吧。”

“不舒服吗?”小鱼又问。

“没有，真没事。”段小秋冲小鱼笑了一下。她希望小鱼不要再问了，不然她会崩溃。

王兰英一如既往地给段老三吹枕边风，枕边风不管用她就闹。她说，家里没能力再让段小秋上学了，姑娘家，终究是要嫁出去的，为吗花那冤枉钱。但段小秋凭着年年第一的成绩，上完小学又上初中，上完初中又妥妥考上了重点高中。

“那得花多少钱，简直要人命啊，要是再让她上学，咱就不过了。”王兰英下了最后通牒。

段老三勾着头，没有说话。

“我寻思，要不就把小秋说给我表哥家的二民吧。”王兰英说。

二民家住市里，人长得又高又瘦，苍白的脸总是阴恻恻的，精神有点问题，时好时坏，一直没说上媳妇。

“小秋才十五岁，比二民小十多岁，这怕是不行。”段老三勾着头说。

“过几年不就大了，又不是让她现在就结婚，二民家三处房子，月月收房租，条件多好，别不识好歹。”王兰英说。见段老三低下头没再说话，王兰英眼睛就亮了，她觉得这事有谱。

奶奶把什么都看在眼里。她在街上堵住段老三，当着街坊邻居的面说："老三，小秋可是给段家争了光的，全村就她和杜明考上了重点高中，你可不能亏待她。"

段老三唯唯诺诺："我知道小秋聪明好学，可家里情况您也清楚……"

奶奶不等他说完，抢过话头说："老三，亏啥都不能亏孩子的教育，我不图你对我多好，但你要是敢亏了我孙女，我跟你没完。"

"是啊老三，都啥年代了，男孩女孩一样，你可不能太偏心。"

"是啊，是啊，再穷不能穷教育，再亏不能亏了孩子，这话在理……"

邻居们你一句我一句，段老三的头又低了下去。为此，王兰英和段老三大闹了几场，但终归有奶奶护着，又怕街坊邻居戳脊梁骨，段老三硬是顶住了王兰英的压力。

开学的前一天晚上，因为第二天要起早去学校报到，段小秋早早就上床睡了。睡到半夜，忽然感觉身上有什么东西在爬，凉凉的，像蛇。她扭了一下身子，用手去驱赶，却赶不走，反而将她愈缠愈紧。段小秋一惊，醒了，看到黑暗中有个人伏在她身上。她马上意识到发生了什么，惊恐地大声尖叫。

那人伸手捂住她的嘴说："叫也没用，是你爸妈让我来的。"

爸？段小秋终于明白了，她疯了一样挣扎，踢打，撕咬……那人一巴掌打下来，接着去扯她的衣服。

“咣！”一声闷响，那人停了手里的动作，歪在了一旁。

“小秋……”奶奶扔掉手里的铁锹，把她抱进怀里，“闭上眼，什么也别看。”

奶奶为她整好衣服，把她带离了那张床，一整夜把她抱在怀里。

当晚，王兰英骑着三轮车把二民送了回去。开始几天，二民什么事也没有，但后来，突然有一天就脑出血死掉了。

消息传来，奶奶病倒了，这一病就再没好。

奶奶临终前，眼睛直勾勾地盯着段老三。杜明奶奶颤巍巍站了起来，说：“老三啊，你娘这是死不瞑目呀，她还是放心不下小秋，快跟你娘起个誓，说你们不会亏待小秋。”

段老三受不了娘的眼神，腿一哆嗦，发了个毒誓：“只要小秋还在这个家里，谁对她不好谁就不得好死，只要小秋能考上，我一定让她念大学！”

围在奶奶床前的亲戚和邻居纷纷做证，奶奶这才放心地闭上了眼睛。那一瞬间，窗外突然响起一声炸雷，顷刻间下起了瓢泼大雨。一屋子人诧异地看着窗外电闪雷鸣，噤了声。

杜明奶奶拍了拍段老三的肩膀，说：“老三啊，你起下了那个誓，就得好好守着。听见外头的炸雷了吗？一定要好好守着啊。”

杜明奶奶的警告似乎起了作用，之后一段时间，王兰英消停了不少。但也就那么一段时间，过后，只要段小秋在家，王兰英就骂段老三，骂他不是人，欺负他们母子，骂家里大大小小都是讨债鬼，都在啃她的骨头吃她的肉。王兰英骂的时候，段小秋在屋子里咬着笔杆，“咔嚓”一声，手里的笔杆碎了。她收拾起书包，回学校去了。

王兰英没法阻拦段小秋上学，但她有的是办法整治她——每次学校的大小考试，王兰英好像都了如指掌，临考那几天她总有办法让家里鸡犬不宁。段小秋却不屈服，即便空腹上考场，成绩照样好得让王兰英绝望。有一次考试结束后，段小秋晕倒在考场，把监考老师吓得不行，急忙送进卫生所，医生说是低血糖，饿的。这让邻居们在背后把王兰英骂了很久。王兰英恨得咬牙切齿，可段小秋像故意要和她作对一样茁壮成长，而且越长越好看，轻轻松松长成了一枝花。

段小冬初中二年级辍学的那年，段小秋考上了本市一所师范学院。从大学第一个学期开始，段小秋就做起了家教，从此再没花过家里的一分钱，除非万不得已，吃住都在学校，很少回家。

5

和小鱼在长沙待了两天后乘晚班飞机回杭州，到家已是夜里十一点多。

段小秋洗漱后躺床上看手机，看到微信里有两个未接语音，陈默的。回拨过去，那边半天没接；又拨了一次，还是没接。翻上去，看到还有一句留言：接下来我会有几天空闲，我们计划一次自驾游吧。就这么一句话，让段小秋收回了要离开他的想法，她对着这句话傻笑了半天，回了一个捧着一颗心没完没了点头的表情符号，想，这么晚了，他应该是睡了吧。

那天晚上，段小秋做了一个梦——在一间陌生的屋子里，她跟在陈默的身后，他去厨房她就跟到厨房，他去书房她就跟到书房，他去阳台上她就跟到阳台上……后来她把这个梦讲给陈默听，陈默说，如果我们一起生活，我会带你去周游世界，现在，先计划一次自驾游吧。

计划中的自驾游最终没能成行。中间有一个礼拜，陈默没跟段小秋联系，发微信不回，打电话他也不接。段小秋怀疑他是跟别的女人去自驾游了。那几天她的睡眠很不好，梦里常常被挂在半空中，一不小心就往下掉，一掉下来她就会醒，接下来就会在黑暗里闭着眼睛清醒到天亮。她又想到了放弃。离开他吧，让他彻底从自己的生活里退出。

也就是从那时候开始，段小秋每天都要在阳台上倒立，她想在白天体验一下夜里被挂在梦中的感觉。经历了魂飞魄散——异常恐惧——有点恐惧——不再恐惧——有点兴奋——异常兴奋这些过程之后，她发现这似乎让她的失眠有所好转。

后来陈默解释说，有个诗友突发脑溢血去世了，那诗友才四十二岁，刚获得“突围诗歌奖”，真是可惜了。诗友留下一个孩子，那些日子，他忙着处理诗友的后事。段小秋虽然很难过，但还是原谅了他。

时间就这样走过了秋天，接着进入了冬天。陈默依然很忙，总是有各种各样的会议和讲座，今天在上海，明天或许就在北京，有时候还会接到他从地球另一端发来的微信，就是没多少时间跟她见面，平均一个月能见上一面就不错了。

段小秋终于接受了这种相处方式。

圣诞节前的一天下午，段小秋上了一个小时团体课。一个月之前，没屁股的小少妇产下一个六斤重的男婴，直到孩子出生，她都没把自己吃胖。她让家人给段小秋送来喜盒，说过段时间她还要来上段老师的私教课。

整堂课，手机都在不停地闪。下课一看，有三十多个未接电话，都来自同一个号码。这是要干吗呀？刚要放下手机，一串数字又跳出来，在屏幕上无休无止地闪烁，段小秋摁下了接听键。

“喂，小秋啊，你咋不接电话？是我啊，我是爸爸，你是不是在外面过得不好啊？要是不好就回来吧……”

“我挺好的。”段小秋说。

“外面再好，还能有家里好？小秋啊，快过年了，回家吧。”

“我不想听这些废话，你说这话也不合适，别忘了，我跟那个家早在五年前就没有关系了。你究竟想说什么，直说吧。”段小秋说。

“你看你，说话还是这么不中听。你就是太犟，我也没想说什么，就是想让你回来，多少年都没回来了，回来跟家人一起过个年吧。你弟弟……小冬他，他快把家给败光了。”父亲说。

想到那天晚上在长沙看到的段小冬，段小秋对这个消息一点都不感到意外，甚至还有点幸灾乐祸。

“再说一遍，那个家和我没有关系了。”

“小秋啊，别赌气了，不说别的，杜明他可还在等着你呢，回来跟他把婚结了吧，那是个好孩子，拿了拆迁款，还在规规矩矩上班，一分钱都没乱花……”

“我说怎么把电话打成这样，原来你们打的是这个主意啊，是不是指望我嫁给杜明，好让段小冬接着去败光他家的钱？当初，一千万就够你们把我扫地出门一次，怎么，杜家的一千万，又够你们把我卖一次了对吧？”段小秋说。

“看你这孩子说话多难听，不是那个意思。小秋，我生病了……”父亲居然在电话里哭了。

多熟悉多令人厌恶的感觉。这是父亲的惯常做法，遇到问题，就会以生病为借口让对方屈服，要么就是哭。从前，对付奶奶是这样，对付段小秋也是这样。但段小秋知道，在那个家里，段小冬和王兰英是不会吃他这一套的。

段小秋不想再多说一个字，挂了电话。

父亲接着又打了过来。段小秋不接，父亲就一直打。没办法，再次接通。

父亲还是哭，边哭边骂："你的心咋这么狠啊？我从春天开始给你打电话，现在都冬天了，一年四季都让我给打过去了，你咋还是这样？我生病了，都快死了，你这没良心的，为了你，我受了多少罪，我在你奶面前发下毒誓，我这病就是你奶在惩罚我，她在惩罚我啊……"

段小秋再次挂断了电话。她不想让一个电话带出一连串噩梦。

"谁让你把我电话给他的？"段小秋在微信里问杜明。

"自己亲爹，总不能老死不相往来吧？"杜明说。

"你见过那样的亲爹吗？"段小秋说，"他生了什么病？"

"他没生病啊，昨天我还在公园遇到他，在看人下棋呢。现在你爹就是退休老干部的待遇，每天喝个小酒，遛个小弯，看人下个棋，挺好的。就是段小冬太能折腾了，你爹要是有病，也是心病。"杜明说。

"居然拿生病来要挟我。"段小秋直接拉黑了那个号。杜明还想往下说，段小秋回了句"我要忙了"，就把手机放下了。她甚至连那个城市都不想再提起。现在多好，她用了五年时间，才让一切变得这么好——该忘的都忘了，该来的也来了，该有的差不多也有了，就是没有的，也总会有的。

陈默敲门时，段小秋正在阳台上倒立——双手撑地，两只脚向上，脚尖点在落地窗的玻璃上——像一个伸展双臂拥抱生活的人，突然被美图秀秀旋转了一百八十度，背靠玻璃倒挂下来，头向后勾到一定程度，就可以用这种独特的姿势从二十八楼向下俯瞰。这是个凌厉的高度，最初的时候，这个高度会让段小秋心慌，但现在完全没问题了。如果恰好是晴天，天空中恰好有几朵云的话，找一个合适的角度，避开深灰色的金属窗框，就可以拍到一幅把自己倒挂在云朵上的照片，要是拿去参加摄影展，说不定能获个什么奖。段小秋一直希望可以拍一张这样的照片。但见识过这个场景的小鱼和陈默都表示，太疯狂也太危险了，万一玻璃碎了怎么办？他们都曾严肃地警告她，不许再这样做。

陈默进来后，刚恢复直立的段小秋还有些气喘。他不知道她怎么了，有些惊讶。她解释说刚练了会儿瑜伽。这不算撒谎，倒立也是瑜伽体式之一。有时候就需要用模棱两可的方式来省去一些麻烦，毕竟他曾警告过她不许再去倒立。她认定他的警告等于爱。

“你不是天天都在教吗，自己还练。”陈默把她拉在怀里抱了一下，松开她，打算脱掉外套。

段小秋却黏在他怀里不肯离开，说：“不，还要抱。”

“抱多久才够呢？”陈默笑笑，又抱紧了她。

最近，他们的感情在迅速升温。她发现他原本是一个温柔体贴的情人，尽管几个星期见不到一面的情况依然是常态，但她现在可以在微信里随时找到他。她有时候撒娇，说想听他的声音，他就发来一段语音，给她念几句诗。她因此背会了很多以前不知道的诗，也收藏了很多他写的诗。与所有诗人的诗相比，他的诗是属于她的。

“多久都不够，不够，不够。”她连着说了三个不够，脸在他胸前蹭来蹭去。

陈默于是觉得外套不一定非要放开她才能脱，他完全可以一边抱着她，一边把他的衣服和她身上所有的衣服都扒干净。然后，他们做了很长时间……

结束后，段小秋望着天空中的几朵白云，说：“我想拍一张挂在云上的照片。”

陈默大概脑补了一下那个画面，表示自己认为那样不太好。

“我快放假了。”陈默说。

段小秋还在想把自己挂在云上那件事。这是她最近思考最多也认为最有意义的一件事。对她来说，最难的瑜伽动作都是轻而易举的，她想换种方式挑战自己。

“计划一次自驾游吧，这次时间宽裕，我们可以去个远一点的地方，云南，你觉得怎么样?”陈默说。

段小秋说：“好啊，我一直都想去洱海呢。”

她打开手机，查杭州到云南自驾游的最佳路线。一查才知道，每个在网上分享经验的人，都总结出了一条最佳路线。最后发现，根本没什么最佳，每条路线都被热心的网民搞得很可疑。

陈默说：“到时候再说吧，走到哪是哪，洱海一定会去。”

陈默带来了蔬菜和水果，他正在厨房里忙碌。这个一身书香的男人，做饭的样子真的太帅了。段小秋平时不做饭，灶火一开她就紧张，她会眼睁睁看着锅里的食物被烧得面目全非而不知所措。她有限的厨房经验都是失败的，有时候还会把自己弄伤。于是，她彻底放弃了厨房。

段小秋走过去从后面抱住陈默的腰，侧头看他把一条鱼放进油锅里，油锅里发出噼噼啪啪的声音，她浑身颤抖，额头抵在他背上。

“又馋了？怎么也得先吃鱼吧。”陈默感觉到了段小秋的颤抖，回头亲着她的左耳垂说，他迷恋她为爱颤抖的身体，但他认为他们得吃完了这顿午饭，再睡个午觉后，才能再来。

“乖，你去沙发上等着，一会就好了。”他说。

她像获得赦免一样，逃回到沙发上。

刚刚，那条在油锅里逐渐卷曲、萎缩、焦黄的鱼，让她看到一窝雏鸡从鹅黄鲜活到萎缩、焦黑的过渡。她想起很多年前，老屋后水塘边的垃圾堆上，那些尖尖的被烧煳的鸡头骨……

段小秋摇摇头，想甩掉那些回忆，她看向厨房的方向，陈默在那里忙着做饭的情景，让段小秋有了与他在一起过日子的感觉。这是个多么完美的爱人啊，和他在一起的每一分钟都让她感到幸福。然而，这幸福又是忐忑的。一帘帷幕拉在五年前的初春，隔开了她的当下和过往。那一年，段小秋的人生重新开始在杭州的春天里，而面对陈默，那个春天之前的一切让她难以启齿。她害怕哪阵风会掀开那道帷幕，揭开那些旧伤疤。以前她并没有这么多顾虑，她和陈默见面的机会总是太少，每次见到的时间也太短，他总是来去匆匆，把自己搞得像个过客。她一直觉得，没有必要向一个过客解释那么多。可现在，陈默几乎成了她生活的一部分，她一直没搞清楚他们的关系是从什么时候渐入佳境的。等她觉得有必要向他坦白的时候，却总是纠结，怕他会嫌弃她，会看不起她，于是从这一次拖到下一次，下一次还是难以启齿。越是这样拖下去，她心里越是不安，感觉自己像个骗子。

吃饭的时候，一个陌生号打了过来，执着地打了很多次。来电显示是中原那个城市，她料定是父亲换了个电话打过来的。

“怎么不接?”陈默问。

“广告电话。”段小秋随手就把那个号拉黑了。

那天陈默没走。二十八楼飘在云端，遗世而独立，只有一层白纱挡在窗前，风一阵一阵挤进来，构成了一世界的跌宕起伏……

段小秋说：“陈默，你要把五年欠我的全部都还给我。”

手机屏幕又在闪烁。这次是杜明打来的。一而再，再而三，三而不竭，就像要与段小秋的幸福较劲。

6

“你究竟要干吗?”第二天下午，一节课结束后，段小秋才接了杜明的电话。

“你还好吧，怎么不接电话?我都打一天了，再不接我就报警了。”杜明说。

“报你个头啊，我为什么要接?手机都被你打爆了，你还有完没完?这是骚扰你知道吗?”她已经料到他是替自己父亲打过来的，“你以后少管闲事。”

“看你这脾气，是不是……在那边过得不好?”杜明小心翼翼地说。

“怎么跟他口气一样，你们就那么盼着我不好?”

“没人盼你不好，就是想告诉你，要是在那边过得不好，就回来。”

“我好不好都不会回去，告诉他以后别给我打电话，你以后也别再这么打，有事在微信里留言。”

“就这么讨厌我们?”

“是，就是讨厌你们。”

“这样不好吧?你爸他就是想让你回来，大家一起过个年。”

“跟他说没那个必要，他老婆儿子热炕头，好好过他的幸福日子。再说一遍，我跟那个家已经没什么关系了。”

“怎么能没关系呢？血浓于水。”

“你再废话我挂电话了。还有，再替他给我打电话我就拉黑你。”

“好好，不废话了。我给自己问一句，你在那边处对象了吗？”

段小秋想到陈默，但她不想跟杜明说那么多。

杜明听她在电话里迟疑了一下，自作主张地认定她还没有对象，至少还没有可以结婚的对象，说：“我跟你一样，高不成低不就，也把自己剩下了。”

段小秋笑了：“你还真成剩男了？”

“可不就成剩男了。”

“什么情况？你有钱有房，工作也不错，妥妥的钻石王老五呀。再说，就算没拆迁，以你的条件，也是好姑娘随你挑随你拣啊。”

杜明在电话里长叹了一口气：“都是拆迁给闹的，不然我孩子都会打酱油了，还有可能是咱俩的孩子。”杜明说。

“少拿我开涮。”

“谁拿你开涮了？我奶奶多喜欢你啊。”

杜奶奶看人的眼神总是很缥缈，好像什么都懒得看，但什么都看在眼里。她眼里揉不进半点沙子，遇到任何伤天害理的事，就捣着拐杖在大街上骂人。一条街上，杜奶奶就喜欢段小秋。杜奶奶跟小秋奶奶说：“要不给俩孩子定个亲吧，我是越看小秋这孩子就越喜欢。”可能杜明听到了这句话，小心思也活泛起来，从那以后，杜明每晚放学后会等着段小秋一起回家，杜家做了好吃的，也会让杜明带一份给段小秋。后来两人都上了师范学院，如果没有节外生枝，两个人的孩子确实能打酱油了。

现在，杜明旧事重提，段小秋的语气也温软下来："杜奶奶还好吧？"

"好着呢，总是问起你，让我带你回家。"杜明的口吻充满了怀念，"可是，你连个招呼都不打就走了，我去哪儿给她找你啊。"

"杜明，你是知道的，我就是要彻彻底底忘记过去。"段小秋确实没向任何人透露过自己的行踪。

"你嫁给我，不就和过去脱离关系了？说白了你还是没看上我……"杜明说。

"都过去了，还说这些干吗，说说后来的事吧。"段小秋说。

"后来我奶奶骂了王兰英很长时间，说是她逼走了你，又骂我妈，也骂我，怪我们没早点把你领回家来。"杜明说。

"这段掐了，再往后。"段小秋说。

"再往后，我认识了一个小学老师，人长得还不错，跟我也说得来，我们处了一年多，可我奶奶横竖看不惯人家，说人家姑娘是看上了我家的房子和钱。"

"你同事？"

"不是。瞧你，她是小学老师，跟你说过的，我在二中。"

杜明抗议，怪段小秋连他工作单位都记错。

“哦，对，那后来呢?”

后来，小学老师知道杜明奶奶的态度后，二话没说，就要和杜明分手。杜明劝她别跟老人较劲，说他会想办法说服奶奶的。小学老师说，没那个必要，她真不是稀罕他家的房子和钱。再打电话，就不接了。没过多久，姑娘的微信头像就换成了她与男朋友的合影。

“爱情第一，给姑娘点个赞。”段小秋说，“再后来呢?”

“我爸的同事又给我介绍了一个姑娘，书香门第，在文化公司工作。处了几个月，姑娘知道我家是拆迁户，说什么都不愿意继续交往了。后来才知道原因，人家姑娘属于有想法的精英人士，看不上一夜暴富的拆迁户，认为拆迁户就是有钱不败家，那也是坐享其成碌碌无为的普通人，一辈子也就那样了。”

“哈哈哈，这想法独特。我又想给姑娘点赞了。”段小秋说。

“你就笑吧，也不管别人是不是开心。”杜明说。

“还有吗?把你不开心的事都讲出来，让我好好开心一下。”段小秋说。

“两次都因为拆迁，再与姑娘接触，我就先做自我介绍。有个姑娘，刚见面时表情淡淡的，后来知道我是城郊拆迁户，马上态度就转变了，一下子热情起来，弄得我浑身直起鸡皮疙瘩。那顿饭结束后，就没再联系。不用你问了，我直接给你讲下一段。”

杜明说后来又见个姑娘，家境不错，学历也高，在机关上班。姑娘知道他家是拆迁户后，并没有太多反应，这让杜明安下心了，觉得有戏。可相处的过程中，姑娘时时处处表现出优越感。杜明很快就明白了，人家这是在告诉他：她和他本来不是一路人，要不是杜家拆迁，家境富裕，他根本配不上她。

“这次分手后，我就不想再相亲了，太复杂了。”杜明在电话里长叹一声，“这一路走下来，还是觉得你最好。”

“你别想得太美，我要是嫁给你，你家的钱早晚都得让段小冬给败光了。”段小秋说，“说不定我爸和王兰英打的就是这个主意。”

“那不至于，钱在我父母手里攥着，能让他们得逞？你考虑回来吗？”

“不考虑，我不会回去的。”段小秋说。她本想给杜明提一下陈默，但最后还是没提。看了看墙上的表，下一节课的时间到了。“杜明，你是个好人，会找到属于你的爱情，等你好消息啊，我得去上课了，再见。”

“等一下，小秋，你爸他来找过我几次……”

没等杜明说完，段小秋挂了电话。

段小秋大学毕业那年，城市扩建到他们村，段家的三院房子开始拆迁，宅基和房子的补偿金，算下来有一千多万。段家也搬到了城里，住进一个中档小区。在找工作的那段时间，段小秋住回了家里。

正月初十，年还没过完，早上洗漱后段小秋正在房间梳头，王兰英进来了。她站在门口，看着段小秋往马尾辫上套皮筋，等段小秋套完了最后一圈，王兰英把一张银行卡拿出来，放在段小秋面前，说："知道你心性高，这个家留不住你，这是二十万，你想走就远走高飞吧，别委屈了。"

段小秋惊诧地看着后母。

头天晚上看电视的时候，因为调台，段小秋和段小冬发生了争执，气急败坏的段小冬用一个烟灰缸砸破了她的额头。好在伤得不重。眼看着血从段小秋的额头上往下流，段小冬踢了茶几一脚，摔门而出。段老三和王兰英对段小冬竟连一句责骂都没有。电视里正演冯巩的相声，全世界都在开怀大笑。段小秋却哭了，看着蹭在手上的血，说："其实我知道，这个家早就容不下我了。"

按照惯常，他们姐弟俩吵架后，王兰英至少一个月不会跟段小秋说话。没想到第二天，她就以此说事了。

"这也是你爸的意思，他说你是姑娘家，不能和小冬争，他才是段家唯一的希望。"王兰英说。

段小秋跑到客厅，段老三坐在沙发上低着头。

"爸！"她喊了一声。段老三的头直接低到了裤裆里。段小秋苦笑，"你们以为我什么都不懂吗？二十万，这对我公平吗？"

"小秋，你就别闹了，你是个姑娘，迟早要嫁出去的，好意思跟你弟弟争?”王兰英说。

段小秋不理会王兰英，看着段老三说：“爸，你说句话。”

“小秋，别跟你弟弟争，”段老三依然低着头，“你都大学毕业了，能管好自己了，你弟弟他初中都没毕业，他就指着这个家了。”

“如果我不同意呢?”

“你不同意也没用，这个家还轮不到你说话。”王兰英说。

“但是你们别忘了，法律可以替我说话。”段小秋气极了。

“咋，你还想告你爸?”王兰英嚷嚷起来，“你可真是个白眼狼啊，把你养大，供你上了大学，你有本事了，懂法了，就要告你亲爹啊?”

段老三的头一下子抬了起来，冲着王兰英喊道：“你给我闭嘴。”

王兰英诧异地看着段老三，闭上了嘴。

段老三又看着段小秋，语气很硬：“小秋，你非要这样，我就死在你面前!”

长这么大，段小秋第一次看到段老三这么硬气，她想，这才像个父亲的样子。他终于活出了父亲的样子，却是为了野蛮地剥夺女儿的合法权益。

“为什么？我不是你亲生的吗?”段小秋问。

“你是姑娘，迟早要嫁人的，段家的东西都得留在段家，留给小冬。给你这二十万，你应该知足了，就是你奶奶在，她也不会说什么。你走吧，去过你想要的生活。”段老三说。

段小秋再次苦笑，说："好，我不会让您死在我面前，毕竟您是我爸。但从现在开始，不是了，请您记住，我跟您，跟这个家，也再没有任何关系了。行，就按你们的意思，二十万，我走。"

"等一下。"王兰英居然拿出一份赠予合同，合同约定段小秋把自己应得的那份家产无偿赠予弟弟。段小冬已经在受赠人处签上了名字。

这合同显然是早就准备好的。

段小秋努力不让自己流泪，她看都没看，在赠予人处签上了自己的名字。签完以后，就开始收拾行李，随即离开了那个家。

7

团体课排到了腊月二十二，私教课多数已经停课。临近春节，大家在工作群里讨论放假的事，像炸了锅一样，都在计划着过年要去的地方、要吃的东西、要买的衣服、要见的人……那个没有屁股的小少妇却发来微信，表示急于复课："如果段老师方便，过年期间我想恢复上课，当然，按规矩，我付三倍的课时费。"

"不好意思啊姐，我跟男朋友计划春节自驾去云南，如果您需要，会所可以给您推荐其他的瑜伽老师。"段小秋说。

"自驾游？那得去，真羡慕你们，好浪漫。其他的老师就算了，我还是想跟你的课。你们去多久？什么时候走？”小少妇说。

“我们大概会出去一个月，具体还没定哪天走，节前应该可以给你上几节课。”

“那行，到时候你给我说一下注意事项，你出游的时候，我自己在家练。”

和小少妇聊完，段小秋刷了一下朋友圈，看到小鱼转发的一条微信，说是泰国确诊一位XH病毒感染者，是海外出现的首例患者。后面就有人跟了留言，说很多地方又不可以去了，很多事情又不可以做了。

段小秋瞄了一眼，翻了过去。又想起自驾游的事，就给陈默打电话：“你在哪儿？”

“我在家，你呢？”陈默说。

“我也在家，你有没有看到网上的那些消息？”段小秋说。

“什么消息？”陈默问。

“关于XH病毒的消息，网上到处都是，会不会影响我们的行程？”

“哦，你不说我还真忘了，好像是一种挺凶险的传染病。”陈默说。

“我看了一下，都是个人账号发的。”段小秋说。

“有时候，坊间传闻比官方消息更超前。这两天多关注一下。”

“好吧，有点担心。”

“担心什么?”

“担心我们的自驾游再次泡汤。”

“没关系，我们以后有的是时间。”陈默说，“我一会儿出门，中午和几个朋友聚聚，你要不要过来一起吃饭?”

“不了，我下午还有课。”

下午正准备上课，段小秋发现小少妇脸色有点不对，怒火在眼睛里烧，压都压不住。

“您还好吗?”

“没事，可以上课了。”小少妇说，站在了瑜伽垫前端。

段小秋分明发现小少妇心里有事。瑜伽的动建立在静的基础上，显然她的内心并不平静。

段小秋拿过来一个抱枕，“姐，您先坐，试着调整一下呼吸，让自己放松。”

小少妇坐下以后，眼泪就冒出来了：“段老师，对不起，我今天可能真的不适合上课，我调整不好呼吸，还是回去吧。”

小少妇在回去的路上出了车祸，那是一辆没挂牌照的新车，司机逃逸。人躺在马路中间，流了一大摊血。一圈人围着，却没人敢过去帮忙。最后，还是两个中学生帮着打了120。小少妇被拉走的时候还在昏迷中，直接进了重症监护室。小少妇的丈夫打来电话，扬言要起诉瑜伽会所。段小秋做了详尽解释，那人还是咬定他媳妇是上瑜伽课时出了问题，才导致精神恍惚，出门就被撞了。“我媳妇要是有个好歹，我跟你们没完。”

段小秋回到家里，整个人都要虚脱了。恰在这时，杜明又来了电话。

“小秋，我刚刚听到消息，段小冬出事了。”

“杜明，他们的事我不想听，我累得不行了，想睡一觉，先这样吧。”段小秋说。

“真的出事了，他在澳门被人追债，五百万，不还债就撕票。这事你知道吗？”杜明又说，“不过，我不太相信这是真的，而且消息也过去好几天了。”

“你自己都不信，还跟我说这些干吗？”段小秋已经脱掉了外套，打算洗漱后好好睡一觉。

“你，真的不能回来一趟吗？”杜明说，“要不，我一会儿去找段叔问问，再向你汇报？”

“不用了。”

“那怎么行？我还是得去证实一下，怎么会有这样的传闻呢？太惊悚了，小秋，你就一点不关心他吗？毕竟是你弟弟啊，我觉得不管有没有这事，你都应该马上回来才对，如果消息是假的你也不损失什么，但如果消息是真的，我们就得想办法救人……”杜明说。

“杜明，你有完没完？不管闲事你会死吗？”段小秋一下子就火了，没等对方说完就挂了电话，拉黑了杜明所有的联系方式，她打算过两天去换个手机号，不然这噩梦永远无法结束。

刚才在医院，通过窗玻璃看到昏迷的小少妇，虽然事实上一切与会所无关，段小秋也不怕那男的胡闹，总有说理的地方。但她心里还是感到愧疚。当时她就发现小少妇精神恍惚，应该送她回家的，那样她可能就不会遭遇车祸了，至少不会倒在马路上半天没人管，那可是一条人命啊。段小秋不敢往下想。

夜里，段小秋一直做噩梦，一闭眼就看到小少妇倒在血泊里，伸着手向她求救……每次梦醒都是一身冷汗。

第二天早上醒来，段小秋第一个动作就是去抓手机，她看到小少妇发来的微信：段老师，对不起，我昏迷的时候发生的一切都已悉知，他就是个畜生，请你原谅。我是被那个畜生气晕了，才恍恍惚惚闯进了快车道，被人撞了。跟你们没有任何关系。

小少妇是独生女，继承了家族企业，怀孕后把公司交给丈夫打理，那个男人不会做生意，却动了歪心思，屡次从公司账上转移资金。公司的财务发现后给小少妇打了电话。小少妇找人暗中调查，才发现她男人在外面还有一个家，那女人居然有了七个月的身孕。

“你等一下，我现在就过去。”段小秋说。

“千万别，听说有传染病，医院里最不安全。我这边都没事了。”小少妇说。

“不行，我得过去看看。”

“你听我的，真不用来，我好着呢。”

“谁在医院陪你?”段小秋问。

“我娘家人，放心吧，那畜生已经被撵出去了，我出院后再找他算账。你的自驾游该出发了吧?记得给我发图片，让我也饱饱眼福。”

“那好吧，你要做好防护。我出发后会给你发图片。”段小秋一颗心终于放下了。

此时，段小秋特别想见陈默。最难熬的那段时间，她居然不敢给他打电话。

陈默在电话里给了一个地址，让她过去。

放下手机，段小秋有瞬间的恍惚。一架飞机从远处的一栋楼后面出来，飞向另一栋楼，接着是另一架，短短几分钟，居然来来往往十几架。那片天空忙碌起来，飞机们在那里争先恐后地折腾着。段小秋开始洗漱，化妆，搭配衣服……像第一次和陈默约会一样隆重。

段小秋到达陈默的住处时，已近中午十二点。

这是位于拱墅区的一个小区。房子很大，窗外就是大运河。大运河是一幅永远看不完的风景。房子被装成很酷的北欧风，实木地板，实木家具，竟然还有一个壁炉，虽然没有点火，却像隐藏着一个童话。

书房的一面墙上，挂着一幅油画，竟然是段小秋倒挂在云朵上的画像。很显然，这幅油画是根据照片画的，只是不知道陈默什么时候拍了那张照片，居然藏这里了。

一切都像被某一首诗特意安排的，段小秋一脚就踏进了那些诗句，有点儿不知所措。

“怎么样?”陈默在段小秋身后说，口气中满是得意。

段小秋转过身来，不提油画，却一惊一乍地说：“哇，男人穿上围裙怎么可以这么帅?”

“那要看谁穿了。哪怕是草鞋布衣，本小哥儿照样能穿出微服私访的派头!”

“哼，皇帝才不会偷拍人家的照片呢。老实交代，作案动机何在?”段小秋指着墙上的油画说。

“动机嘛，我把照片拍了，你就如愿了，就不会再以身犯险了。”陈默说，“好了，快洗手去，准备开饭。”

餐桌上摆着两个烧好的菜，厨房里还炖着汤，发出热烈而欢快的声音。

吃饭时，陈默说：“你有没有看电视?多家媒体正式报道了，XH 病毒感染者每天都在增加，逢上春运，人员流动会造成大幅增加，感觉比我们想象的要严重。”

“出去是不是不安全?”段小秋问。

“我也在想这个问题。”

“那我们就推迟出行，看看情况再说。”

“要不，你住过来吧。”陈默说。

段小秋诧异地看了陈默一眼，心中欢喜，却不敢相信这是真的，一时间不知道怎么回答。

看段小秋低头不语，陈默以为冒犯了她，问：“是不是不方便?”

“你的父母，他们会不会介意?”段小秋问。

“放心吧，他们不会介意的，他们都在加拿大。”陈默说。

这样，段小秋就住过来了。

小少妇住院以后，年前的课就完全结束了。段小秋有大把时间悠闲地跟着陈默从卧室走进厨房，从厨房走进书房，再从客厅走到阳台。她想起以前做的那个梦：在一个陌生的房子里，她跟在陈默身后，从厨房走进书房，从书房走到阳台。

8

因为疫情升级，他们最终还是取消了出行计划，决定两个人一起在杭州过年。

段小秋打开冰箱看了看，说：“开始准备年货吧。”

“有必要吗?”陈默停顿一下，又说，“哦，我觉得你说的对，很有必要，不仅要准备年货，还得准备一些必备药，口罩和消毒液也要备着。”

到处都有关于XH病毒的消息，有人格外小心，更多的人却不怎么在意。

他们列了一个长长的购物单，两个人一起去购物，大包小包买回来一堆，分了一下类，觉得准备得还不够全面。于是，隔天再去，又是一堆，分了一下类，发现还有遗漏。从眼下情况看，过年还是尽量少去饭店。到了农历二十八下午，他们再次列了购物单，打算这次把东西都添置全了。大街上戴口罩的人突然多了起来。

段小秋在水果区看到段小冬。

段小冬没戴口罩。

“找到你可真不容易。”段小冬阴阳怪气地说。大概是从段小冬有自我意识开始，他们就成了仇人。他除了无休无止地与她作对，给她制造各种麻烦，从没好好跟她说过一句话，更没叫过她一声姐姐。

“你找我有事吗?”段小秋问。

她不知道段小冬是怎么找到她的，心里有一丝紧张，扭头看着陈默。她至今都没找到合适的机会，跟陈默坦白自己的过去，其实是她一直没勇气，怕失去。

陈默用眼神询问段小秋——这是谁?

“我就是段小冬，段小秋同父异母的弟弟。”段小冬说。

这语气有点奇怪，好像陈默早就知道段小秋有个同父异母的弟弟似的。

“我没有弟弟。别忘了你跟所有人都说过，你是独生子，别打自己的脸。”段小秋说。

“是有这么回事，可我还是你弟弟。我们的爸爸段老三自杀过一次，就在半个月前。不过，现在已经没事了。”段小冬说。

“自杀?为什么?”

杜明半个月前给段小秋打过电话，她没听完，就把他给拉黑了。

“找个地方坐下来说吧。”陈默说：“楼上有间咖啡馆。”

“也行，有些事情是要跟她说清楚的。”段小冬说。

“他自杀也是为了你吧？既然已经没事了，其他的我也不想知道。”段小秋打算拉着陈默离开。

“段小秋，怎么说他也是你的亲爹！”段小冬提高了声音。

周围拥挤着购物者，有的戴了口罩，有的没戴，都在诧异地看他们。不时有购物车蹭着他们穿行而过。

“还是坐下来慢慢说吧。”陈默说，带他们去了咖啡馆，找了一个角落坐下，又去吧台为他们点了喝的。

“是爸逼我来找你的，希望你能回去和家人一起过个年。给我一杯可乐。”段小冬对服务生说，“我知道你一直恨我们，更恨我妈，所以今天我首先要告诉你的就是，当年并不是我妈把你赶出去的，是奶奶。”

段小秋轻蔑地撇了下嘴，她根本不信段小冬的鬼话。

“你别不相信。奶奶临死前，爸为了你在她面前发了毒誓，这你在场，人人都认为段老三窝囊，他却总有办法掌控全局，我妈看起来蛮横了一辈子，其实是被爸牵着鼻子走的。奶奶临死前，围观的那些邻居都是他找来的，杜奶奶也是他请来的，他为了维护你，故意发了那个毒誓，实际是给我妈和邻居们听的。”

这一点段小秋相信。随着两个孩子慢慢长大，王兰英越来越嫌弃段小秋。段小冬更是仗着亲妈撑腰，从小就霸道，而段小秋又是个不会服软的人，矛盾冲突不断升级。只要发生矛盾，吃亏的总是段小秋。好在有奶奶那把保护伞。但奶奶的身体不行了，段老三知道以自己的能力，保护不了女儿，就想出了那个办法。

“奶奶去世后，爸跟我妈说了，让我妈一定要对你好，不然会遭报应的。其实我妈她并不坏，当初你烧死了那一窝小鸡，你以为自己做得天衣无缝？其实，我妈不用想都知道是你干的。别提什么证据不证据的，我妈真想收拾你，不需要证据照样可以收拾你，就算奶奶护着你也没用。”

段小秋想了想，那次王兰英除了叫骂了一场，还真没什么过激行为。倒是父亲段老三，似乎更加愤怒，他心疼那窝小鸡，将来长大后，每只鸡的身后可都跟着一串鸡蛋啊，那可都是银子。

“不错，奶奶一直护着你，直到临死前，奶奶都担心你受委屈。但你并不知道，奶奶虽然疼你，护你，可在她心里，你终归是个丫头，终究是要嫁人的，而我才是段家唯一的男丁，只有我才能延续段家的香火。奶奶她比谁都看重这个。所以，奶奶临终前，除了叮嘱爸要尽量善待你，保证让你完成学业，给你找个好人家嫁了，还有一条遗嘱，你大概不知道吧？”

段小秋未置可否。她不相信奶奶会有什么另一条遗嘱。但段小冬说得合情合理，不由得她不多想。

“想知道奶奶的另一条遗嘱是什么吗？我要说出来，你可能会伤心。”段小冬把瓶子里剩下的那点可乐都灌进了嘴里，然后捏瘪了空瓶子，远远投进过道里的一个垃圾桶，才慢悠悠地说：“奶奶说，等你长大成人，不能从家里分走任何家产，段家所有的家产都是我段小冬的。”

段小秋诧异地看着段小冬。他们当地的习俗，家产都是男孩继承，女孩无权参与分配，这是约定俗成的铁律，虽然不合法，但合情合理。段小秋知道这个风俗，甚至早就接受了这个风俗，但如果奶奶真的立下过那样的遗嘱，却是她完全想不到的。当时段家家徒四壁，就那三院老房子，有什么是她可以带走的，奶奶居然那样防着她。

段小秋努力控制着情绪，但眼泪还是不争气地流了出来。

“这么说，当初给我二十万，你们已经仁至义尽了？”她说。

“是爸坚持要给你的。”段小冬又拿起一瓶可乐，喝了一口。“那年春节，我把你砸伤后，爸真的害怕了，他知道我大了，他已经管不住我了，而你永远都是那么倔，他怕我们哪天再起冲突我再伤着你，一边是你，一边是他发下的毒誓，伤着谁他都害怕。就跟我妈说，小秋长大了，让她自己出去生活吧，这样对大家都好。但他没有遵照奶奶的遗嘱，还是从拆迁款里给你分了二十万。”

“一千多万啊，就给了我二十万，你们可真够仁慈的。”如今知道，最疼她的奶奶居然那样对自己，只因为她是个女孩子，段小秋对那个家更是没了一丝留恋。

“如果不是爸坚持，恐怕你连那二十万也拿不走。”段小冬说。

“所以你不应该来找我，谁又真的把我当成是段家的人了？段家的一切都是你的，你可以豪车豪赌，花天酒地，一掷千金，最后倾家荡产。哪怕全部被你败光，也不允许我带走分毫。还真是可以。”段小秋嘲讽道。

“你还就说对了，我的事与你没关系。这是段家的家风，祖上留下那么大的产业，到了三个爷爷手里，还不是吃喝嫖赌，最后只剩下三个空院子？家产是我的，我想怎么花就怎么花，想怎么败就怎么败。我说过了，不是我要来找你，是爸逼我来找你的。”

“我也说过了，我不会回去的。你们，还有那个家，统统和我没有关系了。”段小秋说。

“真的没有关系吗？你是从石头缝里蹦出来的？”段小冬一下子就不耐烦了。

“少说废话，我不会回去的，你该干吗干吗吧。”段小秋说。

“那行，人各有志，我回去跟爸说一声，也算交差了。”段小冬说完，站起来走了。

段小秋这才发现，陈默不在身边。他终于还是看到了她最不堪的一面，失望了，招呼都不打，就这样离开了她吗？段小秋一时不知道该怎么办，没勇气给他打电话，更没勇气回他的家。周围没有一个人，最里面的吧台也没人，对面墙上，有只挂钟“咔，咔，咔……”响，时间从她面前大步走过，她心慌意乱，站起来出了咖啡馆。

也不知在大街上走了多久。黄昏愈来愈盛大，把她和陈默一边一个地推开，推远，直到最后，她的眼前只剩下了黄昏。时间仿佛是铺在路上的沥青，每走一步就会离黑暗更近一些。脚下被什么东西绊了一下，段小秋一个趔趄，抬头的时候，黄昏已经跌进了黑夜。

段小秋扶住一棵香樟树。这棵树长得与她初到杭州时看到的那棵一模一样，她甚至怀疑这就是那棵树，它从白天走进夜里，从远处向她走来，散发着深沉的木香，枝丫像手臂伸展的怀抱，等在她需要的路旁。街灯一盏一盏亮起，向远处延伸，点亮了杭州城的夜空。段小秋看了一眼这个永远醒着的城市，想把自己挂在云上的念头突然又跳了出来。抬头看着树冠，似乎在寻找一根可靠的枝干。她想，如果她把自己挂在树上，天亮后一定会成为这座城市的一道风景。

“你在哪儿，怎么不回微信呢？”陈默在电话里说。

这半天，段小秋根本没看微信。

“我一直想着要跟你说的，我不是有意要隐瞒……”段小秋说。

“我都知道了。先不说这个，你到底在哪儿？”

“我也不知道，我迷路了，在一棵香樟树下。”

“给我发个位置，站在原地别动，我去接你。”陈默说。

几分钟后，段小秋看到了陈默的车。他停好车走过来，把她拉进怀里。

“你一声不响就走了，我以为你不要我了。”段小秋低声说。

“傻瓜，我只是想给你们留出时间，让你们好好把话说开。”陈默说，“我把东西都买齐了，在家等着你呢，谁知道你居然跟我玩失踪，你看看你的手机，我给你发了多少微信。”

“你说你都知道了，你怎么知道的？”段小秋问，一边去掏手机，果然，手机里有陈默发来的十几条信息，每条都问她什么时候到家。

“看看是不是？以后别再犯傻了，多让人担心。”

“你到底是怎么知道的？”段小秋问。

“你和小鱼去长沙追星那次，还记得吧？段小冬跟我说的，那次他看到你了，他拐了几道弯，通过他们那个群里的另一个朋友，从小鱼那里打听到了你的现状，也找到了我的联系方式，他把你之前所有的事情都告诉了我。当然不会是什么好话，也影响到了我的心情。中间有段时间我没跟你联系，你还记得吧？”

段小秋想起上次未能成行的自驾游，先是以为陈默带着别的女人去了，后来相信是因为诗友的突然离世，却原来是段小冬搞的鬼。

“但是后来，我想清楚了，我相信自己的眼睛，不管你曾经经历过什么，我要的是现在的你。我也终于读懂了你的那些画，无论生活的底色有多暗，你都能拉一道光进来，让世界越来越好。小秋，你真的很棒。”

“你真是这样想的？你真的没有嫌弃我吗？”段小秋还是担心。

“我怎么会嫌弃你呢，你这个傻瓜。”陈默用指头在她鼻子上刮了一下。

“很小的时候，我就要学会如何对付后母，如何保护自己，又如何替自己出气，我得想办法继续自己的学业，因为随时都可能辍学，随时都可能失去一切。我很怕很怕。直到现在我也很怕，我怕失去……”段小秋还是没忍住眼泪。

“你从前受过太多委屈，心里留下了阴影，所以你总是不够自信。但那一切都过去了。你都不知道你自己现在有多好。以后不许再跟我玩失踪。”陈默抱紧了段小秋，“还有一件事我要告诉你。”

“什么？”

“小冬中午给我打了电话。开始我也不同意，但他说，一定要见你一面，为了父亲。他让我不要告诉你，说你知道了是不会见他的。”陈默说。

“所以是你让他过来的？”段小秋用手推陈默，他却把她抱得更紧了。

“别生气，我知道我这样做不对，但是，关于生死的，你父亲他……他毕竟自杀过一次，小冬有告知权，回不回是你的事。”段小冬其实还告诉了陈默另一件事，让他没有办法拒绝他的请求，“乖，回家吧，我们买了那么多好吃的，你得回去和我一起享用。”

9

段小冬被裹挟在拥挤的人群里，向杭州火车站走去。

这些年，段小冬满世界跑，近了开豪车，远了自然是飞机头等舱。自从一夜赤贫以后，他才第一次见识了什么是“春运”。来时从黄牛手里买的是高价票，返程票当然还得买高价票。好在天下黄牛一个党，只要你手里有钱。问题是段小冬现在囊中羞涩，他只好买了张普快，站票。人群如潮水一样起伏，入站口到站台仿佛隔着一片汪洋大海。等他终于上了火车，人已经筋疲力尽。果然是名副其实的站票，车上人挤人，挤得水泄不通，连转身的余地都没有，只能僵直地站着。中间下了一拨人，接着又上了一拨人。六个小时后，段小冬终于在过道里给屁股找了个空间。

之后又是六个小时。段小冬又困又饿，在饥寒交迫中，脑袋里想的居然是那场豪赌。那个场面已经被他回放了无数次，至今也找不到赌输的原因。他一直以为，本可以让他的财富翻倍的，没想到最后连家底都输光了。如果当初那一千万他跟段小秋平分了，是不是现在他们一家人的境遇会好一些？

段小冬最终也没有告诉段小秋，他们的父亲段老三已经肝癌晚期。也正因为父亲的病，陈默才肯答应帮他。

段老三一直瞒着所有人，是那次自杀未遂事件暴露了他的秘密。自此，王兰英对段老三照顾得无微不至，她看他的眼神里充满着爱的光芒。在段老三最后的日子里，这个蛮横霸道的女人终于明白，她有多爱这个家，有多依赖段老三。

段老三有点受宠若惊，他说他后悔没早点把生病的消息告诉妻子。段老三认为，这是他违背誓言所受的惩罚。他要求小冬不要告诉小秋，他只希望女儿能回家过个年，跟他见一面，哪怕是最后一面。

那一夜，段小冬精疲力竭地清醒着。

第二天上午下了火车，困意才席卷而来。周围的人流如潮水一样汹涌起伏，段小冬再次被裹挟在人潮中。空气中的微粒随着人潮起伏动荡不安。一群像 QQ 糖一样的微粒，被一个穿灰色大衣、没戴口罩的中年人呼出来，跟着气流拐了个弯，顺着段小冬的呼吸进入他的身体。他带着那些微粒上了一辆出租车，跟司机说了目的地以后，在出租车上很快就睡着了。他不可能知道，在他体内，有一场叫“细胞因子风暴”的战争，不久将大规模爆发……

第二年的二月中旬，段小秋才获悉她父亲和弟弟感染 XH 病毒先后离世的消息。王兰英也被感染了，但让王兰英遗憾的是，一家三口人，只有她被救了回来。她认为这是命运对她最大的惩罚，她从此奔波往返于每一所寺庙，成了职业香客。

段小秋托杜明转给王兰英一张银行卡，里面有二十万。

杜明说，你这算是给了她一份生活保障，她现在挺可怜的，连个住的地方都没有。王兰英收下了卡，但她说，她和段小秋已没有再见面的必要了。

段小秋这才明白，从此，她真的失去了那个家。

滤　镜

1

安妮拉把椅子坐我对面。她有话说，我不想听，但她不管我是不是想听，一定要说。她每次都这样，真没办法。

你得做出改变，这样下去不行。安妮说。

有什么行不行的，十年都过去了。我说。其实我没必要跟自己的店员——一个才认识半年多的姑娘——说那么多，说了她也不懂。再说，她也没必要懂，做好分内的事情就是了。她容貌好气质好，又有在美国留学的经历，但我认为，既然选择来我的花店当店员，她分内的事情就是把工作做好。就如我分内的事情是，从不问她，为什么要选择与她如此不匹配的一份工作。当然不问也有另外的原因。我是个不喜欢说话的人，若非必须，我懒得多说一个字。我伸手扯了扯头发来遮挡左脸。不太记得是从什么时候开始的，我突然变得很胆小，怕虫子，怕狗，怕人，所有突然出现在我面前的陌生事物，都会让我惊慌失措。我时刻躲避着，活成了一副“逃跑”的样子，最后，把自己关进一栋老房子。一切似乎无可挽回，时光与风都是旧的。

所以你得止损啊，往后，一天也不能再耽误。安妮说。她坚信我的左脸需要那栋蓝房子。

你就那么肯定？那件事我做了就一定好？你不是也说过，结果可能是个“极好”，也可能是个“极坏”。我说。

失败的可能性是有，但你不会那么倒霉的。安妮说。说到这个话题时，她从来没像其他人那样，对我有类似于“同情、惋惜”的表达，只强调现在应该如何如何。她语气里藏着迫切，让我想到“亡羊补牢”这个词。我莫名感到，她比我更想回避十年前那场无法回避的发生，也比我更想弥补那场灾难留下的遗憾。

可我没那么幸运。说到这里，我有些沮丧。

安妮轻声说，那些都过去了，别总是往后看，要多往前看。现在都什么年代了，彩虹桥都建起来了，它就是新城区伸过来的一只触角，早晚会搅乱了老城区人的心，让他们看看，守着一把旧日子，多耽误人生。

我透过玻璃门，看到门外两棵大叶女贞树上的叶子在风里哗哗哗地摇。

就你能，其实老街的日子已经被翻新过一次了。我说。

翻新的也只是面子，里子还是旧的，看看你就知道了，什么话都听不进去，急人。安妮也看向玻璃门外。一个穿牛仔短裤的高个子姑娘牵着一只娇小玲珑的巴比伦犬从门前走过，一个背着书包的小男孩跟在她身后，手里举着牛奶往小狗身上挤。

类似的谈话我已经被动接受了很多次，她循序渐进，温水煮青蛙般给我洗脑。不得不承认，洗脑还是有一定效果的。渐渐地，我不再像最初时烦躁地让她闭嘴，现在我勉强愿意听下去，偶尔还能互动一下。

不准再犹豫，现在就去，我等你消息。安妮又说，直接把我从椅子里拽了出来。就在那一瞬间，我决定今天听她一次，去那栋蓝房子看看。人就是这样，别管之前想来多荒唐的事情，一旦动心，这件事一下子就变得迫不及待。

我扫一辆共享单车，穿过老街，飞快地向着目的地驶去。时代无论如何发展，单车总是最时尚便捷的代步工具。可是，在我将要走上彩虹桥的时候，一个人突然出现在我面前，拦住了我的去路。我不得不急刹车，可前轮还是撞上了他的一条腿。

你干什么？我看着那个人问。

不要走那座桥，它早晚会出事的。那人说，活动了一下那条被撞到的腿。

我诧异地看看他，又去看桥，风散发着芳香，柏油路在我的脚下呼吸，春天让一切都有无限的可能性。一切不是都好好的吗？

如果不想死，永远不要踏上彩虹桥。那人沉着脸认真地说，请相信，我不是神经病，我说的千真万确，那座桥早晚会自杀。

自杀？他居然对一座桥用了这样一个社会现象术语。我条件反射般往后退两步，仿佛前面有一个危险正在生长壮大起来。那人欣慰地笑了，他一笑露出两个虎牙，像个阳光大男孩，但他也就笑了那么一下，脸色又阴沉下去，这让我觉得他给笑安装了开关，打开时，世界就亮了，关闭时，到处隐藏着忧伤。现在他关了那个开关，犹豫着，拿出手机给我看相册里的一张照片。

有没有见过这个女孩儿？他问。

我瞥一眼说，没有。我本来打算问一下他的腿，但没开口。

这个呢？他往后滑一下。

我说，没有，她们是谁？

她是我女朋友。他说。前后两张照片里的女孩儿长得完全不同，但他说那是他女朋友，他说的是“她”，而不是“她们”。

她为了一件对她来说非常重要的事情……就这样失踪了。他说，我得找到她。他说的还是“她”，而不是“她们”。他低头看着手机，神情比我还沮丧，半天后又说，其实我知道，永远都找不到照片里的她了，她早就不是她了。

我完全不明白他在说什么，我想，他关了那个开关，多可惜啊。我又看了一眼他那条被撞了一下的腿，还是没有开口问。

安妮说的那栋蓝色的建筑物就在彩虹桥那边的新城区，距离彩虹桥大概有三公里。我的心情坏透了，我与那栋蓝房子之间，竟然隔着一座早晚都会自杀的桥。也许还有其他道路，但因为面前这座诡异莫测的桥，我对其他路也失去了兴趣。

那人看我不再理他，走向另一个打算过桥的人，把刚刚对我说过的话又说了一遍。我注意到他走路的姿势并无异常，终于松了一口气。对方看看他，骂一句“神经病”，绕过他，径直向桥走去。他摇摇头，然后又走向下一个打算过桥的人，把对我说过的话认真地又说一遍……然后是下一个，又下一个……

一阵风吹过，头顶的树叶上跳跃着几百枚春光，河岸上盛开的花朵上也有几百枚春光，所有的春光都在岸上，河里的水忧伤成了深灰色。我看向河面，感觉自己的目光越陷越深，我仿佛看到水底肮脏的礁石，破碎的玻璃瓶子和陶瓷瓦片，一只孤单的装满淤泥的鞋子……有半个深绿色的啤酒瓶倒插在淤泥里，断口像刀片一样倾斜在一根水草旁边，那根水草的一生都在受凌迟之刑，早已伤痕累累，它的根部躺着一条黑鱼的死尸，桥的倒影横跨过鱼尸的脊背。

我的目光在涌动的黑暗里变成了黑色。

我想回到春光里，想看风里摇曳生姿的花朵和树，阳光下奔跑的孩子们，女人被风吹起来的裙裾。我的目光开始向往一束阳光。

当我终于把目光从河里拉出来，太阳已经不见了，夜黑得如此切实，仿佛吸附了我目光里所有的黑。我的目光亮了，世界却被染黑了，黑暗触手可及。身后，远处，老城区大片的人间烟火温暖而又甜腻。在人间烟火的尽头，我看到一个男人站在那里。他的神情极度沮丧，眼睛里却透出好奇的光芒，这让他的脸看起来很复杂，那张复杂的脸在好奇什么？我看了他半天，才想起来，是他，那个在找女朋友的人。他的手机拿在手里，黑屏，他的女朋友被关进了黑色屏幕。他一直看着我。

你在这里站很久了。他说。

我没理他。我回头，再次看向那座桥。桥南侧的河岸边，灯光穿透黑暗，在那里进行着一场美丽的狂欢，有块大石在那场狂欢里沉寂着。大石旁边，我看到十年前的自己。

那桥真不能走，你不会想自杀吧？那个男人一下子紧张起来，他说，河里的水很脏，在这儿自杀就是玷污生命。

我还是没理他。我的忧伤已经持续了十年。十年前还没有这座桥，那时候所有的日子都是崭新崭新的，放在手里花都花不完，每个日子里都藏着好东西。

2

那时候我刚读大一。寒假回来后，每天的黄昏，我都会沿着老街走出去，到卫河边散步。河边有一块形似骏马的大石，据说在那个位置，可以看到距此三十多公里处一座古老的望京楼。可我一次都没看到。

关于那块石头，老街上流传着一个爱情故事——几百年前，有个王爷离京就藩，路过此地，认识了一位民间女子，两人相处两日后，王爷启程赶往封地，离开时答应女子，会选个好日子差人来接她。那之后，女子就一直等着那个好日子。可是等啊等，却没等来王爷的音讯，女子便决定朝着王爷离开的方向去寻。那日女子骑马走到河边时，突然间狂风大作，女子被卷入河中消失，忠心耿耿的白马就一直等在河边，最后等成了一块石头。

三十多公里外的那座望京楼，正是那位王爷所建。他建造此楼，是为了遥望远在京城的皇宫。

那天我刚站在石头旁，就听到身后传来“咔咔咔”的声音，响得有模有样。我回头，看到有人正从那个角度拍夕阳，我猜他一定是个摄影师。后来他告诉我，他叫齐越，是某大学医学院大二的学生，业余喜欢摄影。

我问他有没有看到那座望京楼。他朝那个方向看了看，却问我有没有去过望京楼。我说去过。我对一切匪夷所思的存在都充满好奇。我曾站在望京楼上，想象几百年前某个天真的家伙就站在我所站的位置，长时间地痴望着千里之外的北京城，那里有他当皇上的兄长，有他当太后的母亲，想到后两者时，我脑海里呈现出的是电视剧《万历首辅张居正》里的一些场景。我也曾在这块大石头旁，想象一匹马变成石头的过程，这时候我想到的是另一部电视剧——《望夫崖》。生活总是在猝不及防间跟随我的想象切入一部戏，在接下来的某个瞬间又从那部戏里切出来。我被自己的胡思乱想折腾着，一会儿在戏里，一会儿在生活里。我真的不知道在哪儿更好。

齐越问我，那你在望京楼上有没有看到过北京城？

当然没有。我说，我觉得，他跟那个建造望京楼的家伙一样天真。

那不就得了，在望京楼上都看不到北京城，你在这里怎么可能看到望京楼呢。他分明是一副“你怎么这么天真”的神情。

知道我住在老街，齐越的眼睛亮了，他说，我正打算去老街，要不你当向导？

我没答应也没拒绝，齐越便说，这是默认，就算答应了。

沿着卫河向西，大概二十分钟后，拐进一个路口，向南走几百米，再向西拐，就到了卫水南街。老街的走向与卫河一致。

齐越说，老街就像卫河走过历史长河时，留下的一个脚印。照他这么说，我打一出生就住在卫河的脚印里。我表示抗议，我不要住在一只臭烘烘的脚印里，我希望他能换一种更诗意的说法，但他已经顾不上了。一进入老街他就忙着拍照，这拍一下，那拍一下，我跟在他身后，一直不知道他在拍什么。

这就是我家的房子。我指给他看披满了枫藤的那栋两层老房子。

太漂亮了。他一阵狂拍。

这家的房子一直空着。我指给他看我家隔壁的三层老房子，那家人搬走后，阳台已经荒芜了半年。

他走过去朝门缝里看了看，说，他们出租吗？我想租。我笑一下，以为他在开玩笑。但是没过两天，他真住进来了，还带着一个漂亮姑娘。他再喊一起散步的时候我拒绝了。

他喊两次我都没出去，齐越居然在微信里向我表白，他说他喜欢我。我有点迷茫，就问他那个姑娘是谁。他发过来一连串大笑，笑完了才说，那是我妹妹齐青，我可是为了你才住进老街的。

你妹妹？看着手机里那一串笑脸，我一直以为那是他女朋友。那姑娘喜欢黏着他，寸步不离。

对，她只有跟着我，我才放心。他说，齐青在一中上高一，学校离老街近，我打算让她假期结束后继续住老街，上学也方便。

那她跟我是校友。我说，我半年前才从一中毕业。

那你现在在哪儿上学？他问。

我跟齐越说了南方那所大学的名字，说我在艺术学院。

那你快下来吧未来的画家，我在你家大门口。

我想了想，就下去了，我们沿着老街往前走，又聊他妹妹。

他说，我走之前会给她安排好保姆。

你让她自己跟保姆住？你……你家人呢？我问。

特殊情况。他说。然后我们就听到齐青的声音，她喊着哥向我们跑来，红色羽绒服上的帽子在她脖子后面一跳一跳的。

我和齐越谈起了恋爱，一段时间后，我们就爱得难舍难分。但齐青就像个小尾巴，整天跟在我俩身后，搞得齐越想做个小动作都找不到机会，他又实在不忍心赶走妹妹，所以，很多时候是我们三个人在谈恋爱。这期间，我知道了关于他们兄妹的一些事情。

齐越的父母在他上高一那年离婚。他们的母亲拿了分到手的数目可观的一笔钱，住到澳洲去了，那之后，他们兄妹就再没见过她。无法想象她当年究竟有多伤心，恨前夫的同时，把一双儿女也恨上了，不然也不能跟自己的孩子玩失踪。

他们的父亲离婚后比没离婚时过得更好，忙着各种应酬，聚光灯闪得他日益风光，实在没空搭理两个孩子，就让几张无限额的银行卡替他陪着儿女。

齐越说，有次他看着一段视频里意气风发的父亲，不知道是不是应该为他高兴，中年男人三大喜事，升官、发财、死老婆，他父亲基本都赶上了，他母亲虽没死，但对于他父亲来说，跟死了也没两样。他父亲很快就找了个女朋友——电视台都市频道的主播，年龄比齐越大不了几岁。接下来他为自己的新生活另起炉灶，在主播满意的某个小区安置了新家，偶尔会像视察工作一样，来看看齐越兄妹俩。见了面也是忙得不得了，手机响个不停，有时候连饭都顾不上一起吃一顿，匆匆忙忙说一句“有事给我打电话啊”，就接着电话出去了。齐越闷着头不吭声，齐青却委屈得直掉眼泪。齐越就安慰妹妹：没事，有哥在。

齐越比齐青大四岁，接下来，他担起了照顾妹妹的责任，每天接送她上下学，陪她吃饭，给她开家长会。有次齐越去给齐青开家长会，老师问，谁是齐青的家长，他就站了起来。老师说，齐青的爸爸这么年轻啊。齐越说，我是她哥。老师说，回去让你爸妈来。齐越说，我就是替爸妈来的，有什么事您跟我说。最后，老师摇摇头，什么也没跟齐越说。

齐越考上大学那年，齐青升入初三。齐青向他保证，一定好好照顾自己，他才放心地走了。但他后来才知道，在他离开后，齐青过得有多孤独多无助。

父亲给齐青安排了保姆，齐青却拒绝了，她讨厌所有走近她的陌生成年人，她说她能自理。父亲就给齐青买了辆她当时梦寐以求的电动滑轮车，让她上下学自理。

有次，她在上学的路上被一辆电动车撞倒，右手手腕骨折，肇事者逃逸，她从地上爬起来自己跑去医院处理。后来，打排球又伤了那个手腕，又是自己跑去医院处理。片子拍出来，医生问她，手腕上旧伤是怎么回事，裂开的骨头根本没有复位，而且已经无法复原，很容易在老伤的基础上再次受伤，让她以后注意点。那天从医院出来后，大雨倾盆，她没带伞，医生刚给她打的石膏很快被淋透，到家后，她看着往下滴水的石膏，一咬牙就拿剪刀剪开扔了。后来伤自己好的。

齐青才去一中半年，就已经成了那里的风云人物。她在校园里呼朋唤友，出了校园依然呼朋唤友。她的钱多得像大风刮来的一样，想买什么就买什么，想去哪儿就去哪儿。去饭店、酒吧、咖啡馆，别管谁攒的局，一律都是她埋单。

青姐牛！青姐真牛！所有人都羡慕她，羡慕完了，就可着劲帮她花钱。

几个月前，他们的母亲突然打来电话，说她会在澳洲给齐青找个好学校，让她去那边上学，当然齐越要是愿意，也可以转到那边上大学。齐青想都没想就拒绝了，也替哥哥拒绝了。她想哥哥的想法应该跟她是一致的。母亲那语气，就像昨天才同他们兄妹俩分开，这时间观念与距离观念均让人无法理解。齐青不能接受母亲抛弃他们那么久以后，又打算像什么事都没有发生过一样出现在他们的生活里，或者是邀请他们出现在她的生活里。

后来母亲常常打来电话，有时候给他们寄澳洲羊毛围巾和羊绒毛衣，还寄蛋白粉，以一个标准中年妇女的眼光，把澳洲的各种特产陆续往她熟悉的那个地址邮寄，嘱咐齐青把齐越的转交给他。齐青没跟哥哥提这事，她把收到的物品统统扔进了垃圾桶。

他们的父亲和从前一样忙碌，对上高中的女儿的未来没有给出太多建议，他表示尊重她的意愿，去哪儿他都支持，美国也行，澳洲也行，国内当然也行。齐青成绩尚可，于是她打算自己给自己考一所大学上。

那天下午，我坐在二楼的一扇窗前，咬着笔，看着窗外的老街。

我面前的素描纸上画着老街的轮廓——沿街是两层或者三层的老式楼房，铺排开去，家家对街的阳台上都围着木栏杆，栏杆上垂着藤本植物，植物的枝叶踩着时间的“嘀嗒”声向四周攀爬；青石板街道延伸向远方，路两侧偶尔出现一两棵大叶女贞树；“金银加工”的牌子镶嵌在一面墙上，旁边开着一个窗，窗口一里一外站着正做交易的两个人；“王升大米号”的牌子有两个，一个横在一扇对开大门的门头上，一个竖在大门的右侧；“南街”的牌子竖在街道南侧一棵大叶女贞树下……如果不是一笔一笔地画着，我可能不会注意到，我生活了十九年的老街竟是如此古意。

离新年越来越近，老街比平时安静了许多，仿佛所有的人一下子都抛弃老街，迎接自己的新年去了。

我从空荡荡的老街上收回目光，看着窗外锈迹斑斑的防盗网上挂着的枫藤，时间经年累月地催着它的脚步，而它亦“以梦为马，不负韶华”，早已爬满我家的南墙。从我坐的位置，我看到半片低垂的叶子上，半只蜗牛在风中颤悠悠地晃，仿佛它并不是从什么地方爬上来的，而是和老墙上的青苔一样，从古老的时光里生出来的。

我放下笔站起来附身去看，打算把那片叶子与蜗牛一起请进来，安置在我的画架上，好好为它们画一幅素描。我喜欢为我看到的所有稀奇古怪的东西画素描，我觉得所有的事物只有通过素描看，才能还原其本身的意义。

手触碰到叶子的瞬间，突然有点不忍心，我好像没权去干扰一片叶子和一只蜗牛自由呼吸。于是我把画架抬高，打算站起来画，那样就完全可以看清楚叶子与蜗牛在风中的样子，这时，我的目光透过随风摇曳的枝叶，看到隔壁后院里屋檐下的石桌上，红彤彤放着一桌子烟花爆竹。

齐越站在院子里，大长腿一前一后，前面的微曲，后面的支撑着重心，站得风姿绰约。他的半长款黑色羽绒服没拉拉链，露出里面的白色卫衣，卫衣胸前有只展翅高飞的金色老鹰，他的胸怀，就是那只老鹰的天空。他低着头，右手划拉着手机屏幕，左手的食指与中指间夹着一支烟，火光慢慢走过，烟头在微风里虚飘飘地朝上翘着。

那时候我并不知道齐青也在院子里，她站在墙角，我必须从窗户里伸出头才能看到那个位置。但那个下午我并没有这么做，所以我一直以为，那个院子里当时只有齐越一个人。

这个城市已经禁止燃放烟花爆竹很多年。

不放炮哪像过年？街上的老人们为此抱怨过，但大家还是遵守规则，没人去买炮，当然也可能是根本买不到炮，政府看得挺严。腊月二十三祭灶那天，老街上愣是没听到一声炮响。

我想，这个齐越，他居然没听政府的话，弄一堆炮放在他家屋檐下。他要干吗？

我正要隔着窗子喊齐越，问他那些炮是从哪儿弄来的，我妈推开了我的房门，我妈说，管小宁，下去吃饭。我妈总是连名带姓喊我，这让我觉得她对我一点都不温柔。

我又看一眼隔壁的院子，就跟着我妈下楼了，想晚饭后找个时间再问齐越。

但我没想到，接下来的发生改变了一切。

3

我父亲是个中学美术老师，四十一岁那年生病去世。这栋两层的老房子是父亲祖上留下的，由我和我妈继承。我妈在一楼开服装店，二楼是我们的生活区。服装店的生意马马虎虎，我妈一个人能应付过来，她一般不让我插手，让我好好学习。高中的时候她希望我能考上中央美术学院，但我没考上。后来她又希望我能考上中央美院的研究生——那曾是我父亲的梦想。

这次寒假回来，我发现我妈和父亲生前的同事刘老师走得比较近。刘老师也是中年丧偶，当年父亲的事上，刘老师跑前跑后，没少操心。我妈还年轻，要是能有第二春，我是不会反对的。

我下楼后看到刘老师也在。

刘叔好。我打个招呼。

刘老师说，小宁快坐，吃饭。

倒像我才是这里的客人。

小饭桌支在柜台里面，挤挤挨挨，三个人刚够坐下。饭是刘老师带来的——莲藕炖排骨、西芹炒香干、鲫鱼汤、三份米饭。

这么丰盛，刘老师费心了。我妈说。

放假了，没事，正好给小宁增加增加营养，在学校学习挺辛苦的吧小宁？刘老师说。

还好，谢谢刘叔。我说。我不讨厌这个刘老师，觉得我妈要是找他也挺好的。

刚拿起筷子，进来两个姑娘，我让我妈坐着，站起来迎过去。要不我自己跟刘老师坐着也没话可说。

两个姑娘试穿半天，一件没要，走了。我想去卫生间洗个手，卫生间被隔在仓库后面。经过仓库时，我看到放满货物的小木床上有一个形状可疑的凹陷，像被一个身体压出来的，我一下子想到我妈的身体。

很多次，齐越都试图把我压倒在什么地方。那天晚上，我们散步回来时，齐青急着上厕所，像只小鹿一样丢下我们跳进了院子，齐越趁着机会把我推向路边黑暗中的一面墙，我的后背刚靠在墙上，就听到齐青在喊哥。

她上个厕所怎么这么迅速？女生不是都很麻烦吗？齐越失望地说，接着，我俩在黑暗中笑成一团。

你们笑什么？齐青站在大门口继续喊，是不是在说我坏话。

我们从黑暗中走出来，抬头看着天上圆胖的月亮继续笑，气得齐青追着我们打。

饭菜都是热的，我妈和刘老师边吃边聊天，从刘老师的学校一直聊到老街，我妈说，邻居老王家去年考上中央戏剧学院的闺女也回来过年了，那姑娘真是越长越好看。

要论长相，咱小宁可不比任何人差，女孩子，当画家比当演员好。刘老师说。

我低着头，没接话，对刘老师的好感又增几分。至于我妈，她是典型的“别人家孩子好”的家长，从小我都习惯了。

晚饭后我去隔壁找齐越，发现院门锁着，我朝门缝里看了一眼，什么都看不到，我想，那些烟花爆竹肯定还在他家屋檐下。我在街上走来走去，等了一会儿，齐越没回来，我就回去了。我伏在窗户上仔细看了看，那只蜗牛还在。我就在素描纸上画一只比原版大很多倍的蜗牛，这样，那张纸就放不下那片树叶了，我只好选取树叶的一部分画在蜗牛的脚下。

等我把树叶和蜗牛都画好，伸头看看隔壁院子，灯没亮，齐越和齐青还没回来。我只好在微信里问他：你去哪儿了？那些炮是从哪儿弄来的？打算干吗？等了一会儿，他没回。我就洗洗睡了。

快，着火了……半夜，我被我妈从床上拽起来的时候，似乎还听到鞭炮炸响的声音。我妈拉着我就从楼上往下跑，我穿着睡衣拖鞋，迷迷糊糊的，又被我妈那一声吓得慌了神，在下楼的时候一脚踩空……

醒来时，我躺在医院里。

后来听我妈说，火势很快得到控制，隔壁和我家烧得最严重，我妈那一屋子衣服在那场大火中灰飞烟灭。提起这些，我妈倒像是松了一口气，那些永远都卖不出去的衣服终于全部脱手。

在医院的那些日子，我的头一直裹在纱布里躺在床上，我的手机在大火那天没来得及带出来，大概已葬身火海。于是我与外界彻底失去联系。

主治医生说他们已经尽全力了，让我有个心理准备，可能会留下疤。

我做了充分的心理准备，等纱布一圈一圈拆下来，看到镜子里的自己，我还是差点儿晕过去——我的左侧脸颊上，从眼角往下，有一大片暗红色的狰狞的疤。

我妈比我还难以接受这个事实，她哭得不成样子，刘老师硬把她拽了出去，拽到走廊里后，我妈抑制不住还在哭。我听着我妈的哭声，认真地盯着那个疤，感觉问题比我看到的还要严重。我在想象往后的生活里，它可能会给我带来的麻烦，甚至可能从麻烦升级成为我人生的悲剧。我的心情越来越沉重，一时间悲伤得不行，那个疤在我的悲伤里越发狰狞。

过了一会儿，刘老师和我妈从外边回来，我还举着镜子在看自己的脸。我妈看到我这个样子，本来已经勉强平静下来的情绪又崩溃了，蹲在我的病床前张着嘴啊啊啊地哭。刘老师赶紧去拉，没拉动，我妈干脆坐在地上。我把镜子一扔，倒在床上，拉起被子蒙了头。

齐越一直没来，来的是他的父亲。那场大火的确是隔壁屋檐下那些鞭炮引起的。大概是为了表示诚意，他父亲一次次亲自前来探望我，每次来时身边都跟着一个穿黑色西装的青年。齐越的父亲离开后，我妈就和刘老师商量赔偿的方式以及数目。我妈看看病床上的我说，都是学生啊，一般大的孩子，我也不忍心。

是啊，可那孩子闯下多大的祸，小宁这……唉！真让人心疼。刘老师说。

要不要起诉他，听小宁的。小宁，你说呢，要不要起诉他？我妈说。

我把头埋进被子里，没理他们。我妈只知道，寒假里我整天和隔壁新搬来的兄妹俩腻在一起，并不知道我在和齐越谈恋爱。我不发言，我妈和刘老师商量了很久都没有结果。一天晚上，吃完饭，吃完药，又听了半天音乐，看我妈和刘老师还在商量，我很烦，我说，有什么好起诉的，反正我的脸也好不了了。

我妈和刘老师的谈话戛然而止，目光齐刷刷看过来，我妈的眼泪在眼眶里打转。我又拉被子蒙在头上。

第二天上午，齐越的父亲如期到来。

你们有什么条件，尽管提。齐越的父亲说。

你说得轻巧，我倒是宁愿什么条件都不提，我可怜的孩子啊。我妈一说眼泪就又出来了。

齐越的父亲一双手攥在身前，看着我妈说，对不起，真的对不起，有什么条件您尽管提。他一直没提齐越和齐青的去向。

我妈曾是人民教师的妻子，如今站在身边的刘老师依然是人民教师。她是个活得粗糙但善良的中国女性。她上上下下想了一遍又一遍，想的都是她闺女的委屈，都是她闺女往后的日子怎么过，她自始至终没有想过任何过分的要求。但在那一瞬间，她把齐越的父亲拉到走廊里，瞒着我，提出了比官方评估标准多出两倍的赔偿，条件是放弃对纵火事件的起诉。

齐越的父亲怔了一下，最后答应了，从此他再没来过。但他还是让跟着他来的那个年轻人又来了几次，给我送水果，送花，每次离开前还会问一句：您还有什么需要的？我下次带来。礼数周到，任谁都挑不出毛病。

有次我终于忍不住问他，齐越去哪儿了。

他不说齐越，只说，齐青也受伤了，很严重。

他的回答让我胡思乱想了很久，我想，是不是他父亲已经知道我和齐越在谈恋爱，反对，所以不允许他在我面前暴露齐越的行踪。或者就是，齐越知道我被毁容了，不愿意再见我。我看着镜子里的自己，不敢再去想我们之间的关系。

后来，当我知道我妈提出的那个有点过分的赔偿要求后，想，我和齐越之间的感情算是彻底完了。

过两天，我妈给我一部新手机，说，小宁，尽量少看手机，伤眼睛。也就是在病房里，我妈终于温柔了，没再连名带姓地喊我管小宁，但我知道，她的温柔持续不了多久，等我出院后就不好说了。

我用了新的手机号，申请了新的微信账号和QQ账号，从此开始了我可悲的新生活。支付宝重新开通后，我有点心神不宁，犹豫了半天，还是给之前的旧手机号充了值。此后，每个月给新手机号充值的时候，我都会给那个旧手机号也充一份。或许因为失去来得太突然，我本能地在打捞一切可以打捞的过往。

我妈在老街附近的一个小区租了房子，刘老师陪着去添置生活用品，嘴里一个劲儿埋怨，我那里就我一个人住，你们住过来就是了，干吗那么麻烦。

那可不行，该咋办咋办，我还带着闺女呢。我妈说。我出事后，我妈的眉心就没舒展过。

我办了休学，出院后，多数时候足不出户，把自己关在那间屋子里，就像在关自己的禁闭。这样熬到第二年，我妈再也无法忍受我的颓废与蹉跎，她整天在我门外唉声叹气，人迅速憔悴消瘦下去，夏天的时候还生了一场病。刘老师寸步不离地照顾，但我妈一直不好。而我一直躲着我妈。

那天晚饭后，刘老师喊我，他说，小宁，又快开学了，你接下来怎么打算的？

我看了看我妈的房间，房门紧闭，但我知道那道门后面等着一双耳朵。我说，开学后我打算去上学。

过两天，我妈的病奇迹般好了，她整个人一下子快活起来，比以往任何时候都更显风风火火。看着我妈，我突然想，这一年来，我给她带来了怎样的精神折磨啊！接下来的那段日子我过得战战兢兢，生怕又给我妈添堵。我想，家里我是不想待了，学校我也是不想去的。这世上还有哪儿是属于我的？想来想去，觉得我一个人面对，比让我们两个人一起痛苦要好。

临近开学时，我坐上开向南方的火车，竟是满怀悲怆之感。

在南方那所美丽的大学校园里，我孤零零一个人低着头独来独往。我刻意留长发，头发梳向左侧，垂下来，挡在左侧脸颊上。但这依然无法减轻我的痛苦。最让人难过的是，我从此对画画毫无感觉，笔端的线条生硬得让人绝望。

新学期开始的那个秋天，我常常感觉有人跟在我身后，那几天我精神恍惚，认定那个跟着我的人就是齐越，可是每次回头，看到的只有一地落叶。

后来，有个长得像瘦猴一样的男生约我，他的眼睛是三角形的，仿佛两只眼睛里各撑着一把细长三角尺，鼻子上有几粒硕大的黑头，让他整个人看起来很不洁净。他神情倨傲，仿佛约我是在大发慈悲。我没搭理他。几天后的一个傍晚，我路过操场时，听到那个男生跟旁边的人说，要不是身材长得好点，谁能看上她？那张脸能吓死个人。接着，我听到一阵大声哄笑。

我抱紧怀里的书，走出他们的笑声。我想，时间过得真他妈慢，什么时候才是个头啊。从那之后，我躲着所有试图走近我的异性。

我妈却很快就想开了。那场突如其来的火灾让她对生命有了新的认识，她想自己都四十多岁的人了，更是有种什么都要抓紧时间做，不然就来不及了的紧迫感。她把老房子过户在我名下，把那笔赔偿款转进我的账户，然后嫁给了刘老师。

再后来，卫水南街被改造成历史文化古街，我家的房子重新修缮后空在那里。我妈隔半个月会去打扫一次卫生，楼上楼下地整理好，然后锁门离开。

也许我妈早就猜到我会再回来。

4

大学毕业后，我不打算考研，也不打算找工作，扛起行李匆匆回了小城，仿佛大学这四年时间，我被流放了四年，如今终于刑满释放。

回来后，我发现我妈和刘老师的小日子过得安安稳稳，才意识到在我妈的生活里已经没有我的位置。我们之前租住的房子退了，现在刘老师家就是我妈家。我妈给我收拾出一间屋子，我竟有种寄人篱下的感觉。

我妈交给我一包旧物，是老房子修整之前，她去收拾出来的。我翻开看了看，有我爸留给我的集邮册，烧坏了一半，留下的一半更显得惨不忍睹；有我的画笔，一撮一撮沾满当年的灰尘，我画的那些画一幅都没留下；有我那时候用的发卡；还有我当年用的手机，手机竟是完好的，我妈擦干净了，但是开不了机，黑屏，已经没电很久了。

我给手机充了半个小时电，打开，里面的一切都保持在多年前的那个晚上。

打开微信的那个瞬间我有些晕眩，这些年，我最无法忍受的就是回忆，可这部手机里装的只有回忆。我看到齐越的留言：

1 月 18 日晚上 11 点 36 分：我和齐青在一起，她居然失恋了，她才十六岁啊！感叹号后面是个惊呆了的表情符号。

1 月 18 日晚上 11 点 43 分：那些炮是齐青的男朋友送她的，在她书包里装了两天，今天失恋后才倒出来，多危险啊，我打算明天瞒着她处理掉。

1 月 18 日晚上 11 点 52 分：你是不是睡着了？

1 月 18 日晚上 11 点 57 分：那你睡吧，我们在回去的路上。明天见！

1 月 20 日晚上 11 点 11 分：齐青受伤了，我陪她在重症监护室，刚出来。你为什么一直不回信息，电话也打不通，今天我问了火灾的情况，我爸说，齐青是唯一一个受伤的人，这样我就放心了，只是你家那么漂亮的房子被烧了，对不起，我爸说他一定会妥善处理这件事。

1 月 24 日晚上 11 点 59 分：小宁，新年快乐！

1 月 25 日早上 8 点 1 分：小宁，你的电话还是打不通，你是不是在怪我不去看你？对不起，这个时候我不能丢下齐青。

3 月 6 日早上 7 点 13 分：齐青伤得很严重，现在我要陪她去美国。小宁，你的电话还是打不通，方便了回复我好吗？

我把手机关了，把那些东西重新裹起来，放进我行李箱的最底层，以便我可以随时带走它们。

那天下午，我整理好头发，戴上口罩，去老房子里看了一眼。如今的老街还是我曾经画过的那条老街，但走在其间的氛围却完全不同。那时候的老街随意、放任、闹哄哄的，凌乱而自由自在，如今的老街被整顿得干干净净规规矩矩，像个听话的孩子。书店、玉石、钧瓷、字画、陶艺……这些透着文化气息的店面，穿插在服装、化妆品、包包、鞋子等大众店面之间，肉摊、菜摊、面馆、胡辣汤豆腐脑早点摊，均已被迁出老街，规划了特定区域经营。街道两侧的灯杆上挂着大红的“福”字，大叶女贞树的叶子上盛满了旧貌换新颜的喜悦。

老街从人间烟火中走出来，仿佛一下子改了性子，外衣还是那件外衣，但看起来质地不同了，有了厚重感，有了前朝遗老的神秘感。

晚上回去，我跟我妈说，我决定在老房子开个花店。她正在跟刘老师说别的事，听到我的话，就把那个话题撂下，说，行啊，你想好了就开。

我妈陪着我忙前忙后一个多月，花店开起来后，我妈又帮着我看了一年店。这期间，我妈白天来晚上走，刘老师中午还时常给我们送饭。一年后，生意基本稳定，有天我妈跟我说，要不你雇个人吧。

好，您也该好好歇歇，辛苦半辈子了。我说。

我就招了一个店员，看着挺勤快也挺实诚的一个胖姑娘，我妈放心地走了，之后很少再来。那时候我想，无论如何，往后我都不能再打扰我妈的安稳日子。

这个店员干了两年多，后来辞职说要回老家结婚。走之前，胖姑娘犹豫半天，最后还是结结巴巴地说，她有个弟弟，高中毕业，在城郊的化肥厂上班，她跟她弟弟提了，她弟弟不嫌弃我这样子，也不嫌弃我比他大。我愣半天，才搞明白她的意思。

我谢了她，说她的好意我心领了，但我这辈子不打算结婚。胖姑娘也愣了半天，才搞明白我的意思，她一定觉得我不识好歹，撇撇嘴转身走了。

我又雇了个店员，叫丽丽，干了一年多，也辞职了。丽丽走后，我一直找不到合适的店员，打仗一样忙乎了三个月，安妮找上门来。安妮比我小两岁，有着超出常人的适应能力，才来几天，店里各种商品的价格已经了如指掌，俨然一副驾轻就熟的样子。她说话的声音有点儿像丽丽，嗓音清甜，语速稍快。安妮在接待顾客的时候，我总是有种丽丽回来了的感觉。

我把安妮安排在二楼丽丽之前住的那个房间，安妮倒是不认生，晚上洗漱后，直接扑倒在那张床上，就像倒在自己已经睡了很久的床上。

安妮喜欢自拍，拍照的时候必定用滤镜。她本来就长着一张像专业人士经过高科技设计的网红脸，用了滤镜后，就没法说了，说不清楚是更好看，还是更像高科技产品。

你不用整天担心你那个疤。安妮看着我脸上的疤说。

你是站着说话不腰疼。谁都别跟我提我脸上的疤，一提我就难受，都难受好多年了，还难受。

真的，你看你这半边脸，多好看。安妮说。

这不废话嘛，我总不能只要没疤的那半边脸，另一边就不要了吧。安妮就是个没心没肺的家伙。

你别着急，我想想办法，没准儿就解决了。安妮讨好地凑过来说，拿来你的手机给我用用，拿来呀。

我把手机给安妮。安妮把我两边的头发全部压在耳后，给我拍了一张照片。

你给我拿来，删了。我急了，我都多久没拍过照片了。

别动啊，等我一会儿。安妮躲过去，然后坐那里鼓捣手机，她先用一次滤镜，不行，又用一次，还是不行，五官都被滤模糊掉了，那个疤还在。安妮看我一眼，那一眼满是惋惜。这个疤也太魔性，深入骨髓的顽固，滤镜拿它没办法。安妮只好换一种方法，她在原图上先磨皮，再淡化，把那个疤祛除得差不多了，然后再用滤镜，这才 OK。安妮说，OK 了之后，照片里的我简直好看得没法说。安妮把照片拿给我看，怎么样？

我看着照片，心里满是惊喜。但也就惊喜了那么一下，我的嘴角便弯下去，成了“难过”的表情符号，那又怎么样，假的，都说了别跟我提我脸上的疤，还跟我提。

假的也能变成真的。安妮说，我知道一个神奇的地方，是一栋蓝房子，只要手机滤镜能修出来的人像效果，那个地方就能把它变成现实。

你就做梦吧。我懒得搭理安妮，低头忙我的去了。

真的，我不骗你，都有办法的。安妮说。

行了，我知道你在安慰我，照片可以用滤镜修饰，人的脸总不能用滤镜来修饰吧？我说。

只要你愿意，这年头，人的脸真可以通过滤镜来修饰。安妮说。

她这么没心没肺，我真是烦透了。

我这辈子是不打算结婚的，可我妈还是通过熟人在给我介绍对象。我的婚姻问题真把我妈愁坏了，她把条件一再降低，恨不得告诉所有人，只要是个男的，愿意和我结婚，她就同意。我妈定的标准传出去后，有个开面馆的油胖男人一过饭点就来我花店，上上下下看我家的老房子，看来看去，有天说，这房子开个花店浪费了，能开个两层的美食店。

下次那人再来，给我带了一包他亲手做的甜点，我没动，他离开后我推到了安妮面前。我知道安妮喜欢吃甜食。安妮吃着甜点看着我笑，说，等着吧。我瞪安妮一眼，心里挺烦躁。

果然被安妮说中，甜点送到第三次，那人就表示愿意跟我一起生活，他说，我不嫌弃你，我观察了，你是个好人，一个人的内心比外表重要，还有，这房子真的适合开个美食店。

你妈要是让大家知道，你卡里还有一笔数目不小的赔偿款，估计能多来几个他这样的，你也好有机会挑挑，不过都是他这样的，也确实没必要再挑，你好好看看怎么样，要是行，我今晚把二楼让给你们。安妮坐我旁边给我发微信，发完后暧昧地看着我。有外人在场的情况下，她一点儿都不掩饰她对我的嘲笑。

你今晚就给我滚出去。我在微信里回了安妮一句，然后指着她对那个男的说，你送的甜点都给她吃了，想开什么店你找她。我站起来转身上楼，把这个烂摊子丢给了安妮。不知道后来安妮是怎么打发走那人的，反正他再没来过。

5

那天安妮接了一个很长的电话，之后跑过来让我赶紧收拾收拾关店门，跟她走。我坐着没动，隔着玻璃门看着街对面的老墙，那里爬满了蔷薇花，每一朵蔷薇花都承载着一个完整的春天，让我心动，也让我精心打理的花店黯然失色。

快呀。安妮催我。

我伸手摸摸安妮的额头，大白天的，你又发什么神经？生意不做了？

生意重要还是你的脸重要？你总不能光要生意不要脸吧？安妮脱口而出，说完了，才后知后觉地发现这话多成问题。我是说，和生意比起来，你的脸更重要。赶紧找补，找补了半天，还是觉得不妥，她只好皱着鼻子闭上了嘴。

生意重要。好在我知道她是出于好意，不跟她计较。

可是，那你就不管你的脸了？又一次脱口而出，但这次她故作镇静，倔强地看着我，仿佛“理”是个吃软怕硬的家伙，一倔强就可以把它硬生生拉到她那边去。

我怎么不管了？我说，这么多年来，每天早上看到自己的脸，悲伤就会从那片疤里生出来，那地方长成了宝藏，而里面取之不尽用之不竭的宝贝全是悲伤，我十辈子都消受不完。没有人比我更憎恨这个疤，也没有人比我更厌恶带着疤的自己，连自己都没有办法爱的人，又如何爱别人？直到二十九岁，我的爱情履历里依然只有十年前留下的那一小段。我有时候也想，如果哪天我出意外突然死了，还带着一层近三十岁高龄的完整处女膜，这会不会是我此生的奇耻大辱？

所以你跟我走啊，我带你去把脸上的疤去掉。安妮说。

别异想天开了。这些年，我曾去过不同的医院，找过不同的医生，激光、黄金微针……我都陆续往脸上招呼过，没一样管用的。那块皮肤从表皮一直伤到皮下组织，没有一个细胞幸免，这些受伤的细胞在那里挣扎，求生的欲望让它们一次次变异，变成了我脸上的异类，突兀地存在着。我对它们毫无办法。

你没有办法但人家有办法，你跟我走就是了。安妮说。

你让我跟你去哪儿？相处时间越久，我越觉得安妮奇怪，她身上有种感觉让我说不清楚，仿佛我们上辈子就认识。我习惯了对所有人，包括我妈，隐藏我的心事，但我从来不对安妮隐藏。我愿意把我心里的不好在她面前放大，我可以任性，可以蛮横无理，甚至可以对着她撒娇，我居然理直气壮，得寸进尺。

去蓝房子。安妮说。

又来了。安妮一提蓝房子，我就觉得她在跟我开玩笑。

你快点，去换衣服。安妮拉起我就往衣帽间走。

别闹了，拿我开什么涮啊？简直幼稚。我甩开安妮，扯了扯左边的头发。

没闹啊，我就是要带你去蓝房子，把你变成照片里的样子。安妮认真地说。

你是不是最近太闲？要是太闲，就去打扫卫生吧，都有灰了。我的右手食指划过工作台，翘起手指给安妮看，然后，我憋着一肚子气坐回柜台后面。

我没闹，你的左脸真的需要那栋蓝房子，我都问过了。安妮委屈地说。

我不需要，你还不明白吗？我不想提我的脸，一次都不想提，你能不能让我忘记它，那样我心里会舒服点。

可是，不提，它就不是你的脸了吗？安妮说。

但我就是不想提……你到底去不去打扫卫生？我实在忍无可忍的时候摆起了老板的架子。

安妮委屈地看我一眼，去卫生间洗了抹布出来，有一下没一下地擦拭着花瓶、花架、工作台……我早就发现了，她就不是个干活的人，卫生打扫得马马虎虎，花也卖得马马虎虎，整天就知道自拍，我都不知道我为什么要留着这样一个员工。擦玻璃门时，安妮在玻璃前摆了个 Pose，玻璃里的安妮和安妮做着同样的动作，安妮又笑一下，玻璃里的安妮也笑一下，安妮开始擦拭玻璃，玻璃里的安妮与她对擦。擦着擦着，安妮停下了，拎着抹布跑过来。

我给你讲个故事吧。安妮说。

讲什么故事，卫生打扫干净了？

我一边打扫卫生一边给你讲啊，不耽误事。安妮凑过来讨好地说。

那就讲吧。我故意冷着脸。

安妮噘着嘴嘀咕道，哼，早晚我都要带你去蓝房子的。

你在嘀咕什么？我问。

没嘀咕什么。安妮说，然后给我讲了个关于 A 姑娘的故事。

我说的可都是真的啊。她信誓旦旦地说。

A 姑娘本来叫 Q，因为长着一张圆脸，容易显胖，所以平时最讨厌拍照。可结婚证照片总得照吧？那天她与男朋友一起去领证，拍完照，给他们拍照的工作人员也没征求意见，直接把照片给修了，洗了。看到照片，Q 姑娘的男朋友不愿意了。

你给修成这样，还是我们吗？

大家都这样修图。工作人员诧异地说。

可你修得太过了，特别是我女朋友，你看，圆脸让你给修成了尖脸，这样贴结婚证上，还以为我娶的是另一个姑娘，将来我俩要是拿着结婚证去住个酒店，让警察给查了，还以为我带别的姑娘去开房。

你敢试试。Q 姑娘还没有看到照片，先听到男朋友的话，立马就急了。

我不是那意思。男朋友赶紧解释。

那你是什么意思，你说带别的姑娘开房。

我带的肯定还是你，但看起来肯定不是你，你自己看吧。男朋友把照片拿给 Q 姑娘看。

Q 姑娘看半天，脸上的笑容越来越深，她非常满意地说，这怎么不是我？你说，这怎么不是我？

你有那么好看吗？

怎么没有？你再说一句试试。Q 姑娘瞪着眼睛，她男朋友就不敢往下说了。谢谢你啊，照得真好。Q 姑娘转而感谢工作人员。

还是姑娘会说话。工作人员说，又看一眼 Q 姑娘的男朋友说，怎么好心让你当成驴肝肺了。

这绝对不能贴结婚证上。男朋友却继续抗议。

谁说要贴了，结婚证先不领了，一辈子的事，得准备好了再说。Q姑娘转向工作人员，照着这样的，再给我拍几张，我自己单独的。

那可不行，我们这里只拍结婚证照片，其他照片你得去外面照相馆拍，需要的话，我给你介绍个地方。工作人员说。

那你给我介绍个地方。Q姑娘说。

照片拍出来后，Q姑娘就开始减肥了，减了一个月，瘦下去十多斤，脸确实尖了，但还是没照片上好看。Q姑娘坚定地认为，照片上才是她真实的样子，现在她是没准备好，保养得不到位，所以身材没有达到最佳状态，脸形、皮肤、五官都没有达到最佳状态，她要等所有的一切都最佳了，再去拍照。

她接下来给自己的每天做了详尽的计划：列餐单，荤素搭配，要保证胶原蛋白与维生素的量，要控制卡路里。每天进行瑜伽和有氧运动，每天要睡够八个小时。另外买了SK-Ⅱ前男友面膜，一周两次。面膜有点贵，但豁出去了，人一辈子就结这一次婚，脸也就这一张，钱花脸上不亏。男朋友为她的面膜埋单的时候，心疼得嘴里直嘶嘶。

还前男友面膜，你怎么不让前男友给你埋单？

信不信我立马让你变成前男友？Q姑娘说，眼睛却笑着，还治不了你。

好好好，买买买。男朋友瞬间温顺，他可不想变成前男友。

这样折腾好久，Q 姑娘还是觉得自己的一切都没有达到最佳状态。

行了，都瘦成一道闪电了，好看得像个电影明星。对于其他的，男朋友不敢发表言论，瘦是瘦了，好看也好看了，但把他折腾得够呛，运动要他接送，营养餐要他准备，面膜要他去买，他真担心她还想继续折腾下去。他要娶的是老婆，是要一起生孩子过日子的，可不是要给自己找罪受的。Q 姑娘却不折腾这些了，她觉得这些都无法满足她的要求。她招呼也没打，就失踪三个多月。

Q 姑娘重新站在男朋友面前的那天，他愣是没认出来，你是谁呀？

是我呀，你再看看。她说出自己的名字，笑得似曾相识，但他还是认不出来。

别开玩笑了。他皱起了眉，我正满世界找她呢。

真的是我呀。她说出自己的生日又说出他的生日，以示自己真的是自己。

他惊呆了，呆半天，最后还是摇头，不可能。

她看他认不出来，还挺得意的，那就说明改造很成功。Q 姑娘对蓝房子并不陌生，但也是再次去后才知道，蓝房子升级了，以前只是修复受损的容颜，做一些微调。现在是按照顾客的需求，把对方改造成自己想要的样子。蓝房子的宣传标语是：只要滤镜可以做到的，我们都可以做到。

Q 姑娘从手机里翻出当初两人一起去拍的照片给他看，摄影师给她发了电子版，她一张没舍得删，全在手机相册里。他看半天，像见鬼一样喊道，真的是你啊？这下可好，两张照片哪个都不像你，幸亏当时没贴结婚证上。

怎么样？她在他面前转一圈，婀娜多姿。

好看是好看，就是不像你，你怎么变成这样的？他问。

保密。她神秘一笑，好饿，带我去吃好吃的吧。她撒娇，她一撒娇，他一下子就找到了女朋友回到身边的感觉，开开心心带她去吃好吃的，一边吃他一边问，变成这样，是不是花了很多钱？

反正没花你的钱。她啃着一块红烧猪蹄说。这是她的最爱，为了减肥，好久没碰了，现在可以放心大胆地吃，反正她已经找到一条通往美丽的捷径，什么卡路里，什么胶原蛋白，什么瑜伽和有氧运动……统统没这条捷径有效又彻底。

那天晚上男朋友抱着她，就像抱着别人一样，又新鲜又刺激，看哪儿都好，摸哪儿都好，咬哪儿都好，但她不让咬，谁知道高科技是不是经得起咬。他一次又一次地要，折腾半宿，才放她去睡觉。

男朋友不想一直是她的男朋友，到了一定程度就想晋级，他再次要求去领结婚证，结果 Q 姑娘又失踪了。这次失踪后，她一直没跟他联系，她有更重要的事情要做。她改名叫 L，找了一份工作，后来她又去了那栋蓝房子，把自己变成现在的样子，改名叫 A。

这都是真的。讲完后安妮看着我认真地说。

我毫不犹豫地对她摇头，表示我完全不相信，整形什么的，早就不陌生，但像她说的这样，大变活人，还一会儿变一个样，除非她是孙悟空。

现在都什么年代了，照着谁的样子给他复制个双胞胎弟弟或者妹妹都没问题，更别说只是让人变个样子那么简单了。安妮已经扔了手里的抹布，讲得口干舌燥，居然还是不被信任，不信拉倒，那你就带着你脸上的疤过一辈子。她生气地说。

你说的那栋蓝房子到底在哪儿，真有 A 姑娘这个人吗?过了一会儿，我问安妮。

就在彩虹桥那边的新城区，全世界有很多这样的蓝房子，有很多人正受益于蓝房子带给他们的变化，你永远都没办法知道，你身边有谁是去过蓝房子的。

她一说蓝房子我就觉得她在讲童话，就觉得完全不靠谱。这时候走进来一对情侣，女孩选了一束白玫瑰，男孩埋单，两个人拿着花高高兴兴地走了。

安妮指着刚出门的女孩，凑到我耳朵边说，那女孩儿，看到没？她肯定去过蓝房子。

我的目光追向女孩儿，追到街上，直到女孩儿消失。但我还是不相信。安妮叹口气，犹豫半天，才极不情愿地拿出手机，给我看她手机里的图片，她只让我看了两张，一张是丽丽，一张是安妮。

实话告诉你吧，我就是A姑娘，A是安妮的第一个字母，我也是丽丽，L是丽丽的第一个字母。

这次我真的惊呆了，丽丽？你真的是丽丽？怪不得，我就感觉是丽丽回来了。

当然是真的，真是的，逼着人家暴露自己的隐私。安妮相当不满。这下你该信了吧。她瞪着我问。

可我摇摇头说，还是不敢相信。

你简直不可救药。安妮一屁股坐在我面前的办公桌上说，算了，这事我跟你聊不下去，我们说点别的事吧，你快生日了，到时候我们去庆祝一下吧。

你知道我生日？安妮才来半年多，丽丽倒是和我一起过过一次生日。

去年你生日我陪你过的，你妈和刘叔叔在云南给你打来的祝福电话，当然那时候我还叫丽丽。安妮或者丽丽说。

我说，有什么好庆祝的？马上三十了，我还没有好好享受生活，人就已经老了。

当然要庆祝，好好许个愿，没准儿就实现了，提前想好你的愿望。安妮说。

自从安妮给我讲了A姑娘的故事，每次看到她，我都有些恍惚。我常常看着她，认真地研究着她的五官、表情和动作，想，如果安妮真的是丽丽，那这个世界真是太可怕了，一个人随随便便就变成了另一个人，潜伏在他熟悉的人身边，那个人却完全被蒙在鼓里。

6

管小宁你在哪儿？安妮在电话里气呼呼地问。我一琢磨就明白了她生气的原因，肯定是给那栋蓝房子打过电话，知道我没去。

我可不怕她生气，毕竟我是她的老板啊，我轻咳一声，没有回答。夜晚的灯光里，那个人还在桥头拦人，有的拦下了，有的没拦下，我大概替他计算了一下，一拨一拨奔向彩虹桥的人，他能拦下百分之一就不错了。无论是被他拦下的，还是没被拦下的，无一例外会对他投去异样的目光，我从那些人的目光里不断看到“神经病”这个词。他真够执着的。

你到底去哪儿了，你看看我给你发多少微信。安妮的语气果然柔和了。

我在大街上。我向桥那边又看了一眼，桥那边与这边的夜是一样的。我开始怀疑那栋淡蓝色的建筑物是不是真的存在。

你还真的没去呀，你这一下午都干吗了？安妮说。

今天店里生意怎么样？我问。

店什么店呀，你快说你在哪儿，我去找你。安妮说。

还不到闭店的时间。我看看手表说，老街上的生意可以一直持续到晚上九点。

你难道不清楚吗？对于你来说，现在没什么比那件事更重要。安妮说，你在哪儿，我去找你。

你不用来，把店看好，少卖一枝花我都跟你没完，我可指着它吃饭。我说，我一会儿就回去。

挂了安妮的电话，我走向老城区最熟悉的那家日料店。十年前这个店就在，现在，它不旧也不新，还是十年前的样子。

我怕你想不开，就跟过来了，反正我也要吃饭，一起吧，我请客。那个男人说，他没征求我的意见，径直坐在我对面。莫名其妙。

我一边撕咬着火鸡肉一边看着他，我知道这样不好，影响形象，但我需要食物来填充心底漫无边际的空。灯光从我的左侧打下来，我的左侧脸颊接近耳朵的地方隐隐作痛，是那个疤在作怪。我很清楚这样的灯光下它是何等狰狞恐怖。我低下头，让头发垂下来完全遮挡脸部，使劲啃着鸡肉，啃得像世界末日。

他好像更担心了。

我又换一块肉继续啃，你为什么说彩虹桥会塌，你耽误了我的大事。我一边啃一边说。

那座桥真的会塌，我没骗你。他认真地说。下午，他在那个路口对每一个人都这么认真地说。

究竟为什么？我差不多相信了他的话，这个可以大变活人的世界，还有什么是不能发生的？

它必须塌，那是一座桥的责任，不然更多的人会被它害死。他说。

我猛然抬起头看着他，我觉得这句话有点儿像神经病说的，你不会每天都站桥边拦人吧？我问。

只要有时间我就会去，我有预感，它可能很快就会出事。

你总得有证据吧，或许你提供了证据，那些人就不会再骂你神经病了。我说。

我没有证据，但我看到过事实，只是我没有办法让别人相信我看到的事实。他说。

那事实究竟是什么？我问。

他低头思忖半天，还是什么都没有说。我啃完一块，又拿起一块，然后整个都塞进嘴里，我被噎得想吐，泪水横流。我保证那真的是食物噎出来的眼泪，虽然我的心情不怎么好，但泪水与心情绝对没有关系。

他突然慌了，看看你，到底有什么想不开的？他抽了纸巾递过来，我没接，我不喜欢被人误会。但他显然误会得更深了。他走过来拍着我的后背，试图替我擦拭泪水。我躲开了，抓过他手里的纸巾，捂着嘴，一点一点，终于吐出了那整块火鸡肉。我长长地舒口气，感觉春天重新回到了身边。妈的，美食都是极具诱惑的利器。人们每天都美滋滋地把不同的利器投入自己的身体。吃了果子狸，就有了 SARS 病毒，人的肺也能变成毛玻璃。我想起很久以前在网上看到的一个视频，那么好看的两个姑娘——当然，很可能她们也是去过安妮说的蓝房子的——居然吃那种看一眼都能让人毛骨悚然的东西，还有糖尿病、尿毒症、肥胖症、急性肠胃炎……真不知道人们每天往自己身体里投入了多少不可思议的玩意儿。真不可思议！

你到底有什么想不开啊？说说，没准儿说说就好了。坐回他的座位上后，他又问。他如此重复着一个毫无意义的问题，让我觉得生活毫无意义。我看着面前的这些食物，所有的神经都处于极度敏感中，我仿佛看到一盘子又一盘子绿色的、黑色的、紫色的……许许多多蠕动的微生物。

一切在我之中，我在一切之中。要是不想说，你就自己想开点，想开了就都好了。他说了一句更加没有意义的话，接着喝一口水，我看到各种颜色的微生物蠕动着，冲进他的胃里。他接着说，我女朋友就是个想不开的，好好的一个人，就是想不开，非要那样折腾自己。

她到底怎么了？我问。

唉！说来话长。他叹道，都怪一张精修过的照片，你知道吗？她居然要像修图一样，把自己也去修一遍。这世界快被高科技搞疯了。你想想，自己的女人，以前长那样，现在却变成了这样，那天晚上我觉得我身下压着两个女人，一会儿是以前的她，一会儿是现在的她，我想干以前的她以前的她就来了，我想干现在的她现在的她就来了，我觉得两个女人都是我的，又觉得两个女人都不是我的，这种感觉你不懂，真他妈让人恐怖。

你真的不知道你身边有多少人是用过滤镜的。这是安妮的话，我现在越来越相信她了。我同情地看着面前的男人。

变就变了吧，她什么样子我都喜欢，可她又跟我玩失踪，我都等她那么久了，家人催婚，我奶奶八十多岁了，她想在死之前抱上重孙子，她让我抓紧时间结婚，抓紧时间给她生个重孙子，我奶奶对我最好，我不能让她失望。可我跟谁结婚去，人都不见了。他说。在他打算再次喝水的时候，我站了起来。

我该走了。我拿起包，从里面抽了两百块钱。

他看着我说，我请客。

我还是把钱放在桌子上，已经有十年没有男士请我吃饭，我对他这句话很不适应。

你没怎么吃东西，你看，一桌子菜，没动，钱你收回去吧。他也站起来。

我不再看向桌子，也没说话，把包挎在肩上。

真要走啊？他问，我不是坏人，你放心吧。

这跟你是不是坏人没关系，我要走了。我说。

那行，我记你个电话吧。

我没理他，向餐厅大门走去。一路上，我总是忍不住去看别人的脸，迎面走来一个穿白裙子的女孩儿，我觉得她的眼睛和嘴巴有点像杨幂，但她的脸没有杨幂的脸尖俏，看起来还是杨幂更好看。安妮说，蓝房子可以把你改造成任何你想要的样子，他们给出了脸形、眼睛、鼻子、嘴巴、乳房等等，身体各部位的模板，想要什么样的就可以选什么样的。

要不你记我个电话吧，有事给我打电话，我随叫随到，你可千万别想不开啊，人活着多好。他追过来的时候，我已经拉开了餐厅的大门，他把名片塞到我手里，你还这么年轻，自杀就是犯罪。

我不喜欢被人误会，但这个人一直在误会我。我突然想起，他说那座桥会自杀，或许他也误会了那座桥。

打上车后，我发现手里还捏着那张名片，看了看那上面的名字：韩叙。我随手把它扔进包里。

7

看到我妈发来的照片，才知道她又在云南，她站在云南的风里，脸上洋溢着整个春天的喜悦。刘老师很少出镜，平时他们一起出门，刘老师总是心甘情愿给我妈服务，背包、拎水杯、拍照……我妈的新生活无比惬意。

管小宁，祝你生日快乐，好好去庆祝一下，吃顿好的，妈回不去了，你照顾好自己。我妈在微信里说。

我让我妈跟刘老师好好玩，别操心我。其实操心也没用，我妈也知道操心没用，所以我妈后来对我的事就不操心了。安妮中午给我做了好吃的，还买了蛋糕。吹蜡烛之前，她非让我许愿。我拗不过她，双手合十放在胸前许了个愿，然后吹灭蜡烛。

许的什么愿？安妮问。

实现不了的愿望，不说了。我说。

哪有这样的？刚许完愿，自己就先说实现不了，呸呸呸，赶紧把这句话吐干净。今天你就去蓝房子看看，真的，它会带给你惊喜的，全当送自己生日礼物了。安妮说。

谁知道是惊喜还是惊吓，你就知道蓝房子，你一提蓝房子我就觉得你在跟我开玩笑。我都这样了你还跟我开玩笑。说实话，现在我又不想去了，那天没去成，勇气就全散了。

不去也行，那你也应该谈场恋爱，不爱怎么知道生活有多美好？安妮说，其实她在心里嘀咕一句——反正我早晚会让你去的，不急这一时——只是我没听到。

哪壶不开提哪壶，我的生活美好不了。我默默低下头吃饭。

那你下午出去逛逛吧，给自己放个假。

我才给自己放过假。我说。

休假还有怕多的？你要是给我放假还开工资，我天天休，快走吧，今天下午我保证把店看好。

在安妮一再要求下，我还是给自己放了个假。走到彩虹桥的时候，我一眼就看到那个叫韩叙的人，他正认真地跟一对打算过桥的母女说，千万别从桥上走，那桥随时会出事。那个母亲说，神经病吧你。然后拉着女儿就往桥上走，像躲开神经病一样躲开韩叙。她们走过去后，少女回头看着韩叙，眼神里充满好奇。韩叙对着少女用口型又说道：千万别走那桥，它随时会出事的。少女点点头笑了。

你觉得你这样，真的可以救大家吗？我问。

你也来一杯吧。在日料店旁边的周记食府，韩叙打开一瓶二锅头，倒了两杯，把一杯推过来放在我面前。

行，来一杯。我说。

都没人信我，你说我救得了谁？他说。

那你还去。我说。

不去我心里不踏实。他说。

那桥真的会出事？

一定会的。

什么时候？

快了。

你怎么这样，盼着它出事似的，到底为什么？

又问。韩叙把杯子伸过来跟我碰，我就是盼着它赶紧出事，它一出事，大家就没事了。

我跟他碰一下，喝了一口，酒真辣。我说，今天是我生日。

真的？那得多喝点儿。韩叙给我满上，来，祝你生日快乐。

祝我生日不快乐。我一口干掉一杯。

为什么不快乐？

有什么好快乐的？今天是我三十岁的生日，一个被毁了容的三十岁的老女人，没钱，没男人，你说，我有什么好快乐的？我拿起酒瓶子，给自己满上。韩叙愣愣地看着我，不知道说什么好。他应该早看到我脸上的疤了，那疤把我的脸给毁成了阴阳脸。头发要是能完全挡住就好了，但那得在一切静止不动的情况下，事实上世间万物都处于运动状态，就算我不动风也会动，所以即便我把所有的头发都梳向左边，也基本不起什么作用，想隐藏的总是会暴露。韩叙说他一向抵制造假，这次却想为我寻找一条可以造假的路，他说，等找到她女朋友后，就让她帮我，她都能把自己变成另一个人，我脸上那点儿疤估计也不是什么问题。

我现在却什么都不想，只想喝酒。他女朋友跟安妮是一回事，不怎么靠谱。

8

我醒在一张陌生的床上。看清楚身边躺着的人是韩叙时，我一下子坐了起来，忍不住惊叫出声。韩叙被我的惊叫吵醒，睁开眼睛，首先看到的是我那片狰狞恐怖的疤，他被吓一跳。他刚刚做梦正搂着女朋友，她终于回来了，又变成了另一副样子，但是没办法，他心里拒绝着她的改变，身体却欢喜得几近癫狂，他又一次次地要她，他一边要她一边求她，以后别再失踪了，也别再变来变去的，他真的快受不了了。

哪受不了了？你分明就是很享受的样子。女朋友看着他，妩媚地坏笑，于是他更受不了了……可是，为什么一睁眼世界就变了？

我们几乎同时想起昨天晚上的事情——他说祝我生日快乐，我却祝自己生日不快乐。

你酒量真不行，没几杯就喝倒了，喝倒了却还吵着要喝。我问你住哪儿你也说不清楚，我只好把你背回来，安顿在床上，我打算睡书房。可你拽着我不让走，絮絮叨叨说个没完没了，没想到你还挺能说。韩叙说。

我却隐隐约约记得我一直在骂人，我说，许愿真他妈不靠谱，我明明许的愿是：遇到那个真心相爱的人，我想好好谈场恋爱，把自己变成真正的女人。上帝抛给我的却是一夜情。同样是结束了我的老处女生涯，但以这种方式结束，实在有点说不过去。现在我回想一下，我骂人的这段应该是在梦里。因为我跟韩叙虽然躺在一张床上，但我们互不侵犯，彼此保持着非常安全的距离。

你说的那些都是真的吗？你真没碰过男人？他问。我没理他。他看我没理他，一惊一乍地说，那就是真的了，没想到这世上还有你这样的人，都三十岁了啊，不可思议，真不可思议！韩叙激动起来，整个人都是亢奋的。我追悔莫及，昨晚对着一个陌生人，我究竟还说了什么？

你不仅说了很多，还……还试图有所行动，你看看你身上的衣服，要不是我摁着，早被你自己扒光了，幸亏遇到的是我，我可是有女朋友的人，并且我深爱着我的女朋友。韩叙说，不能喝，以后就别喝了，要是遇到坏人那还了得。不过你真够饥渴的，也许遇到个坏人反而正合你意。他又说。

你给我闭嘴。我的脸热得发烫，我想那个疤可能更加狰狞了，我低下头匆匆往外走。

等等，我送你吧，我去彩虹桥，你住那附近对吧？他说。

不用，我自己走。我不想跟一个陌生人说我住哪儿。

放心吧，我把你放在桥附近，你自己回去。他说。

你究竟为什么说彩虹桥一定会出事？下车后，我看到彩虹桥又想起这个问题。

真想知道？那我就简单给你说一下，咱俩都同床共枕了，至少也算闺蜜了是吧，现在不都流行男闺蜜嘛。

韩叙说，我学的是建筑设计，这个专业比较冷，我又非名校毕业，所以一直也没找到满意的工作。后来通过一个亲戚，参与了一个工程，也没做成设计师，是给承包商当助手。助手就助手吧，那时候刚毕业，全当锻炼自己了。我参与的就是彩虹桥这个工程。这座桥的定位很高，造价也高，大概没有人能想到，造一座桥居然需要那么多钱，这本是一座让人期待的桥，但是很遗憾，它先后被多次转包，经过层层盘剥，最后用到桥上的钱还不到工程款的十分之一。管城建的副市长第一个向桥伸出黑手，让一家国企中了标，捞了一笔，后来的若干次转包，他都得了好处。让我难以接受的是，这是我毕业后参与的第一个工程，我眼睁睁看着它一步步被做成豆腐渣工程，却没有发言权，无能为力。那之后我就离开了建筑行业，改行做了保险代理，我做得不错，业绩越来越好，但我心里一直放不下这座桥，我了解它所有的构成，用的什么水泥，什么型号的钢筋，那个型号的钢筋与标准的差距是多少，我都一清二楚，以我的所学，我甚至能估算出它的寿命还有多长。但这又能如何，我找过相关部门，也找过媒体，他们都把我当成神经病。我没有办法让任何人相信，我说的那一切都是我亲眼所见的事实。

可它看起来的确好好的。我说，清晨的阳光为桥披上了一道薄薄的金光，它看起来那么完美。

所有的一切，都会败给完美的假象。韩叙说，我爷爷是跑运输的，那种大卡车，你知道吗？当年，他开着那辆卡车经过一座大桥时，早晨六点钟的太阳就挂在前方的天空，他握紧方向盘踩着油门朝着太阳的方向奔跑，打算在七点半左右赶到他熟悉的那个镇子，那里有家早餐店，每次路过都去，那家的羊肉汤和葱油饼吃多少回都吃不烦。吃过早餐再有两个多小时，他就能到家，他跑的是长途运输，半个月才能回一次家，想到回家他心里一下子就稳了。可是，几个小时后，我奶奶却接到警察打来的电话，他们在河里打捞起我爷爷的尸体，在他的上衣兜里翻出了他的驾驶证，根据驾驶证上的资料找到他的家人。那座大桥，在我爷爷的卡车经过时出事了。

哦，怪不得……我不知道说什么好。

你回去吧，以后别再喝酒，我走了。

可那些人根本不相信你啊。我说。

总有相信的，你不是就相信了吗？韩叙说。

我没相信，我那天本来要过桥去做一件非常重要的事情，因为心中犹豫，正好你的阻拦给了一个借口，事实上我是对那件事没有信心，对一切都没有信心，对自己更没有信心。我说。

悲哀在韩叙的脸上一层层加深，直到他脸上盛满悲哀，像漫出来的黑色河水。他挥一下手，没再说话，向彩虹桥走去。

但我现在相信了，我相信你说的全是真的。我在他身后说。韩叙顿了一下，继续向桥走去。我看到他走向一个打算过桥的老人，认真地向对方解释着什么。

9

管城建的副市长是在四月底被纪委带走的。那天上午的新闻里，他还在主持一个重要会议，下午，他被带走的消息就在朋友圈里传得沸沸扬扬。

真的进去了？我看了新闻，忍不住惊呼。

什么进去了？安妮凑过来，弄明白后，说，一只苍蝇，有什么好奇怪的？看得多了。说完接着玩自拍去了。我从柜台里拿出包，在里面翻半天，才找出韩叙的名片，拨通了那上面的电话。

你看到了吗？我问。

看到了。他说。

现在怎么样，桥有人管吗？我问。

没有，桥上依然车水马龙，但很快可能有人会管，希望他们能早点行动，那么多人在桥上走，太危险。他的声音里透着兴奋，晚上一起吃饭吧，他说。

好，我带个朋友一起。我说。

还是在周记食府，我和安妮到时，韩叙已经等在那里。我没注意到，刚进门时，安妮的神色就有些不对，但也就是那一瞬间，很快就恢复常态。

韩叙让我点菜，我就点了几样我和安妮平时都爱吃的，清蒸鲈鱼、红烧猪蹄、西芹百合……韩叙开了一瓶酒，我没喝。经历那天晚上那件事后，我大概再也不会喝酒了。安妮倒是喝了点。韩叙开始的时候还为苍蝇终于被打而兴奋，但喝着喝着，人就沉默了，只是一杯一杯地灌酒，像在和谁赌气。我不知道为什么刚才还好好的，只一会儿就变成了这样。正在我不知所措的时候，韩叙一下子从椅子上弹跳起来，接着，向门外奔去。我和安妮都跟了出去，跑在最后面的我被饭店服务员一把拽住，你们还没有结账。

我就那样一只手被服务员拽着，眼睁睁看着韩叙和安妮消失在视线里。我完全不知道发生了什么。

过了两天，安妮突然要辞职。

为什么？能不能再等几天，马上要过节，我一下子上哪儿找店员去？我问，好好的，你辞什么职？

我要结婚了。安妮说。

没听说你有男朋友，怎么就要结婚了？

早有了，都等我很久了，就是韩叙。安妮说。

开什么玩笑，你们才认识多长时间？闪婚啊。我不敢相信地看着安妮。

我就是韩叙的女朋友，我那天只让你看了两张照片，其实还有两张。安妮点开手机给我看，我看到曾经在韩叙手机里看到的那两张照片，一张圆脸，一张尖脸。我简直惊呆了。

安妮说，那天吃饭的时候他本来没认出我，后来我一吃红烧猪蹄就暴露了，我还不知道自己已经暴露，结果他看我不认他，就生气了。

怪不得，你们在搞什么鬼？真是的。我想到那天晚上和韩叙一起喝酒后发生的一切，感觉没脸见人，正因为是韩叙当时阻止了一切的发生，让我感觉更没脸见人。但我还是强作镇定，希望韩叙不要跟安妮提起。

没搞什么鬼，就是事赶到那了，后来他求我，让我别再失踪了，我答应他了，但我也跟他说，也许我还会去蓝房子，他说，尽量少去吧，但非要去他也不拦着。这样我们就达成一致，可以放心结婚了。

哦，那祝福你们。可是，你为什么一定要变来变去呢？你已经很美了。我说。我从安妮的脸上，完全看不出她是不是知道那件事。

安妮沉默一会儿，说，最初的时候，我是迫不得已，因为我被一场大火毁了容，那时候，我们的小城还没有这样全球领先的技术，我被送去位于美国加州的那栋蓝房子，结果你肯定猜到了，非常成功，我的脸恢复如初。回国后我就遇到韩叙，我们从恋爱一直到谈婚论嫁。拍结婚证照片的时候，因为一张不满意的图片，我又去了一次蓝房子，后来再去，则完全是因为上瘾，真的，你不知道，这种过程会让人上瘾的，可以按照自己的喜好来改变自己，真的是件非常爽的事。

当我从安妮的嘴里听到火灾那两个字的时候，突然心跳加速，我又想起十多年前的那个夜晚，漫天的火光中，我的左脸火辣辣地疼。接着我想到隔壁屋檐下的那些烟花爆竹，想到齐越、齐青、素描、夕阳……我痛苦地闭上眼睛。

管小宁，我去蓝房子，是因为我想变成自己想要的样子，但我来到老街，改名为丽丽或者安妮，给你做店员，却是为了你。你现在还不知道我是谁吗？你怎么那么迟钝，安妮、丽丽，有这么假的名字吗？安妮说。

我怔怔地看着她，Q，齐青的第一个字母。我一直以为，到这里来找我的会是齐越，却没想到会是齐青。

你还记得吗，当年你和我哥恋爱的时候，我总是寸步不离跟着你们。齐青说。

当然记得。现在我才明白，为什么我会觉得上辈子就认识她。

我是故意的，那时候我怕哥哥被你抢走，他是我唯一的亲人。齐青说，那场大火后，我伤得很严重，我哥没受伤，他觉得没保护好我，很自责，其实是他从大火中把我背出来的。我知道他惦记你，但我不让他离开我，一步也不让，那时候我真的很怕，怕我哥走了我就活不下去了，我哥是我的精神支柱。

我能理解。我说，曾经经历过什么，我比谁都清楚。

在美国那些年，我依然害怕我哥离开我，我偷看过他的手机，他给你打了很多电话，你一次都没接，我就告诉我哥，其实你并不喜欢他，没准儿你早就有新的男朋友了，我给他介绍我的女同学，希望他可以忘记你，反正你也不接他电话。可是小宁，我和我哥当时并不知道你也受伤了，而且你比我伤得还严重，我爸他居然又对我们撒谎。小宁，对不起。后来我质问过我爸为什么撒谎，他居然说都是为了我和我哥，真是不可理喻。

我低下头，不想看齐青，其实我只是不想面对回忆，回忆太复杂了，我理不清楚。

齐青说，我和我哥都在美国读的书，我哥一直读到博士，我本科毕业后就回来了。那次我路过老街，无意间看到你，小宁，当时我真的蒙了，我以为十年前那天晚上的噩梦早已过去，但没想到，它还留在你的脸上。我不知道如何面对你，都是我的错，当年，那些炮是我带回来的。后来我就给你当了店员，几个月前我又一次去蓝房子，其实也是为了再一次印证它是不是真的安全可靠，事实证明它是安全的，你看，我不是好好的吗？

10

五一节过后的某天下午，齐青给我发来微信：韩叙和我在婚纱店，今天他没时间出现在桥上拦人了，你快去，结束后我去接你。

你们要试婚纱？我问。我扫一辆单车，骑车通过彩虹桥。齐青说过，彩虹桥不可能有问题，那么大的工程怎么能说有问题就有问题？韩叙就是太较真，偷工减料肯定存在，他就是被亲眼所见的那些事折磨得内心无法安宁，但就算偷工减料，也不能偷到让桥塌了。

不过，如果桥真的塌了，你就不要去蓝房子了。齐青说。

为什么桥塌了我就不要去蓝房子，我的脸跟一座桥有什么关系？我问。

不知道，只是第六感，但我第六感超灵验。齐青说。

我又问，既然偷工减料的事实存在，那你为什么认为彩虹桥一定不会有问题？

齐青回道，那是我爸经手的工程，他最了解内幕，如果有问题，怎么从来不提醒我？他明明知道我经常从那经过。

但我记得齐青说过，她父亲一直是个自以为是的人，永远都只相信自己。我还是有点儿相信韩叙，可同时我也跟着众人走过了那座桥。

你爸知道韩叙天天在桥头拦人吗，他不反对你跟他交往？我有点儿好奇。

当然知道，他也拿他没办法，让我没想到的是，他居然很支持我们交往，不过无所谓，他是不是支持都没关系，反正我跟韩叙说，我没有父母，只有一个哥哥。齐青说。

他对你的家庭一无所知，就等着要跟你结婚？我问。

对，要跟他结婚的是我，又不是我的家庭。齐青说，他那么较真的一个人，要知道我爸是谁，说不定就不和我结婚了。我爸在他心目中可是个大奸商。

齐青居然还没原谅父母，看来，对于某些人，有些事是一辈子都无法释怀的。

我终于走近那栋三层的淡蓝色建筑物，它的外观看起来就是一家普通的私立医院。但一切并没有那么简单。我抬头看着大门上方那两个深蓝色的字——滤镜，像两朵硕大的蓝色妖姬开在那里，我突然有些心慌，但我这次不打算退缩。十多年了，我被这个噩梦困得已经够久，无论是解除噩梦，还是坠入更可怕的深渊，已经管不了那么多，我只想彻底改变现状。

看到那个穿着粉色工作服的女护士向我走来的时候，我松了一口气，就这样了，从现在开始，我把自己交给他们，任他们处置好了。

我说出自己的诉求，被粉色的护士带进一间诊室，里面有位穿白大褂的医生，戴着医护口罩和帽子。也许是我的错觉，在看到我的时候，他的眼神稍有迟疑，接着目光里露出欣喜。我对他目光里流露出的欣喜很是诧异，我不明白，什么样的男人会对我这张脸感兴趣，这明明是一张被冷落十多年的脸。我又想，或许他欣喜的只是一桩生意，又接了一个订单，我就是那个订单。这个订单有被挖掘的潜质，此时在他眼里，也许我只代表一串令人欣喜的数字。

他为我做了诊断，干净细长的手指抚上我的左脸，在那里停留的时间长得让我疑惑，这时候，我看到他眼里的悲哀。那本来应该是我眼里的悲哀，到了他的眼里，惹得我只想流泪。自从我妈奔赴新生活，就再没人替我分担这份悲哀，我被它压得哭不出来。他手指上没有烟草的味道，也没有苏打水的味道，那是一只干净的没有任何味道的手。他根据我的要求，给出了治疗方案，然后我被带进手术室，躺在一张雪白的床上。

此时，我要关注的是那枚刺进我左手背的针头，它在我的身体上开了一条通道，让麻药一滴一滴进入我体内。

正在我迷迷糊糊想着将要发生的一切时，突然，远处传来“轰隆”一声巨响，我条件反射般从床上坐起来，那声巨响的余波还在向四周扩散，有一部分向我扑面而来……我听到一个声音喊道——彩虹桥塌了。接着，很多声音喊出了同样的内容。

喊声此起彼伏，扯着我赶往现场，我仿佛看到断裂的桥身轰然砸下去，河床被砸得血肉模糊，溅起的水花，像卫河洒向天空的泪。

我伸手去拔针头。齐青说过，如果彩虹桥真的塌了，我就不能去蓝房子了。她说她的第六感超灵验。

可我最终还是败了给那枚针。

在我重新倒回床上，将要失去意识的瞬间，一道门打开，一个白大褂从门里进来，我的眼睛离开针头向他迎去，我的目光穿越他的目光，在他目光的尽头，我诧异地看到，那居然是齐越的眼睛。

苏七月的七月

1

接到苏七月出车祸的电话，易拉脑海里首先跳出一句话：这世上只要你努力，没什么事是你搞不砸的。

这是她刚刚对老叶说过的话。

当时，李牧正求易拉一起参加老叶的红酒会。老叶有一个规模不大不小的酒庄，新进了一批葡萄酒，等着大家去品尝。

“你真不去?”李牧问。

“不去!”易拉捧着一本书坐在沙发上。

这本书的名字很奇怪——《从一个蛋开始》。李牧看了一眼蓝色封面上那个白色的“蛋”，也就是说，在他与那个“蛋”之间，易拉毫不犹豫地选择了后者。他有些无奈，瞥一眼落地窗，透过玻璃，看到有只鸽子在窗台上，走几步停下看看，脑袋一点一点的，再走几步又停下看看。

这种七月暑天，无论太阳在不在，高温都在持续，把炙热重复了一个季节。风都瘫痪了，那只鸽子居然不怕热。

“你不是喜欢白葡萄酒吗？老叶说要送你一箱，澳洲原装的。”李牧说。

“你给我带回来。”易拉的目光还在那本叫“蛋”的书里。

“好几种呢，你得亲自去看看。”

“你讨不讨厌？一直打扰我，还让不让我好好读书了？”易拉皱了皱眉。

这句话是有杀伤力的，并且屡试不爽。李牧把一根手指竖起，压在唇边。读书的女人不好伺候，一急就嚷嚷着要当作家的女人更是不好伺候。李牧走到沙发的另一头，坐下。窗外那只鸽子还在脑袋一点一点地走。真想打开窗户请它进来凉快会儿。

手机在此时响起。鸽子一振翅膀，飞走了。

李牧拿过手机，摁了接通键，见易拉又皱了下眉头，忙说：“是老叶。”随即开了免提。

“都到了，就等你们了，怎么磨磨唧唧的，跟弟妹内战了？”老叶说。

“想多了哥，我跟你弟妹从来不内战。”

“那是有外敌入侵了？”

“都跟你一样，没事就盼着被入侵一下？有正事吗？”

“什么时候到？酒都醒好了。”

“马上。”

“你让易拉先把那篇稿子交了，报社都催几次了。”老叶在手机里大声说。

老叶牵头搞了个红酒协会，理事会成员个个都是大老板，用广告投入作交换，在《都市晚报》的副刊开了个“红酒坊”专栏，每周一期，让易拉给这个专栏写稿子。稿费是千字千元。易拉知道报社没有这么高的稿费标准，羊毛出在羊身上，这笔钱由红酒协会的基金里开支。所以，每次要稿子，老叶都是一副财大气粗的样子。

“那要看我家易拉的心情了。”李牧却不屑，一边讨好地看了易拉一眼。

“对了，你跟易拉说一下，九月份的葡萄节，是时候在专栏里提一下了。”老叶就是这么志在必得，又迂回曲折。

“老叶你有完没完？”易拉对着手机喊了一声。“你那些破酒有什么好写的？整天催，这世间只要你努力，没什么事是你搞不砸的！”易拉又跟李牧说，“我不去，你快走吧，别打扰我。”

李牧看易拉不胜其烦的样子，把手机拿开，轻声说，好好好，我消失。然后就换了鞋子，接着电话出去了。

门在李牧身后关上时，易拉想，今年的葡萄节，老叶还会带上苏七月吗？

上届葡萄节，是易拉带着苏七月去的。

当时，易拉的外婆去世不久，她常常做梦，每次都梦到外婆不要她了，各种各样被外婆抛弃的梦境，让易拉每个夜晚都不敢入睡。那些日子，易拉瘦成了一幅剪影，整日薄薄地贴在书桌前，目光落在某一页书里。李牧愁得不行，就叫来了易拉的朋友苏七月。

那天下午，苏七月请易拉去喝咖啡。

“易拉，听到外婆去世的消息后，我最放心不下的就是你，你知道，我很早就失去了父亲，那时候我也常常失眠，一闭上眼睛就做噩梦。我后来专门研究了《梦的解析》，希望可以帮到你。”

苏七月喝咖啡的一系列动作，以一系列标本般的形式切换着，好像她刻意把自己加工成了“优雅”这个词。

“谢谢你，七月。”弗洛伊德的观点易拉早已熟知于心，但那对她不管用。她常常听着催眠曲，闭着眼睛，认真地清醒一整夜。

“会有办法的。不怕，易拉，总会有办法的。”苏七月说。当她知道易拉的车库里闲置着一辆甲壳虫时，眼中立马放射出了太阳般的光芒：“易拉，你怎么不早说，我们可以去另一个城市购物，可以自驾游，西藏都没问题。”

后来就说起了葡萄节的事。

“易拉，这次的葡萄节你一定要去。沙漠，黄杨，草场，羊群，还有天山的雪，吐鲁番的云……散散心，没准儿你就能好起来。”苏七月说。

“我没说过葡萄节的事吧，你怎么知道的?”易拉问，她看着苏七月喝咖啡的样子，有些恍惚，感觉面前的这个人突然入了某一部戏，演着一个喝咖啡的女人。再看看自己手里的咖啡，易拉一时间找不到喝的感觉了。

“晚报的‘红酒坊’我经常看，你的文字比红酒还醉人。要是方便，你给主办方说说，带我去呗，我陪着你，不然真的对你放心不下。”苏七月说。

易拉有些动心了。心想，也许逃离当下，来一次远方的旅行，会让她躲开那无休无止的噩梦：“也好，那就带上杜航一起吧。”

“杜航就算了吧，他爸出事后，他就像变了个人，整天忙得不见个人影儿。”提起家事，苏七月的脸就灰了。杜家的事易拉听说过一些，不知道那个曾经偶像一样的杜航，如今怎样了。

易拉没想到苏七月的舞跳得那么好。

吐鲁番七泉湖独特的丹霞地貌作为背景，苏七月柔软的身躯辗转缠绵，手里的蓝色丝巾像水袖般翻卷飞扬……易拉在那一刻仿佛看到了时间断裂的痕迹，齐刷刷的，断开了过去与现在，断成了笔直的悬崖。苏七月就在悬崖下跳舞，像一条柔软的四脚蛇，要从这悬崖上攀缘、上升。她从易拉的认识里跳出了易拉的认识之外，就像有一只魔术师的手，把她变成了另一个人，甚至不再是人，是一个尤物，一个幽灵，一个魅影——落霞与孤鹜齐飞，秋水共长天一色。身穿白色长裙的苏七月在那一刻是神圣的，与秋水长天完美融合，舞在天空、云朵、山谷与湖水组成的广袤世界里。

易拉丝毫没有觉察的是，苏七月其实努力地舞在悬崖上。她想要的太多了，婚姻这座围城她已经进去了，但城里城外的风景她都想要。

易拉忍不住拿起手机，打开去年葡萄节的图片翻看。当时美得惊心动魄的画面，此时看来，竟有种说不出的滋味。

正要放下手机，一串数字跳出来，在手机屏幕上闪烁。是一串陌生的数字，一次，又一次，顽强地从起点闪烁到终点，然后再开始新的起点，当它周而复始了无数回，看样子还打算继续下去的时候，易拉接通了电话，猝不及防间，一个声音撞进来，像巨大的玻璃器皿突然碎裂，迸溅着炫目的光斑，夹杂着玻璃碎片的哭声：“易拉，是你吗易拉，七月她昨晚酒驾，出车祸了，她要没命了……可是，到处都找不到杜航……”

一屋子的安静瞬间被撞得七零八落。

窗外，大片的乌云翻滚着向太阳逼近。一边的天空是湛蓝的，另一边是黑灰的，黑灰在不断地吞噬湛蓝，眼看着世界在暗下去，要下雨了。

2

易拉先给李牧打了个电话，让他直接赶到医院。随后，她一边换衣服出门，一边拨打杜航的电话。可杜航的电话始终不在服务区。这个杜航，又失踪了。

杜航曾经是个热衷于玩失踪的人。大学时，他是从澳洲某大学来的国际交换生，前两年多数时间都在玩失踪。同学们只知道班里来了这么一个人，但没人可以找到他。他的座位总是空的，偶尔露面，也是神龙见首不见尾。直到有一天，他在女生宿舍楼下拦住了易拉。那是易拉第一次看清楚杜航的样子：高，瘦，肤色白皙，五官精致，一头从偶像剧里下载的发型，刻意修饰出的参差凌乱，简直就是韩剧里的某个明星。

“喂，一起吃个饭吧。”杜航的口气中没有请求，没有征询，好像他知道易拉一定会答应。他甚至没叫易拉的名字。旁边的女同学“哇”一声，捂住了各自的嘴巴。

易拉看了他一眼，没吭声，绕过他走向了宿舍楼。

杜航抢了一步，重又拦在易拉面前。他的眼睛一半遮在头发里，一半看着易拉，轻声却不容置疑：“我在跟你说话。”

易拉抱紧怀里的书，皱眉，再次从他身边绕过去，走进了宿舍楼。

同行的女生七嘴八舌——喂，你没搞错吧，干吗不理人呢？那可是杜航啊，颜值碾轧全校男生的校草。知道他爸吗？知名企业的老总，经常跟市长一起出镜的……有赞美、艳羡的，有怪易拉不知好歹的。

后来很长一段时间，杜航的注意力都在易拉身上。问题是，易拉的心思全都在学业上。易拉幼年丧母，是外婆把她抚养长大，她是外婆的一切。外婆盼了一辈子，先是自己的大学梦落空，后是女儿中途失学。外婆被这两个落空的噩梦纠缠了半辈子，易拉成了她最后的希望。终于盼到易拉读了大学，外婆高兴得老泪长流，老天有眼，终于让她盼到了。易拉看着外婆的眼泪心头酸楚不已，她觉得自己身上背负着三代女人的大学梦，哪还有别的心思？只能好好读书，拿出优异的成绩，让外婆心满意足地安度晚年。

那天是易拉的生日，天知道杜航怎么获知了这个消息。他为此做了精心准备，开了车，车上有鲜花，有生日蛋糕，还有给易拉的生日礼物，他本来打算给易拉一个惊喜。易拉却波澜不惊地拒绝了，甚至懒得看他一眼。

看着易拉走进宿舍楼，最后消失在楼梯的拐弯处，杜航甩了甩半遮着眼睛的头发，摁了一下手里的钥匙，路边一辆白色路虎闪了一下。他拉开车门正要上车时，看到车的另一边有个女孩愣愣地看着他。那个女孩就是苏七月。苏七月高中毕业后，半工半读上着电大的会计课，闲时会来找易拉玩。

苏七月说："我是易拉的好朋友，我替她向你道歉，她就是这样的性格，你别介意。"

杜航又甩了甩半遮着眼睛的头发："不用，她并没做错什么。"见苏七月站在车前没有离开的意思，又说："方便的话，一起走吧。"

"那好，就麻烦你送我一程。"苏七月上车后，回头看了看后座上的花，“哇，好漂亮！我还从来没收到过这么漂亮的花。易拉不要，可以送我吗？”

杜航看了苏七月一眼，没说话，车径直向前驶去。

车子开到校外一片树林旁，杜航停车，从后备箱拿了一把铲子走进了树林。他用铲子在林中挖了一个坑，反身从车里抱起鲜花、蛋糕和一个盒子，扔进坑里，飞快地用土掩埋了。苏七月坐在车里静静地看着杜航，看着他抱着那一堆东西走远，又空手而回，像电影里的某个场景。

杜航坐回车里，对苏七月说：“你还想要花吗？如果想，我可以送你。”

四野阒寂，那一刻苏七月感觉自己灵魂出窍了。

买过花后，街道两旁的路灯渐次亮起，每一盏灯都低垂着头，让整个城市看起来垂头丧气的。杜航并没有征询苏七月的意见，他逃离一般，把车从闹市一路开向郊外，径直开上了高速。两个小时后，他们坐在了省城一个叫十里洋场的饭店。杜航对服务员说，两个人，推荐一下你们的菜品吧。服务员看了看杜航，又看了看苏七月。那顿饭，那个穿着旗袍，仿佛来自民国的女子，以少而精的标准，让苏七月刷新了自己的饮食体验——一盅开胃汤，没喝出什么滋味，但上千元的价格让她喝出了富人的档次。一瓶洋酒，同样说不清什么滋味，却让她完全打开了自己。接下来眼花缭乱的美食，苏七月吃得晕晕乎乎。

饭后，苏七月在酒精的怂恿下，倒在了酒店的那张大床上。头顶的天花板是蓝色的星空，苏七月仿佛看到另一个世界正在向自己走来。杜航爬上她身体的那一刻，苏七月的双手伸了出去，五指大大张开，抓向了那个世界。

3

飞往三亚的班机晚点了近一个小时，乘客早已坐立不安，一时间怨声四起。

杜航坐在一处靠窗的位置，正在电脑上制作报表，周围的喧闹似乎对他毫无影响。老路突然让他到三亚出差，而他手头的工作还没有完成，只能在飞机上争分夺秒加班了。老路以前是杜航父亲的朋友，他愿意提供给杜航一个不错的工作机会，固然有父亲的因素，但更在于他本人的勤勉与干练。

现在的杜航像脱胎换骨一般，曾经半遮着眼睛参差不齐的乱发，剪成了清爽干练的板寸，大 T 恤、牛仔裤换成了西装领带，标准的白领精英形象。

“本次航班因故延时起飞，请各位旅客少安毋躁……”空姐用汉英双语报着飞机延时的消息。

“什么？飞机故障？这样的飞机能安全吗？”坐在杜航身边的年轻妈妈惊叫起来。她怀里的小男孩大概四五岁的样子，之前一直在睡觉，此时，他大睁着双眼，恐惑地看看妈妈，又看看坐妈妈旁边的杜航。

“不是故障，是因故延时，没事的。”杜航宽慰道，对小男孩笑笑。

“叔叔，你在干什么?”小男孩扭头盯着杜航的电脑问。

“嘘！宝宝别出声，叔叔在工作。”年轻的妈妈赶忙制止。

“叔叔，你为什么要在飞机上工作?你没有办公室吗?我爸爸都有办公室的。”小男孩说。

“不好意思，打扰您了。”年轻妈妈道歉。

“没有打扰，小朋友很可爱。”杜航说，他再次对小男孩笑笑，活动了一下四肢，打算稍作休息。最近连续加班，眼睛有些受不了。

看杜航停止了工作，年轻妈妈才说：“宝宝，叔叔珍惜时间，所以在飞机上也要工作，宝宝也要珍惜时间，好好学习，像叔叔一样，将来做个社会精英，你看叔叔多帅。对了，今天妈妈教你的唐诗背会了吗?”

“背会了，我背给妈妈听。”小男孩咿咿呀呀地开始背唐诗。

杜航想起了自己的母亲与年幼的儿子。

从幼儿园到高中，母亲给杜航选的都是最好的学校。可那又有什么用?母亲想尽了一切办法，也操碎了心。他的成绩在他经历过的每一个班级，都稳定地垫着底，从来没有出现过意外。

那些年母亲常常伤心不已，后来，她终于打算放弃了，这是杜航父亲劝说的结果。父亲说，他要不是那块料，你再用力也没用，你总不能替他上学吧？既然已经这样了，你不如开开心心过好自己的生活，他的事，总会有办法的。父亲说得很笃定。母亲就决定不管了，反正也管不了。接下来，她参加各种旅行团去散心。杜航便也满世界跑——不就是到处跑嘛，都是跟钱说事的事，只要兜里有钱，谁还不会？

学校还是给杜航发了高中毕业证。当然，这是父亲运作的结果。老杜是个传奇，十几年前，他以超出常人的魄力，力挽狂澜，救活了那家濒临破产的企业，保住了数千人的饭碗。市里给了他很高的荣誉，并且把这个企业交给他管理，短短几年便成为市里的纳税大户。老杜总有办法让每一条被残酷现实堵死的路柳暗花明又一村。

杜航高中毕业后，家里决定送他去学英语，希望他拿到一个说得过去的雅思成绩，再想办法给他申请一所说得过去的国外大学。但杜航断然拒绝，他再也不想被学校折磨了，国外的也不行。父母只好再想别的办法。杜航不管，照样每天把日子过得云里来雾里去的，什么新奇什么刺激他就折腾什么，对父母的话一概不理会。

那天父母亲同时走进他房间的时候，杜航就知道又有麻烦了。他们给他联系了雅思培训班，说既然在国内高考无望，那就必须申请一所国外的大学，无论如何要有个说得过去的学历。杜航不同意，说不想出国。

“这就奇怪了，出去留学有什么不好？多少人梦寐以求的，你怎么非跟我唱反调？”母亲问。

“人各有志，你不懂，反正我目前不想出去。”杜航说。

父亲想了想，说：“这样吧，你先过雅思关，国内外大学之间不是常有交换生项目嘛，到时候，想办法把你交换回来。”

杜航看一眼父亲，又看一眼母亲，勉强算是答应了。他拖拖拉拉用了近一年时间，经过几番周折，最后拿到个说得过去的雅思成绩，申请了澳洲一所大学。临走前，提出一个条件，要父亲准备一部车等他回来。他早就不玩游戏，却迷上了车，过了十八岁生日，就自己悄悄考了驾照。看在他终于过了雅思关的分儿上，父亲拍了拍他的肩膀说，答应给他准备辆车。

大一下学期，杜航交换到易拉所在的大学，与她同班。他依然不把学业当回事。整个大学阶段，杜航没上过几天课，西藏，珠峰，南极，非洲……那些年，他和他的一帮狐朋狗友穿行在全世界最独特的风景里，把两侧脸颊晒得像猴屁股一样与众不同。杜航干的唯一一件正经事，就是给父母领回了一个儿媳妇。

婚后，苏七月辞了工作，一心一意做着杜家的少奶奶，吃饭有保姆伺候，出行有司机接送，高兴了就去逛街，不高兴了也去逛街。在杜航有意无意引领下，苏七月的眼界和品位得到迅速提升：先从化妆品开始，一套SK-Ⅱ瓶瓶罐罐的图片，加上她与杜航十指相扣的合影，凑了整整齐齐九张，发到微信朋友圈，配了一句话：这一刻没想法。很快，下面就有同学留言：炫富与秀恩爱的最高境界是——什么都不说，请看图。

有那么一段时间，苏七月的微信朋友圈图文并茂，热闹非凡。图片成组出现：这一组，杜航牵着她的手漫步在欧洲某个街头；下一组，她依在杜航的肩头，坐在北海道雪白的世界里，红鼻子雪人是他们爱情的结晶……如果还有耐心往下看，那内容就多了，美容美发，健身赛车，朋友聚会，燕翅龙虾，都可以成为她图片里的风景，每组图片永远不变的主角是苏七月，而杜航是苏七月的标配，形影不离，恩爱无比。

小男孩把唐诗背得滚瓜烂熟。杜航听着，竟有些感动。小男孩可比自己小时候强多了。杜航想，回家后，要抽出时间多陪陪儿子，或许可以从教他背唐诗开始。儿子出生后，多数时间与奶奶生活在一起，他这个当父亲的，已经缺席很久。苏七月就更不用说了，好像一直没有适应母亲这个角色，比任何一个母亲都忙。

4

易拉在 ICU 病房外找到苏七月的母亲。苏母一把拉住了易拉的手，哭得肝肠寸断，让易拉一时不知所措。苏七月的弟弟苏哲和妹妹苏小秋站在一旁。苏哲眉头深锁，似乎在那一刻锁尽了世间愁苦。苏小秋从上到下整个人圆圆滚滚的，这个患过脑炎留下后遗症的姑娘，样子很是喜庆，她懵懂地看着易拉，努力调整着自己的面部表情，一副哭笑不得的样子。

ICU 病房里灰白色的冷气扑面而来，让人感觉自己就是一块被放进冷藏室的肉，任人摆布。生命在这里已经失去了生命的意义。

深度昏迷的苏七月戴着呼吸机，头上裹了一圈白色的纱布，车祸的阴影依然残留在她的脸上，是那种与灾难殊死抗争后的无奈与衰败，一败涂地的败，看着令人心惊。易拉无声地把脸埋进了李牧怀里，她听到李牧在询问情况。大夫说，病人是昨天晚上送进来的，一切都有人安排好了……只是，伤情太过严重，我们只能期待奇迹。大夫说这话时，停顿了数次，每一次都是戛然而止，似乎苏七月的心跳随时都会戛然而止。这让人如何放心？

易拉把头使劲抵在李牧胸前，好像要挤出刚刚听进去的声音。

高中时的苏七月，梳着长长的马尾辫，总是那么目空一切地走过人群，与俗世保持着一定的距离，一看就是有理想，要做大事的人。即便是父亲突然离世，家里的经济支柱倒塌后，心高气傲的苏七月也没有认命。有那么一两年，她甚至没添过一件新衣，但她把洗得发白的蓝色校服穿得风姿绰约，像一株高傲的蓝色向日葵，仿佛只有太阳才是她的方向。那段时间，很多女生都效仿她，蓝天下，校园里，到处是蓝色向日葵。父亲不在了，苏七月的梦想没变——她要考一所南方的大学。她一直都喜欢江南，杭州，苏州，她觉得这些美丽的江南城市犹如大家闺秀，是她的城，她是属于江南的。她要去那里读书，将来还要在那里生活。

可是，苏小秋的病来得毫无征兆，一下子压垮了这个家。当时，弟弟苏哲上初中，叛逆期，固执得像一块顽石，说父亲不在了，他就是家里唯一的男子汉，他要辍学打工，养活母亲和两个姐姐。母亲不同意，他说一次母亲就给他摁下一次，搞得他最后就想着如何说服母亲，完全没有心思学习，成绩一落千丈。

苏七月高中快毕业的时候，母亲含泪与她长谈了一次。母亲说，女孩子上到高中已经够了，就别参加高考了，去找个工作吧。苏小秋生病后医药费像座山一样，压得这个家已经撑不下去了。

“大学只是个梦，不是谁都能圆的。”

“但我一定要圆。”

“你弟弟那么小，你真忍心让他去打工养你吗?”母亲指着外面的苏哲和苏小秋说：“你是他们的大姐，你可不能这么自私啊七月。”母亲掉了眼泪。

“可是，这不公平啊……”苏七月哭着从家里跑出去，不知道为何，竟跑到了平时并没什么交往的易拉家。

易拉的外婆知道原因后，收留了苏七月，说，你就安心住在这里，和易拉一起准备高考，别的事外婆替你担着。直到高考结束，苏七月找到一份临时工后，才搬回家住。她一边工作，一边等高考成绩，最后等来的却是落榜。苏七月倒在床上哭得天昏地暗。苏母却手抚胸口，长长地松了一口气。

易拉被杜航追求的消息，苏七月是从高中同学那里听来的。同学把这个故事讲得有枝有叶，枝繁叶茂，连杜航去找易拉时穿了什么牌子的运动鞋，以及那双运动鞋如何漂洋过海到了杜航脚上，都说得清清楚楚。苏七月听得一愣一愣的。她上网查了那双鞋，限量版，再看那价钱，惊得她下巴都要掉下来了。当时，苏七月就动了心思，有机会就去找易拉，没机会创造机会也要经常去找易拉。后来，苏七月终于见到了传说中的杜航。其实，开始的时候，苏七月只是想认识杜航，希望通过他，认识他那个圈子里的人。苏七月对自己的长相是自信的，她自信她这样的容貌，就应该嫁个有钱人。她没有想到的是，一切会这么顺利，易拉毫不犹豫地推开了杜航，把机会留给了苏七月。省城那一夜之后，苏七月便把杜航牢牢地抓在了手里。到手的鸭子，自然不能再放走。

为此，苏七月在易拉面前总有些心虚，她把朋友圈建立了分组标签，易拉单独一组，每次发朋友圈都选择让易拉不可见。和杜航走到一起后，苏七月一直想知道易拉的态度，但易拉始终没有态度。时间长了，苏七月也就心安理得地做起了杜家的媳妇。

5

飞机的舷窗像一扇又一扇假象，分明看到天是阴的，风吹着机翼下的青草在动，摇摆着凉意，机舱里却燥得热烘烘的。

航班一再延迟，之前调入飞行模式的手机，被各自的主人调了回来，打游戏的，看视频的，聊微信的，发朋友圈的，各自忙得不亦乐乎。杜航稍作休息，再次进入工作状态。他的手机放在电脑旁，一直处于飞行模式。

这时，右后方站起来四个人，在飞机上引起新一波的骚动。

“妈妈，那个人戴着手铐，我看到了，衣服下面是手铐。”旁边小男孩喊道。

杜航回头，看到四个人走来——前面一个，后面一个，中间两个，中间的两个人一前一后错开了身子，其中一个拉着另一个的手臂。被拉着的中年人看样子是个大人物，但现在，他的脸像一张画技低劣的素描，五官与表情都模糊掉了，他的双手放在身前，遮在一件深色衣服下面，像木偶一样挪着脚步。

杜航觉得，那张脸好像在什么地方见过。他盯着那张脸，正面，侧面，直到他们走过去，留下四个后脑勺，最终消失在机舱出口处。杜航突然想起，他见到过的，不是那张脸，而是类似的场面。

当时，苏七月已经怀孕六个月，整个人养得珠圆玉润。她却不满意，每天抱着杜航的胳膊，委屈得不行：你看，都胖死了，以后还怎么出门？杜航说，生完宝宝再塑身就是了，再说，我又不嫌弃。苏七月说，可我嫌弃，你快给我想想办法吧，我不要这么胖。杜航有点儿为难，他看看苏七月，整个人鼓嘟嘟的，是胖了不少，脸比以前大了一圈，眉宇间竟看出些许蠢相。杜航有点纳闷，奇怪，不就胖了点吗，怎么人的面相就改变了呢？

保姆端着一碗鸽子山药汤出来，苏七月的脸上都快拧出水了：又来了，又来了，还让不让人活了……保姆端着汤碗，为难地说，杜总交代过的，一定要保证孩子的营养。苏七月说，他只管他孙子的营养，根本不管我的死活！杜航生气了，说，毒药啊？怎么就不让你活了？扭头对保姆说，放这儿吧，她爱吃不吃。

保姆把汤放在茶几上。苏七月一边喝着鸽子山药汤，一边抱怨着身上多出来的肉。

杜航父亲被带走的消息就是那个时候出现在了电视新闻里：他挪用公款，排除异己，差点儿把他救活的那家企业掏空。最让杜家尴尬的是，老杜包养了一个女人，一笔巨款和那个女人一起流向了海外，不知所终。苏七月含着一口汤，指着电视嗯嗯了半天，终于想起把那口汤先咽下去。她跳起来抓住杜航，电视画面已经转为国际新闻。

窗外下着雨，雨点噼里啪啦的，天越来越暗。

杜航的母亲面临着两个选择：一个是与老杜离婚，带着孩子们好好过日子，反正是老杜先不仁的。另一个是想办法堵上老杜塌下的大窟窿，减少国家的损失，争取政府的宽大处理。

母亲坐在沙发上泪流不止。外婆坐在沙发另一头，摇着手里的一把扇子。一只虫子从茶几上果盘里的葡萄上飞起，外婆举着扇子拍过去，虫子没拍到，被风扇没了。外婆叹口气说，别哭了，哭有什么用？母亲还是哭，两只眼睛肿得像烂桃子。外婆实在想不明白，自家姑爷，平日里多好的一个人，怎么就犯了糊涂呢？

苏七月看着杜航，感觉自己像在梦里一样。“简直就是个噩梦。你说，妈会赌上我们全家人的幸福，去替你爸还债吗？那些钱可是被另一个女人带走的啊……”话还没落，她看到杜航看过来的眼神，冷冰冰的。

杜母最后还是掏空了家底，去堵老杜塌下的那个大窟窿。再加上一部分工人念及老杜当年对厂子有功，联名向上面求情，老杜最终被判了十年有期徒刑。

孩子出生时，他们一家人住进了一套不足一百平方米的小三居，房子是杜母单位早年的集资房。一家四口人，就指着杜母每个月那点儿退休金生活。苏七月抱着孩子，坐在阳台锈迹斑斑的栏杆前。生产与哺乳让她蓬头垢面。她苦着脸抬头看着天，说，这孩子来得真不是时候，这日子……真是没法过了……

杜航也知道，再这样下去，这日子是真的过不下去了。母亲四处求人，杜航的工作却始终没着落。世间事就是这样，有的人选择工作，有的人被工作选择。杜航例外，他无法选择工作，工作也不选择他。

杜航说："要不，我先找份临时工做吧……"

杜航的话没说完，就被母亲打断了："什么临时工？"

"送快递，或者送外卖什么的。"杜航说。

"不行！"母亲的眼睛一下子就红了，她坚决不同意，她宁愿杜航闲着也不愿让他去做苦工。儿子娇生惯养着长大，可不是为了让他风餐露宿去送外卖，怎么也得找个说得过去的工作。

苏七月说："那我出去赚钱吧，反正我什么苦都吃过。"

杜母看看她，未置可否。

那一刻，苏七月有些心酸：到底儿子与媳妇不同，人家心疼儿子，却不在乎她一个女人抛头露面。

杜航问："你能去哪儿赚钱？"

苏七月说："北京，大城市机会多，赚钱也应该容易一些，不然这日子真的没法过了。"

杜航被她的理想惊呆了，皱眉看了她好大一会儿，才摇摇头说："不行，你一个女人跑那么远，我放心不下。"

听到杜航的话，苏七月心里热乎乎的。她看着杜航，杜航明显消瘦了许多，但人还那么清爽俊朗，他皱着眉的样子，像偶像剧里的某个偶像皱着眉。苏七月心想，什么都变了，只有他没变。

第二天早上，杜航醒来时，身边已经不见了苏七月。床头柜上留着一封信，让他照顾好儿子，也照顾好自己……

6

李牧在十字路口打了左转向，把车开向了杜航家。

苏七月从没邀请易拉去过她家，住别墅时没有，搬到这小房子以后，也没有，这个地址还是从苏七月母亲那里得知的。十几年的老房子，外观看上去像蒙着一层厚厚的灰尘，住户的阳台、窗口，都封着锈迹斑斑的防盗栏，挂着各色各式的衣物。

他们敲了好一会儿门，一直没动静。易拉只好给杜航微信留言，让他速回电话。

下楼，看到邮递员站在一排信报箱前。其中一个信箱满了，塞不进去，邮递员有些为难，抱怨说，这家什么人啊，订了杂志却不看，都堵在这儿，这不是给人添堵嘛。易拉本来已经走过去了，却突然想起了什么，回头去看，那个被塞满的信箱，果然是苏七月家的门牌号。易拉说，给我吧，我带给她。邮递员一下子轻松了，把手里的书报递给易拉，忙下一个去了。

上车以后，易拉翻开一本诗歌杂志，见上面刊发了苏七月的几首诗，还配了她的大幅照片。匆匆扫了一眼，易拉摇头苦笑。

看到易拉给晚报写的专栏，苏七月就蠢蠢欲动，拿着她的诗稿来找易拉。易拉看过苏七月的诗，没做任何评价，从书柜里找出几本经典诗集，那些都是她的珍藏版，一般是不示人的："先读读名家作品感觉一下，找找自己的差距在哪儿。"

苏七月接过书，翻了翻，顺手放在一边："易拉，上高中的时候，我的作文也常常被老师当范文给全班同学读的，你记得吧？"

"记得啊。"易拉说，"那时候你骄傲得像个公主。"

"你还不是一样？总是独来独往，谁都不理，成绩好得让人嫉妒，我就嫉妒过。"苏七月笑了，"不过，那时候，我的作文比你写得好，老师说我在写作上是有天赋的，这个你记得吗？"

"当然记得，老师说你的故事编得很精彩，像小说。"易拉说。

"好像是这么回事。"苏七月回忆着，"但我现在没有时间写小说，只能写诗，诗歌字数少，不费时间。"

"写诗也挺好，你要是想写，就多读读好作品，静下心来好好写。"易拉说。

"什么叫想写啊，我这不是已经写了吗？"苏七月指了指面前的手稿，“你都能发作品，我肯定也能发的。那个……我不是说你写得不好，我是说……我写得也不错啊，毕竟老师都夸过的，你说是吧？你熟悉报刊编辑，帮我推荐一下呗。”

易拉又看了看那些诗稿，不知道说什么好。

“易拉，帮帮忙嘛。”苏七月说，“我请你吃饭，你想吃什么?”

易拉想了想，想到一个关系不错的诗歌编辑，就硬着头皮，把苏七月的诗给那位朋友发了过去。

过了两天，朋友的电话打过来：“易拉，不是我不给你面子，是实在说不过去，不能把文字分个行就叫诗吧？易拉你能不能讲点原则?”

那个下午，易拉一边听电话，一边在平板电脑上玩一款赛车游戏。这个游戏她刚刚尝试，每次都死得很惨，但每次都欲罢不能，最长的一次玩了整整一夜。为此，李牧挖苦她：“有你这个劲头，做什么都会成功的，不然，上帝都不答应。”易拉想到的却是——这世上只要你努力，没什么事是你搞不砸的。后来，易拉为那一夜付出了代价，眼睛疼得一周都不能看手机和电脑。

“易拉你有没有在听?”电话那边大声喊着。

易拉看到自己的红色跑车突然失控，冲出了高架桥……

“听着呢。”看着最终的残局，她扼腕叹息。

“别什么都往我这里丢。”

“我丢我的，发不发是你的事。反正发出来的也不一定都是好诗，而她恰好需要，你要是真的看我面子徇私舞弊，多一个苏七月又何妨？”

“易拉，有你这么欺负人的吗？”

电话挂断了，易拉从游戏现场收回目光，看着手机，心想，好朋友不就是用来欺负的吗？脾气这么大，八成是和女朋友吵架了。

杂志上还是那几首诗。编辑还是易拉那位朋友。苏七月的诗最终还是发表了。易拉不知道这事要如何解释。

去年那次葡萄节李牧没参加，他要带团队出国考察，时间错不开。本来李牧不去易拉也不打算去了，但李牧说，既然答应了苏七月，就一起去吧，好好玩，等你们回来的时候，我差不多也该回来了。

开始的时候，苏七月内敛安静，话很少。吐鲁番七泉湖边的那场舞会是转折点，一支舞跳过后，苏七月就像花儿一样怒放了。接下来的晚宴上，苏七月坐在易拉与老叶中间，在老叶怂恿下喝了不少红酒。喝过酒，吵着要去看星星。易拉没去，她有点儿累，回房间收拾收拾就睡了。红酒协会的活动每次规格都不低，这次也一样，为了避免互相打扰，每人一个单间。

易拉并不知道，众人看完星星，各自回房休息后，苏七月又拐了个弯，进了后院的一间茶室——老叶正在那里等着她。

茶室临湖的一面是偌大的弧形落地窗，天上的星星映在湖中，透过窗子一眼看去，满世界都是星星，屋里不用开灯都是亮的。两个人坐在星光里，一边喝茶一边聊天。

老叶先把苏七月赞美了一番，说她舞姿动人，人比舞姿更动人，问她做什么工作。苏七月说，自己一直没有工作，正在找，现在找份合适的工作可真难啊。苏七月给老叶添了一杯茶，又给自己添上，也不喝，继续看窗外的星星，一副心事重重的样子。老叶看着苏七月，看了半天，说，刚才看星星都是在胡闹，现在才是看星星……苏七月的目光从湖水上收回来，看着老叶。老叶说，你就是最美的星星。唇不点而含丹，眉不画而横翠，如描似削身材，怯雨羞云情意……知道这首诗吗？苏七月点了点头。老叶说，这首诗写的就是你。随即就抓住了苏七月的手，说，工作的事你不用担心，有我呢，谁让咱俩正好在这样的夜晚一起看了星星呢，这就是缘分。苏七月挣扎了一下，没有挣脱，白裙子的领口开得很低，胸前若隐若现的两坨肉晃得波涛汹涌。

那次葡萄节回来后，苏七月进了升达国际中学。老叶的事业涉猎多个行业，教育只是他旗下一个分支。苏七月的简历上，学历写着教育学硕士。老叶介绍，这是他高薪聘请的管理人才。当然，教育学硕士也不是平白无故写上去的，老叶通过关系，让苏七月去读了个在职研究生，只不过学历提前写入了简历。

如果不是后来杜航闹的那一通，苏七月与老叶的事，易拉还被蒙在鼓里。

7

“红茶，咖啡，矿泉水，先生要点什么?”

低头做报表的杜航一愣：易拉的声音，她怎么会在飞机上？抬起头来，却见一个空姐推着送餐车站在过道里看着他。

“先生，请问您要点什么?”空姐再次问。

杜航好像做梦一样，他使劲摇了摇头，还是没能走出梦境，梦呓般说道：“红茶，咖啡……矿泉水吧……”

空姐笑了，递上一瓶矿泉水，说：“先生您可真有意思。”

你可真有意思，这是易拉跟杜航说过的话。

当时，杜航就站在校园虹桥的桥头，他知道，这是易拉从教室回宿舍的必经之路。那天，雨后的夕阳映出一道彩虹，彩虹的一端，易拉正向他来，他在夕阳炫目到黏稠的金色光芒里看清了那双大眼睛，恬静，忧郁。易拉走到他身旁时，杜航迎上前去，从身后拿出一束玫瑰说：“易拉，给你的。”

易拉愣了一下：“给我的，为什么?”

杜航捧着火一样的玫瑰，看着易拉，想到她之前的数次拒绝，心里突然很没底气：“因为……不为什么……”

“你可真有意思。”易拉说。她几乎没有停留，走过了杜航身边，把他当空气一样。

杜航一个人站在桥头，看着易拉离他越来越远，然后，他把那束玫瑰举过桥栏杆，看了一眼远处的彩虹，松开了手。玫瑰像一团火一样，在落入河水的瞬间熄灭了。

那时候，大学已经读了一年多，多数情况下杜航都在逃课，因此记住的同学不多，但易拉他记得很清楚。那姑娘学习一直很用功，宿舍—教室—图书馆，三点一线，与学业无关的地方一概不去，仿佛她在躲着全世界。正是那种逃避一切的神态打动了他，他不知道她在怕什么。这与杜航天不怕地不怕的性格不一样。他一直想搞清楚易拉在怕什么，自从第一眼看到她，他就有了这个念头，这个念头让他产生了保护她的冲动。当然，这只是杜航一厢情愿，在易拉看来，“你可真有意思”——她并不需要谁来保护，她只想躲开他。

从大二到大三，从大三到大四，直到易拉生日那天，杜航买了鲜花、蛋糕和婚戒，决意向易拉摊牌时，她连“你可真有意思”也没说，就彻底逃开了。

一切好像命中注定。如果当年易拉不是那样拼命地躲着杜航，就不会给苏七月留下机会；如果苏七月没有和杜航走进婚姻，他的生活也许会是另一种样子……

杜家突遭变故，一切不再是苏七月想要的样子，于是，她义无反顾地做了“京漂”。可不到一年，又一无所获地回来了。杜航曾问起她在北京那十个月的生活，苏七月一直讳莫如深，但杜航能感觉到，苏七月在北京生活得并不好，她的梦想再次破灭，这让她身心疲惫，一蹶不振。杜航知道，他不能再推卸肩头的责任了。

老王就是在这个时候找上门的。

那天刮着东北风，老王进来的时候，头顶仅剩的那缕头发被风吹乱，耷拉在左边耳朵上，样子有点滑稽。老王进门后，第一时间捋顺了那缕头发，让它们规规矩矩重新贴在他光秃秃的头顶，然后才坐在沙发上，端起杜母沏好的茶。

老王喝了一会儿茶，感觉身子暖和了些，又理了下头顶上那缕头发，才开口说："我来看看你们，您还好吧？"

"还行吧……"杜母面对老杜曾经的下属——那个国企的财务科长，感慨万千。老杜是在老王退休半年后出事的，那之后，家里便很少再看到老杜的熟人。

老王看着杜航的母亲，心想，当年多优雅的一个女人，一下子就老了。

"小航的工作还没着落吗？"老王问。

"以前，他挑三拣四样样都不如意，老杜一出事，哪还有得挑？这不，小两口都还没工作呢。"

"要不，让小航跟着我吧，我带带他。"老王说，"我现在给老路帮忙，他那摊子越来越大了。"

"老路啊……"杜航母亲想起老杜身边的那个年轻人，现在都成老路了。"那行，那就让他跟着你吧，他跟着你我也放心。"

初入职会计这一行，杜航是真的蒙圈儿，看着一页又一页密密麻麻的数字，他的世界突然就黑了。真的，两眼一抹黑的黑。实际上，不但杜航对自己失望，老王在做了杜航的师傅后，对他也极其失望。他没有想到，老杜那么高的智商，居然把儿子培养成了一个废物。但老王是个有情有义的人，他决定拉杜航一把。

老王说，小航啊，现在不同往昔了，你得看清现实。

杜航说，叔，我明白。

老王说，你父亲已经这样了，以后出来，连生活保障都没有，你母亲虽然有退休工资，但她毕竟年龄大了，这个家就指望着你了。

杜航说，叔，我明白。

老王看着杜航说，可是，你这个样子怎么养家？

杜航低下了头。

老王沉默了几分钟，叹了一口气说，这样吧，从今天开始，我来辅导你，会计这份工作不是好做的，你要先提高业务能力，然后把能考的证都考下来，让自己成为名副其实的会计师。老王拿出自己的高级会计师证，说，有了这个，你才能把这碗饭端稳了。

杜航说，叔，我明白。

老王问，你真明白？

杜航点点头。

老王说，那好，从现在开始，我说什么你就得做什么，不准自作聪明，不准偷奸耍滑，我让你做的，你必须百分之百做到。

杜航说，叔，我明白。

老王还说了很多，杜航自始至终都以“我明白”来回答。他好像真的什么都明白了，他看着老王光秃秃的头顶上仅剩的那一缕头发，伸手摸了摸自己的头顶，仿佛一眼就看穿了自己的人生。

杜航跟着老王四年，相当于回炉又上了四年大学，每天点灯熬油，完成老王给他布置的任务。把浓密的头发熬得一把一把往下掉。

苏七月从北京回来后，一小套房子住着四口人，日子突然就显得拥挤，糟糕得让人心塞。她看谁都不顺眼，经常莫名其妙地发脾气。杜母感觉自己待不下去了，她把孩子交给苏七月，说，杜航现在挣的不算多，可过日子没问题。你外婆年龄大了，我得去照顾她，以后就不住这里了，这个家就交给你了，你要照顾好他们父子俩。

苏七月却说，外婆那边房子大，您把宝宝也带走吧，我也要工作的，没时间管孩子。杜母叹了口气，只好带着孙子去了自己母亲家。生活一下子就宽松多了。杜航与苏七月各忙各的，有时候，两个人几天都见不上一面。

杜航终于能独当一面时，老王欣慰地拍了拍他的肩膀，说，果然是老杜的儿子，一点儿都不笨。第二天，老王就向老路提交了辞职申请。不久，杜航坐在了老王的位置上，成了老路公司的财务总监。

升职那天，杜航下班路上采购了一大堆食材，他想做一桌丰盛的晚餐，与苏七月一起庆祝。苏七月却不在家，杜航就一个人进厨房忙活起来。家道中落以后，杜航的厨艺突飞猛进，不到一个小时，一桌子好菜就做出来了。他一边看电视，一边等着苏七月。然而，左等右等，一直等到晚上十点，还是不见苏七月，打电话也无法接通。杜航有点儿坐不住了，换了衣服打算出门去找，刚走到小区门口，便看到一辆路虎缓缓驶近，停在不远处的路灯下。副驾座上的女人伸出手臂，钩住开车的男人的脖子……这个姿势大概保持了一分钟，然后，两人分开。车门打开，女人下车，向路虎挥手告别，路虎稳稳当当消失在夜色里。女人转身，杜航惊讶地看到是苏七月。

天地间的黑暗像海水一般涌来，路灯的光芒显得无能为力。苏七月站在路边，那一刻，她变成了最夺目的耻辱，明亮，甚至刺眼。杜航的血直往脑门上涌，他几步上前，一巴掌打在了苏七月的脸上。苏七月的解释他一句都听不下去，什么礼节性的拥抱，什么工作上的关系……狗屁逻辑！

“易拉，你帮帮我……”苏七月在电话里哭，上了一辆出租车。

易拉和李牧已经等在小区门口。他们看到苏七月的样子，都被吓到了——苏七月脸上青一块紫一块，鼻子还在往外渗血。她扑进易拉怀里哭得浑身颤抖：“易拉，你帮帮我。”

“怎么回事，谁干的？”易拉问。

未及苏七月解释，杜航已经打车跟了过来。

“会是杜航打的？”易拉有点儿不敢相信。

杜航沉着脸问：“那个男人，是你介绍给苏七月的？”

“哪个男人？”易拉眨了一下眼睛，不知所以。

“装什么装？这些日子苏七月一直跟你在一起，难道那个男人不是你介绍的？”杜航余怒未消。

李牧皱了下眉，他隐约感觉杜航说的那个男人应该是老叶，但他不知道苏七月跟老叶之间到底发生了什么。他说：“兄弟，你可能误会了，易拉就带着苏七月参加过一次葡萄节，还是她自己要求去的，这个你是知道的。”

“我当然知道。”杜航说，“当时易拉身体不好，苏七月是为了照顾易拉才去的。但那个男人是怎么回事？”

苏七月还在易拉怀里哭，而易拉很是迷茫。

“好吧，苏七月可以这么说，但她们只是去了一趟吐鲁番，其他时间并不在一起，至于你说的什么男人，恐怕易拉完全不知情。”李牧说。

“你们在说什么？”易拉抱着苏七月，一脸茫然地看着这边问。没人回答她。易拉又低头问苏七月：“他们在说什么？”

苏七月顿了一下，哭声再次响起。

杜航苦笑，他不得不承认，李牧说的是事实，他们的确什么都不知道。何况，就算听到了什么传言，这种事也不便多问，更不能捕风捉影。然而，今天晚上发生的一切，却被杜航看得清清楚楚，他还能说什么呢？他盯着苏七月，想了想，问：“说吧，你究竟还想不想要这个家了？”

苏七月从易拉怀里抬起头，说：“我怎么不要这个家了？杜航你想想，自从你爸出事，哪一天我不在为这个家操心？我四处奔波，求爷爷告奶奶，不就是想找份好工作吗，我怎么就不要这个家了？”

这一连串质问，倒让杜航没话说了。说到底，是自己没能力实现苏七月想要的生活。

杜航说：“那行吧，今天的事就到这儿了，我可以当作什么都没发生过，希望你记住今天说过的话。”然后跟李牧和易拉说：“对不起，我刚才太冲动，让你们见笑了。不早了，都回去吧。”

杜航拉起苏七月，拦了一辆出租车。

等出租车完全消失在夜色里，易拉问李牧：“他说的那个男人，不会是老叶吧？”

李牧说：“恐怕就是老叶。易拉，以后别跟苏七月走得太近，你这个同学可不简单。”

8

李牧中午有饭局，下午还要带投资商去参观一个古村落。可他不放心易拉。

“乖，一起去吧，散散心。”

易拉坐在车里，正在拧一瓶矿泉水，拧着拧着，就不拧了，眼睛呆呆地看着车窗外，听到李牧问话，回头看着手里的矿泉水，是她常喝的牌子，平时没这么难开。“这瓶盖怎么打不开，是不是假的？”

李牧接过瓶子拧开，递给易拉。

“我去不了，杜航不在，我得去找老叶。苏七月都这样了，总不能没人管吧？”易拉咕咕咚咚喝了两口水。

“医院那边都安排好了，现在这种情况你也帮不上忙，只能听医生的。”李牧说。

“可我不放心，好好一个人，怎么就成这样了？”

李牧把车停在路边，伸手抱着易拉，却不知道说什么好。这事的确太突然了，昨天还活蹦乱跳的一个人，今天说倒下就倒下了。“可是，你这个样子，我也放心不下啊……”

易拉在李牧怀里蹭了蹭脸，过了一会儿，又蹭了蹭，仿佛要蹭掉心里的难过：“我要去找老叶，谁让他蹚这浑水的？现在最应该管的就是他。”

“你去找老叶合适吗？毕竟，苏七月是有家的。”李牧看看表，时间差不多了，今天到场的全是重量级人物，让别人等，不好，“这样吧，你先跟我上山，回来后我陪你一起去找老叶……”

易拉推开李牧，说：“不去，我这个样子哪有心情上山，免得大家扫兴。你把我送到老叶公司，赶紧出发吧。”

老叶在电话里说，易拉，你到了？这样，你先到接待室，让王媛给你泡壶茶，我这边忙完就过去。

王媛是老叶的秘书，见到她，易拉一连声地道谢：“让你费心了，深更半夜的……”

“谁说不是呢，大半夜的还在外面喝酒，喝醉了还开车，真让人不省心。”

“七月她可能心情不好。”

“她那个样子，心情能好吗？鱼和熊掌哪个都想要，却什么都不想付出，有这种便宜的事吗？”王媛说，“你这个同学啊，可真不像你，虚荣心太强，真不明白你俩是怎么成朋友的。”

这话李牧也问过：苏七月跟你的三观完全不是一路，你们怎么成朋友的？我怎么觉得她跟你交往是有目的的？你看，苏七月通过你认识了杜航，走进了婚姻。杜家出事后，她又是通过你，走进了红酒协会，走进了老叶的学校。

这事易拉想想心里就不舒服。苏七月还真是无处不用尽心思。

刚入职，苏七月就给易拉打电话，说，学校这边都给我安排好了，工作也顺手了，你不来看看我吗？

那天易拉刚好有时间，就答应了。她找到苏七月的办公室，门半开着，里面，苏七月正跟一个年轻姑娘说话：“真想能安静下来好好写点东西，几个杂志都跟我约稿呢，可你看眼前这些工作，有什么办法呢？”

“苏老师，您真不该干这些杂务，辞职专业创作多好，要不，太浪费人才了。”年轻姑娘声音软软的，但明显带着讥讽。

苏七月却在自己假设的光环里沾沾自喜：“而且，马上就会有位作家过来，是关于一部女性小说的话题，她已经三番五次请求，说想听听我的建议……”

易拉听不下去了，她没想到苏七月还有这一面，把谎话说得像真的一样，一时间进也不是退也不是。

这时候，苏七月回头看到了易拉，两人都有些尴尬。

易拉进来后，苏七月跟姑娘说：“这是易拉，著名作家，我同学。”

易拉脸一下就红了，想解释，却无从说起。除了跟李牧开玩笑，她从来不认为自己是作家，离著名更是十万八千里。

姑娘很热情：“你就是易拉？每周的红酒坊专栏我都在看。方便加你个微信吗？我叫王媛，学中文的，也喜欢写点东西，以后向你请教。”

“不敢不敢，你是专业出身，我得向你学习。”易拉说。

那是易拉第一次见王媛。加上微信后，王媛礼貌地说，我还有别的事，你们聊吧。就出去了。

苏七月走过去关上门，压低声音对易拉说：“我粉丝，没想到也是你的粉丝。”

易拉感觉自己要流汗了，她不知道苏七月还有多少面是她不了解的，只觉尴尬得不知道说什么好。苏七月却充满热情，给易拉倒了水，拿了瓜子和水果，然后从办公桌底下拿出几个购物袋，展示出三条新裙子，一条条给易拉看牌子：宝姿、芭蒂娜、阿玛施……

“这里有镜子，咱俩试试。你喜欢哪条就穿走。”苏七月指指门后的大镜子。

“全是名牌啊，老叶给你的薪水不低吧?”易拉问。

“还行吧，我可是他高薪聘请的高管。再说，衣服总得穿吧，我自己倒没这么想，但他们都说，我这样的女人，就应该开名车，穿名牌，用奢侈品。”苏七月滔滔不绝。

易拉被噎得无话可说，突然对这个人完全失去了兴趣。“你试吧，我不适合。”等苏七月一件件把衣服试过，易拉就借口有事要离开。

“别啊，刚来就走?”苏七月好像意识到了什么。

“真有事。”易拉说。

“你是不是看不起我?”苏七月知道易拉听到了那些话，“易拉，你替我想想，我一没学历，二没背景，像我这样的人，再没点儿光环，是无法立足的……”

“可那是光环吗？那都是泡沫。”易拉也不再隐瞒自己的情绪。

“即便是泡沫，这时候我也是需要的。”苏七月还在强词夺理。

“好吧，你自己好好把握吧，但是下次不要扯上我。”易拉说完，径直离开了。

那之后，易拉很少再跟苏七月见面。直到有一天李牧说，真没想到，这个老叶，这次居然认真了，昨天把婚离了。那苏七月呢？易拉问。李牧说，老叶就等着苏七月离婚后嫁给他，但苏七月迟迟没动静，还在朋友圈里与杜航秀恩爱，不知道你这个同学是怎么想的……

王媛一直忙着泡茶，一杯又一杯，聊易拉的专栏，聊学校的事，聊老叶，对苏七月闭口不提。说什么呢，现在人躺在ICU，真没什么好说的，说什么都不厚道。

老叶打来电话说，易拉，对不起啊，今天我恐怕要爽约了，这边又来了几位领导，我得陪他们谈事。易拉刚提到苏七月，就被老叶打断了：这事啊，我知道的，已经安排了，还有什么事你直接跟王媛说，怎么着还是我的员工嘛。

易拉看向王媛，她正在给易拉的杯子添茶，添完了，又去给自己的杯子添。

易拉挂了电话，说："既然叶董过不来，那我走了。"

王媛放下茶具说："你不就为苏七月的事来的吗？想说什么就说吧。"

易拉张张嘴，最终什么也没说。

王媛说："我知道你想问什么，本来这事我不该多嘴，人都躺在医院了，再说什么都不厚道，但既然你来了，事实总归是事实，我就给你说说吧。说实话，我也不希望大家误会叶董。"

苏七月刚上班，老叶就把她安排进了高层。事实上，苏七月什么都不会，她就是挂了一个看起来挺重要的职，活儿都让别人干，好处她一样都不少。凭什么呢？不就凭着老叶对她好吗？公司上下都知道这一点。苏七月要是知道这份好，懂得珍惜，那也说得过去，女人嘛，好看的皮囊本就是资本，要是愿意，安心享用就是了，别人也没什么好说的。但苏七月总是要以诗人自居，傲得不行，这就有点儿可笑了。

苏七月跟老叶提出想要一部车，老叶就给她买了一辆宝马，钱是从学校账上走的，车的所有权当然是学校的。苏七月知道后，说老叶不是真心对她好，一辆破车也不写她的名字，把她当什么了？因此三天不理老叶。第四天，老叶拿着两张机票来找苏七月，说，我婚都离了，人都是你的了，只要你愿意，我的一切都是你的。

苏七月有点儿慌。每次老叶提起这个话题，苏七月都会慌。她根本没考虑过这个问题，老叶不是她婚姻的人选。杜家虽败了，但杜航仍然是她的梦，这个梦她还不想醒。

老叶却不这样认为，他觉得苏七月是离不开他的。老叶说，安排一下，我们去欧洲住几天，我帮你下决心。

苏七月跟杜航撒了谎，说要和易拉出去玩几天。杜航就把当月的加班费全给了她，说出去了就好好玩，别不舍得花钱。苏七月接过钱的瞬间泪流满面，她抱住杜航，说，要不算了，我不去了，还是在家陪你和宝宝吧。杜航说，你不是跟易拉都说好的吗，去吧。

到欧洲以后，老叶每天都在朋友圈晒欧洲之行的图片，每天一组，九张图，每组最中间的那张必定是他与苏七月的合影，周围全是风景，很有点花团锦簇的意思。

李牧看到老叶的朋友圈，心想，看样子老叶是下定决心了，这不是相当于公开了与苏七月的关系吗？李牧看了看易拉，她一般不看别人的朋友圈，也就没有提醒她。

王媛看到老叶的朋友圈后，第一时间翻开苏七月的朋友圈，见苏七月只发了出游的风景片，在哪里，与谁，统统语焉不详。

“叶董都公开他们的事了，她苏七月还在敷衍，做人做成这样，对谁都是伤害。当时我就想，我应该帮叶董一把。叶董也不容易，以前多潇洒的一个人，如今为了苏七月，婚离了，大半家产给了前妻和孩子，全心全意都在苏七月身上。一个男人为了一个女人，能做到这一点，也算了不起了。”王媛说。

9

杜航终于完成了手头工作，稍稍活动了一下四肢。

旁边的小男孩已经在妈妈怀里睡着了，嘴角挂着甜甜的笑，说不定在做着什么美梦。人要是永远不长大该有多好，醒着时是无忧无虑的生活，睡着了便是绚丽多彩的美梦。杜航一边想着，一边收起了电脑。

这个活儿与老路的公司无关，是老王给杜航介绍的私活儿——给一家小公司做兼职会计，按时为他们做各种财务报表。老王给他介绍了很多这样的私活儿，最多的时候，杜航给四家公司做兼职会计。那时候，有多少私活杜航都愿意接，为的就是能给儿子和苏七月创造更好的生活。但现在他突然不想干了，现在苏七月有的是钱，再说，她是不是有钱，都已经跟他没有关系了。

杜航一直以为，苏七月的空闲时间是和易拉在一起的。他倒是希望苏七月能和易拉多接触。

有段时间，苏七月的确改变了不少。上网买了几本书，在家闲时也翻看，自拍一些读书的图片发朋友圈，看起来安静了不少。在家的时候，也总要把自己收拾得干净清爽。她以前不这样，以前她的生活永远都是眼花缭乱地热闹着，在外她光鲜亮丽，在家却邋遢得像一块皱巴巴的活动抹布。她也不再像以前那样动不动就歇斯底里，总是能在歇斯底里之前，很好地控制自己的情绪。至少，表面上是越来越精致了。

当苏七月说要和易拉出去玩几天，杜航答应了。网上那些鸡汤不是都说女人要宠的吗？

苏七月走后的头天晚上，杜航给她发微信：玩得开心吗？等了半天，苏七月没回，杜航就睡觉了。他一直很缺觉，整天都有加不完的班，不缺觉才怪。第二天晚上，杜航又给苏七月发微信，到哪儿了？等了一会儿，她还是没回，杜航就放下手机睡觉了。睡到半夜，母亲的电话把他吵醒了，说孩子发烧，四十摄氏度。

杜航赶到外婆家，接了儿子送进医院，检查结果是肺炎。折腾到天明，等儿子输上液，安顿下来，他给苏七月打电话，还是打不通。一整天，杜航打了无数次，苏七月的电话都无法接通。傍晚时，杜航只好给易拉打电话。

易拉正和李牧在师大校园散步。一树一树樱花开得肆意张扬，让花痴的人更花痴，家都不想回了。李牧说："要不，我给你折一枝？"

"好主意！可是，怎么带走呢？"易拉看了一眼学校大门，那里站着两个门卫。

"放我怀里，用衣服挡着。"

"压坏了怎么办？"

"压不坏。"

"怎么压不坏？花那么娇嫩。"

"花和女人一样，都是压不坏的。"李牧看着易拉坏笑。

电话响起，是杜航，开口就问："你们什么时候回来，孩子发烧了，七月的电话怎么打不通？"

"什么？我没跟她在一起呀。"易拉说。

"怎么可能，她都走两天了，说是和你一起出去玩。"

"那个……"易拉看着李牧，不知道应该怎么往下接。

李牧知道易拉没有看到老叶的朋友圈，她还什么都不知道，就拿过电话说："兄弟，你误会了，七月真没和易拉在一起，这段时间易拉一直没出门，我们现在在师大校园看樱花，你要不信，就亲自过来看看。"

杜航低吼一声便挂了电话。

易拉生气地看着李牧："你总得想个恰当的措辞吧？这样

苏七月会有麻烦的……”

“她已经有麻烦了，你这个傻瓜。”李牧翻出老叶的微信朋友圈给易拉看。

“欧洲，老叶带七月去了欧洲?”易拉吃惊地瞪大了眼睛，“可是，她为什么说跟我在一起?”

“苏七月在拿你做挡箭牌，难道你看不出来?我猜这不是第一次了，如果再不让杜航知道真实情况，哪天出了事，你担待得起吗?你这老同学，可真是什么事都做得出来。”

儿子出院那天，杜航收到一条来自陌生号码的短信。短信说，苏七月和老叶在欧洲度假……短信还没有读完，又是一条彩信，几张图片，全是苏七月与一个中年男人的合影。

10

苏七月看到老叶的朋友圈，当时就生气了，说老叶居心不良，手段卑鄙，让他把图片删了。老叶没删，说，我们的关系迟早要让大家知道的，反正你是我的人了，我已经做好了陪你一辈子的打算，就等你做决定了。七月，别让我再等了，人生苦短，遇到真心相爱的人不容易，我不想再浪费时间了。

苏七月脸都气白了，说：“老叶，你太贪心了，你明知道我不想走到这一步，还把我们的关系公布于众，你这是在逼我，你的居心此刻让我恶心。现在，我们扯平了，我不想再和你有什么关系。”

骂完老叶，苏七月就收拾东西独自回国了。

王媛说："给杜航的短信和图片是我发的。我说过要帮叶董。"

易拉看着王媛，责怪的话却说不出口。这事也不能怪王媛，就是她不说，杜航也会知道的，纸包不住火。

王媛说："叶董从欧洲回来后，整个人都塌了，还从来没见过他这个样子。苏七月从此也再没来上班，一晃几个月过去了，没想到再听到她的消息，居然是……"

易拉说："都怪我，如果昨晚我跟七月在一起，也许她就不会出事了。"

想起昨天傍晚的事，易拉有种犯罪感。

昨天傍晚，李牧打电话让易拉下楼，说东区新开了一家意式餐厅，他在路边等她。易拉打算穿过小花园，那样可以用最短的时间跟李牧会合。没想到苏七月就等在小花园的入口处，她站在盛开的凌霄花前，比花还妖娆。

"我等了你半天。"苏七月说。

"等我，有事吗？"易拉问。

"易拉，我想跟你说说话。"

"改天吧，李牧等我呢，我得马上过去。"

苏七月使劲咬着嘴唇，可以听到她沉重的呼吸。

"易拉，你是我这些年来，唯一付出过真心的朋友，我很珍惜你我之间的情谊。"

易拉看着苏七月，无话可说。她不知道苏七月为什么会说出这样的话，真的付出过真心吗？一次又一次用她作跳板，一次又一次拿她当幌子，这都是真心吗？她很想问问苏七月为什么这么做，她也很想劝劝苏七月不能再这么做。可今天不行，李牧在等她。

“我们去喝杯咖啡吧。”苏七月看着易拉，妆容精致，“今天是个特殊的日子。”

“真的不行，李牧在等我。”易拉说。

“我想和你说说话，几分钟也行，就在这里吧。”苏七月说，“是王媛，她在造谣，她嫉妒我的一切……”

“七月，你自己心里坦荡就好，我不想听这些。”易拉说完，转身匆匆而去。

这时，易拉的手机响了，是杜航。接通电话，易拉冷声问杜航在什么地方，为什么一直关机。杜航解释说在三亚出差，刚下飞机。易拉的语气这才缓和下来，顿了一下，说苏七月头天晚上出了车祸。杜航显然吃了一惊，问苏七月现在怎么样了。易拉没有正面回答，只是问他能不能马上赶回。杜航犹豫一下，说，我这边把工作做个交接，尽快赶回去。易拉想了想，反倒劝他不要太急，说事情已经出了，医院这边……也都安排好了。

“杜航的电话？”王媛问。

“是，他在三亚出差，刚下飞机。”易拉说。

手机“叮咚”一声，王媛拿起来看，看完后说，医院说苏七月蛛网膜下腔出血，伴随脑痉挛，血压过低，这种情况下，医生没有办法给她手术，转院会更危险，稍微移动，就可能导致再次出血。不知道会不会有奇迹出现……宝马车直接撞报废了，更不要说她的头了。

易拉感觉后背发冷，这是她最不愿意听到的消息。

王媛说：“不知道她昨晚喝了多少酒，据说那个咖啡屋，是杜航第一次给她过生日的地方……”

11

站在陌生的街头，南方高大的椰树郁郁葱葱，三角梅开得热情似火，给人一种重生的新鲜感。但杜航的感官还没有来得及触摸这种新鲜，眼泪一下子就出来了。

昨天晚上，应该是十点钟左右，杜航接到苏七月的电话，她说，今天我生日……你能陪我过生日吗？

当时，杜航正在公司加班核对一组数字，手机开了免提放在桌子上，他对着手机说了句：生日快乐。

苏七月说，我想跟你，还有我们的儿子，一起过生日，可以吗？

杜航没有回答她。过了好大一会儿，苏七月又说，我去找易拉了，她是我这些年来唯一的朋友，我很看重我们之间的友情，可她根本不理我……

杜航说，易拉是有精神洁癖的，不是什么人都能成为她朋友的。

苏七月说，可我对她那么好……

杜航笑了，你是真的对她好吗？

她沉默一下，说，我承认，刚开始我是想利用她，但后来我越来越喜欢她了，是真心喜欢。你知道的，除了她，我没有其他朋友。可她却在疏远我。

杜航说，有些事，我已经知道了，易拉未必不知道。我说过，易拉是有精神洁癖的，你应该明白，是你自己没有好好珍惜。

苏七月说，那都是王媛在造谣，她嫉妒我，也许她对老叶是有想法的，我一去，她就没有机会了……

杜航的报表还有一多半没做完，他想尽快结束通话，就问苏七月，你是不是喝酒了？早点回家吧。

苏七月说，回什么家？你们都不在，我哪儿还有家？我面对的是一群债主，我欠他们的，永远都还不完。

杜航说，你现在不是很有钱吗？

苏七月说，没了，什么都没有了，我跟老叶已经分开了，你难道看不出来吗？我心里只有你和这个家，你却不肯原谅我。

因为第二天要出差，杜航不想听苏七月唠叨这些。他说，别说了，快回家吧。就挂了电话。

杜航加了一夜班，早上回外婆家拿了衣服和行李，直奔机场。离婚后，苏七月一直没有离家的打算，杜航只好搬到了外婆这边。他现在才知道，母亲与儿子在的地方，才是他的家。

拿到离婚证，苏七月却不愿意离开家。她说，就算为了孩子吧，先不公开我们离婚的消息，好吗？杜航想了想，说，好吧。但不要太久，毕竟，我们都要开始新的生活。

看来，易拉并不知道杜航与苏七月离婚的消息。杜航赶到甲方公司，匆匆办完业务，当即订了返航机票。回到家，已经是晚上十一点半。

母亲还没睡，坐在沙发上，眼睛盯着没有声音的电视画面发呆。听到动静，站起来迎过去："小航，七月的事……你都知道了吧？"

"妈，我知道了。"杜航说。

"唉，无论如何也是夫妻一场，去看看吧，看能帮上点什么……"母亲说完，回了自己的房间。

杜航放下行李箱，先到卧室看儿子。儿子已经睡着了，盖在身上的小毯子被踢开，眼角有哭过的痕迹。

杜航捡起毯子，轻轻搭在儿子肚子上。小时候母亲说过，再热也要盖上肚子，不然容易生病。杜航过去从没把母亲的话放在心上，现在却经常想起，并认真去落实母亲曾经的教导。

他和苏七月离婚后，儿子似乎有所觉察，问，爸爸，你是不是跟妈妈离婚了？当时，他正在哄儿子睡觉，说，快睡吧，大人的事你别操心。儿子就哭了，你们真的离婚了？杜航想去抽支烟，却抱住了儿子，别瞎猜，离婚了还能在一个家里住？儿子低下头，拱进杜航怀里，小肩膀一抖一抖的。杜航心里很不是滋味。

杜航从儿子房间出来，回到自己卧室，从床头柜里找出离婚证，这才给易拉打电话。他跟苏七月早就没有关系了，但这个女人现在却以他妻子的身份躺在医院里，这事他跟谁说理去？

电话接通，杜航说："易拉，我回来了，刚到家，这么晚打扰你了。"

易拉说："哦，没有……"

杜航等易拉往下说，她却不说话。过了一会儿，他问："她怎么样了？"

易拉说："很不好，靠呼吸机维持着生命体征。"

杜航看了看手里的离婚证，心里像被什么重击了一下，那种钝痛的感觉瞬间传遍全身。他下意识地把离婚证扔了出去。离婚证掉在地上，发出"啪"的一声，安静的夜里，这声音很是刺耳。母亲和儿子的卧室就在隔壁，他有点儿后悔制造了这个声音。杜航凝神听了一下，并没有听到什么动静，才放下心来。

杜航对着电话轻声说："其实，我跟她已经离婚了，她从欧洲回来的第二天我们去办的手续，她不让对外公布，我答应她了，所以这事只有我们两个和我母亲知道。”

易拉说：“这样啊，那你……自己看情况吧。”

杜航说：“我想去医院看看七月，你能过去吗?”

易拉说：“明天吧，明天我和李牧一起过去。”

杜航说：“那好，明天见。”

挂了电话，杜航走过去把离婚证从地上捡起来，看了看，放进了床头柜。又去儿子房里看了一眼，发现他睡得很沉，就轻轻带上门，走回自己的房间，躺在床上。

闭上眼睛的那一瞬间，杜航看到一条路，路上有个女人远远地向他走来，细看时，却是一个离他而去的背影。

秋 风 舞

1

风把太阳刮成一块毛边儿圆玻璃，挂在远处一栋楼的楼顶上，阳光比风温婉得多。风被关在十九楼窗外。

易拉与李牧进来时，白大褂正在欣赏电脑旁一盆蒂亚。

“坐。”他抬起头说。

易拉坐下去的时候看了一眼，那盆群生多肉植物竟如朵朵盛放的红色莲花，流刃若火，甚是惊心。

易拉感觉身上一阵难耐的刺痒，大庭广众之下断不能伸手去抓挠，她就双臂抱在胸前，借用手臂的力量按压刺痒的肌肤。刺痒就像埋在泥土里的种子，越按越深，越深越让人不安，直到最后被种进骨头，渗入骨髓，在全身扩散，生根发芽，长出一棵棵新的葳蕤的刺痒，开出鲜艳的花。

不用看就知道，手臂按压的肌肤上，此时定然是灿烂斑驳的……她又看向对面那盆蒂亚。

事情发生的第二天，李牧就带她去看过皮肤科医生。如今已是第七天，药按时吃着，症状却在加重。皮肤科那位中年女医生再次给她做了全面检查，建议她去看心理医生。真是不可思议！皮肤的问题，竟与心理医生能扯上关系。

易拉琢磨着，总是绕不开那件旗袍。可是，为什么就认定与那件旗袍有关呢？这是她说不清楚的。不过，这世上的事有几件是能说清楚的？

“你这种情况多久了？”坐她对面的心理医生是皮肤科那位中年女医生推荐的。海归博士，胸牌上的名字叫宋湛，三十多岁的样子，瘦高，面容长得很陡峭，像被艺术家一刀一刀雕刻出来的，阳光照过来，构成了他鼻梁一侧的阴影。他的目光显得过于深邃，仿佛一眼就能看穿这个世界。

“这是第七天。”易拉说。

“明显感觉严重了吗？”宋医生问。

“是，比之前严重了。”易拉有些后悔，也许应该让她推荐个女心理医生。她怕他突然说要看看患处，这让她有些不安。虽说病不避医，但毕竟在自己的身上，没道理就随随便便掀开衣服给人看。好在，今天早上她发现手臂上也出现了红疹子。如果要看，她打算只给他看手臂。她的右手不自觉地伸向左边袖口，拽了拽，棉麻外衣的袖子没有弹性，她在想，要不要把外衣脱了。

“你这是情绪性过敏反应，这种情况仅仅通过药物往往很难奏效。你最近是不是遇到什么事儿了？”医生问。

“事儿”发成平声，这个音节从一整句非常标准的普通话里跳脱出来，暴露了他的口音——豫北某个山区的口音。那地方这些年建起了度假村，李牧曾带易拉去小住过。那里的人普遍把“事儿”这个音发成平声：你有什么“丝儿”，这“丝儿”交给我吧……这种发音出现在被一盆蒂亚点缀的纯白空间里，像个意外，却让人感觉踏实。

“她最近是遇到点事儿，但怎么会引起皮肤过敏呢？”李牧说，又转向易拉，“你还有其他不舒服吗？情绪性过敏反应，会不会也伤到其他脏器？”

“其他没什么感觉，就是皮肤过敏。”易拉说。她知道李牧说的是另外一件事，也没解释，关于旗袍那件事，她还没跟李牧详说。

“那就对了。”医生说，“请先生去隔壁休息室等候，接下来，我们进入治疗，这里需要绝对的安静。”

李牧看看医生，又看看易拉，“那好，有事叫我。”

“好，现在你往后仰，再仰，放松，对，就这样，闭上眼睛，梳理一下，然后把那件让你在精神上受到冲击的事情说出来，对，全部说出来，我会帮你的。”宋医生在对面轻声指挥，他并没要求看患处，就诊卡插上后，电脑详尽地读出了她的病情。身体表面的症状，皮肤科医生已经给出了诊断。宋医生需要解决的问题比这个复杂多了，它深藏在比身体深处更深的地方。

易拉听从他的指挥，闭上眼睛，靠在完全符合人体工学设计的躺椅中。她感觉眼皮在跳动，像被无数只小手一下下揪着，踏实不了……她想睁开眼睛，但还是勉强忍住了。室内很安静，只听到对面墙上钟表的秒针在“咔——咔——”有节奏地响——这不会就是传说中的催眠术吧？如果是的话，那她被催眠了会说出什么呢？会不会说出自己手机的解锁密码？如今，一个人所有的秘密和财富都有可能藏在手机里，难以想象，手机解锁密码失效后，一个人的世界会变成什么样子。突然想起莫文蔚演的《催眠大师》，那部剧里，催眠无处不在，被催眠者面前总有一扇待打开的门。如果她被催眠，那么她的面前会出现一道怎样的门？

“放——松——”宋医生轻声说。

“放松”这两个音节被他拖得很悠长，像敲了两下钟，西湖边“南屏晚钟”那种节奏。她在那种节奏里不由自主地放松警惕，感觉自己渐渐变得很轻很轻，轻得像羽毛一样飘浮在一束光里。光熨帖着她的发丝、额头、眉毛，当光触碰到眼睑时，她浑身一凛，骤然又想到对面那个面容陡峭的家伙，阳光构成了他一侧脸颊上的阴影，那双眼睛正看着她。她突然有些紧张。

2

毕业后，本来有更好的去处，但易拉拒绝了。她收拾行李回到小城，住进了外婆留下的老屋。至于接下来的就业问题，她似乎没太放在心上，何去何从，她说全听李牧的。李牧说，那好，我来安排吧。李牧征求易拉的意见，说她适合做老师，易拉没异议。她一向愿意把自己的一切交给李牧决定。她一直觉得，李牧比自己更了解她自己。

“去师大文学院吧。假期里你好好放松一下，想干什么，想去哪儿玩，我来安排。”李牧说。

“哪儿都不去，这段时间我就想在家待着。”易拉说。

“行，要不趁空，去把房子选了。”

“房子的事也听你的，反正我都不懂。”易拉喜欢在每天光线最好的时候，拿着相机在老街上各处转悠，这儿拍一下，那儿拍一下，回家后就在电脑上忙碌。她会把非常满意的图片挑出来，放大了一遍又一遍地看。

“李牧你看，老街多美，这些老房子多美。要不，干脆别考虑房子的问题了，我们就住老街吧，这里多好啊！”易拉对李牧说。

李牧看着那些图片，也是啧啧称赞，“你别说，还真是美，没想到没想到，你还有这个天赋啊，看这图片拍的，颜色，构图，堪称完美。只是，师大文学院在新区，离老街不近，你住这边，上班可不太方便啊。”

“那个不怕，学校不是有安家费吗？我不用买房子，倒是可以买部车。不过车我也不懂，交给你了。不管怎么说，我都是要住老街的。”

李牧想了想说：“也行，那就按你的意思办，车我送你。”

“那可不行，说不定哪天，在你母亲大人的授意下，咱俩就分手了，我可不占你便宜。”易拉说。

“放心吧，分不了手的。”想起这些年母亲对这件事的态度，李牧确实有些头疼。

四年前，李牧母亲就在心里确定了儿媳的人选——同科室的一个姑娘。那姑娘长得好，家世好，业务也好，样样都理想。母亲每天不遗余力地撺掇这件大事，撺掇来撺掇去，最后以失败告终——李牧不配合。母亲不甘心，那可是她千挑万选的姑娘。她暗中留意了一下，发现儿子处了个姑娘，托人一打听，很是失望，姑娘各方面距离她心目中李家儿媳的标准相差甚远——一个自小没爹没娘，跟着外婆长大的姑娘，尤其让她不能接受。她把态度亮给儿子，坚决反对！

李牧很是为难了一段时间。接下来，他与易拉的相处是瞒着母亲的。

那天下午，李牧和易拉去喝咖啡，地方是李牧选的，离他家与母亲单位都比较远，是母亲平时不轻易到达的区域。

可是，两人坐下没多久，突然就跳出来一只小狗，小狗摇着尾巴欢快地蹭着李牧的裤腿，接着李牧就站了起来，再接着，易拉看到那个严肃的中年女人。

“CC!”中年女人冲小狗喊道。小狗又蹭了蹭李牧的裤腿，跑向中年女人。

“妈，您怎么来了?”李牧有些意外。

“刚打电话，你还说在工作，工作到这里来了?”母亲盯着李牧轻声说。

“妈……”李牧知道瞒不下去了，拉起易拉给母亲介绍，“妈，这是易拉。”

“阿姨好！”易拉赶紧问好。

母亲却不看易拉，还是盯着李牧，脸色很不好看：“开车了吧，送我回去。”

李牧低声说：“妈，我这边还有事呢，您打车回去吧。”

“我看你也没什么正经事，我有点儿头晕。”母亲说。

“妈……”李牧央求，母亲这惯用的借口又使出来了。

“李牧，你快送阿姨回去吧。”易拉却当真了，紧张起来，怪不得阿姨脸色那么差。

“那行，一会儿如果需要接，你给我打电话。”李牧说完，拉着母亲的胳膊往外走。只能这样了，如果再僵持下去，母亲不定会说什么呢。易拉并不知道李牧母亲的心思。

当天晚上，李牧大大方方在朋友圈里贴上了他与易拉的合影，后面留言点赞者众。既然撞见了，李牧不打算藏着掖着了，或许还有点儿赌气的意思，他等着与母亲进行一次长谈，或者是一场斗争。母亲却没有任何反应，该吃吃该喝喝，对他的态度淡淡的。李牧心中暗自庆幸，以为母亲终于不再反对了。

那个周末，李牧问清楚母亲不会出门，就约了易拉过来。

李牧请家里的钟点工做了一桌菜，才把母亲从她的书房请出来。

菜全部做好后，钟点工就回自己家去了。饭桌上，母亲始终沉着脸，李牧和易拉说什么，她都是淡淡的，不热情也不拒绝，低头只顾夹菜吃饭，碗里的米吃到一半的时候，就把筷子放下了，端起一杯水，长长久久地喝着。

“妈，吃得太少了，再吃点吧。”李牧说。

母亲不说话，还是端着水杯一口一口喝水。这样，气氛就尴尬了。一尴尬，李牧与易拉都放下了筷子，说吃好了。李牧这才明白，之前他是会错意了，母亲哪里是妥协，明明是转入冷战了。

“都吃好了，我来收拾。”易拉主动请缨。母亲居然什么都没说，端着水杯直接站起来坐客厅里去了。易拉在厨房洗好碗，打算出来的时候，隐约听到李牧说：“妈，您别这样。”

“我给你选的姑娘哪样不比她强，你却非要把她领回来。爱表现就让她表现呗，你要我怎样？”李牧的母亲说。

易拉怔了一下，从门把手上缩回了手，回头看了一眼厨房，折回去，打开水龙头，洗抹布，洗完了开始擦橱柜。做这些的时候她心里挺别扭的。不知道他母亲给他选的姑娘是什么样的。

“啪”一声，一只玻璃杯掉在地上摔碎了。易拉有点儿蒙，一定是刚刚走神的时候，被抹布带掉的。

李牧和母亲同时出现在厨房门口。

“没事吧易拉，有没有伤着？”李牧赶紧去看易拉的手。

母亲看一眼易拉，又看一眼地上的玻璃碎片，转身往客厅走，一边走一边说："别忙乎了，早上钟点工都收拾过了。"

"果然是，我没擦的地方，比擦过的还干净。"易拉做了个鬼脸，轻声对李牧说。

"别管了，洗洗手，地上我来收拾。"李牧说。

"对不起。"易拉轻声说。

"怎么还对不起了？"李牧问。

那天从李家出来，易拉问李牧："你妈喜欢的姑娘是什么样的？"

"哪有这一说？我喜欢的，我妈就喜欢。"李牧回答她。

"我都听到了。"易拉说。

李牧诧异地看着她说："听到了？听到了你也别多想，我妈也就那么说说，有我在，她会喜欢你的。"

易拉看着李牧，笑了笑，转身忙自己的去了。

3

易拉进入师大后，除了上班，业余时间均宅家里，很少出门。冬天过去了，春天也快过去了。到了五一，好不容易被李牧说动，打算去山里小住，但最终没成行，被一个传闻搅黄了。传闻说老街要拆迁。

"不会是真的吧？"易拉说。天气转暖后，她就一直打理院子里的花花草草，蔷薇，凌霄，紫藤，海棠，此时，院子里已然花团锦簇。

“这可不好说，不过你不用太担心，担心也没用，要真拆谁也拦不住。”李牧说，“你把这些花草养得真好，是得了外婆真传吧？”

“那当然，这可都是我外婆生前的心爱之物。哎呀，我还是放心不下。”

“好了，别想了，既然不出去了，这个假期我就跟着你学种花吧。”李牧说。

“该种的都种好了，只剩下欣赏了，我看你就坐享其成吧。要真拆迁，我这些花和树可怎么办？”易拉说。

“你看你，都说了不想这些了，中午我带你去见几个朋友，那边有个酒庄，你不是喜欢白葡萄酒吗？”

“你的朋友我都不熟悉，不方便。”

“没有不方便，都是我最好的哥儿们，大家早就说让我带你过去。”

这一去，关于老街拆迁的传闻基本被证实。李牧的那些朋友里，有在相关部门工作的。

果然，一个多月后，拆迁组就进驻老城区了。他们挨家挨户下发拆迁通知，测量面积，在每家院子的外墙上写上一个大大的“拆”字。前前后后又是两个多月。搬迁的期限定于十月三十一日之前。

易拉看着那个白色大字，有点儿接受不了：“这房子好好的，我还打算长住呢。”

李牧却笑了：“看来婚得抓紧时间结，不然你就无家可归了。”

“结婚也得你妈同意了再说，我可不想惹她老人家不开心。下午我去看看他们说的拆迁置换房，据说位置有点儿偏。”易拉说。

“那地方我知道，不是有点儿偏，是非常偏僻，你不用考虑那边，我下午带你去个适合你居住的地方。”李牧说。

当天下午，易拉跟着李牧去新城区看房子。没想到第一次去，竟喜欢上了那里——北邻奥体公园，南邻卫河，无论从哪个房间的窗户望出去，都可以一眼看到风景。

“这房子真不错，快解释一下，什么情况?”易拉惊喜道。

“喜欢就好。”李牧得意地说，“环境好，离你们单位近，住过来后，上班也方便。”

“这房子哪来的?”易拉问。

“喜欢了住就是了，还要刨根问底。”李牧故意不说。

“你要不说，我一会儿就去看看拆迁置换房。”易拉在心里猜测着各种可能性。

“非要知道?”

“嗯!”

“好像某人说过，房子也让我来决定的，她都听我的。”李牧掸了一下挺括的衬衣前襟上不存在的灰尘，很装地说。

“当时不是说不买房子了住老街的吗?你怎么私自决定了，并且还‘决定’得如此令人满意?还有，你怎么不跟我说一声，学校给的安家费买过车后还剩下不少。”一听到这么重大的消息，易拉忍不住各个房间又看了一遍，对李牧的选择表示了肯定。

“你那点儿安家费还是自己留着吧，这房子是老叶的楼盘，就是送你白葡萄酒的那个老叶，现房，又是精装修，老叶给的折扣也合适，当时就买下了，本想着你上班来回跑不方便，哪天跑烦了，可以就近住这边，但你一直都跑得兴致盎然，也就没说。没想到拆迁派上用场了。”李牧说。

“可是，你妈她……”易拉又想到李牧母亲的态度。

“好了，别可是了，这是我跟你的事，我妈做不了主的，走，看看我们还需要再添置些什么。”李牧拉着易拉走向客厅的落地窗，说，这里放个茶台吧。易拉顺着李牧的手指，看到窗外远处的卫河河面上落着几艘乌篷船。一时有些恍惚，那些船，让中原的这条河显得有些不伦不类。

卫河源于太行山脉，至天津入海，本地人总是骄傲地说，这是一条流过《诗经》的河。这条诗意的有深度的美丽河流，从西北而来，蜿蜒流经整个小城。它载着混杂了《诗经》的、历史的、野史的，以及老城区家家户户窗户里飘出来的故事，成为新城区的风景。新城区卫河沿岸的土地，一度成为本地房地产商的必争之地。新城区争得差不多了，他们又把目光投向老城区，发现那才是一块又一块金光闪闪的宝地。

老城区的卫水南街是一条古老的街道。路两侧青砖黛瓦的院落一排排延伸出去，院子与院子之间总会点缀着几棵树，梧桐树，或者大叶女贞树。那些树都有些年头了，树冠敞开着，很有些饱经风霜的豁达。专家说，根据勘测及数据分析，这些房子多数已成危房，不能再住人了。

其实没人相信专家的鬼话，一定是哪个房地产商看中了这块地，买通专家出来打个幌子。老百姓有几个傻的？说白了都是交易，只要条件能谈妥，拆迁就拆迁，一个老院子换几套房子，这也正合了一些老住户的心意。孩子该结婚了，年轻人不喜欢住这古老破旧的老城区，他们正愁新房子呢。有条件的年轻人早都搬走了。

也有念旧不愿意搬的，但没办法。在最后的期限里，愿意搬的，想着怎样才能多争取些好处。舍不得搬的，就尽可能地往后拖延，把各处收拾得规规矩矩，就是搬，也要留下一个干干净净的院子。

老街上的人各怀心思忙着自己的事情，街道突然就空了，只剩下风。风拖着长长的尾巴，卷起落叶、尘土及各种颜色的垃圾袋，在空旷的街道上来来回回地窜。

从新城区回来，易拉开始陆陆续续地收拾着，哪些是一定要带走的，她就提前打包。哪些是带不走的，她也规规矩矩整理好码在一处。院子里的两棵桂花树正在开花，星星一样黄色的小花，在风里摇曳出浓浓花香，能醉人。

易拉走进外婆的房间，打开窗户，风摇了几下，香气扑了进来。这里的一切还是外婆生前的样子。窗前的书桌上蒙着一块厚厚的蓝色印花棉布。把棉布卷起来，下面铺着一幅绢本画。画里是一张古琴，琴的大小形状和实物一致，一眼看去，就像那里放着的是一张真的琴。琴身与琴弦的纹理都清晰可见。

再往上，画的左上角有一张泛黄的老照片。照片是黑白的，右下角缺了一块。照片里的女子坐于一株海棠树下弹奏古琴，缺少的那部分带走了她的半截腿，但这并不影响她异常美丽的模样——她穿着白底碎花旗袍，留着短发，低头专注于面前的古琴，脸上的神情天真纯净，温柔中带着娇俏，一双纤手抚于琴弦上。这是外婆十八岁时拍的照片。

有那么一瞬间，易拉感觉外婆就坐在自己面前，就像她曾经很多次在门缝里悄悄看到的一样，外婆坐在桌子前，手指在那幅画里的琴弦上起落，仿佛在投入地弹奏一首曲子。上初中的时候，有次看到那个场景，易拉没忍住走了进去，站那里半天，外婆都没有发觉，易拉好奇地问："外婆，你在干什么？"

"弹琴，《梧叶舞秋风》，这是我跟老师学的最后一首曲子。"外婆说。说过后，突然停了手上的动作，愣了一下，回头，诧异地看着易拉问："你什么时候进来的？"

"刚进来。"易拉说。

外婆站起来，慌慌张张把一块厚厚的蓝色棉布蒙在桌子上，上面放上一把芭蕉扇子，拉着易拉就往外走，一边走一边说："在外面可不敢说啊。"

"为什么？"

"就是不能说。"外婆严厉地说。

“还有，您怎么不去买张古琴啊，为什么要在画上弹?”

“在画上弹不会发出声音。”

“为什么不让发出声音?不让发出声音那还弹什么呀?”

“别问了。”

自那以后，外婆再回房间，房门就上了锁，关得严严实实，窗帘也拉得严严实实，里面静悄悄的。但易拉分明听到有琴声传来。

关于那张照片，外婆倒是提过几句，她说：“照片上的海棠树以前就种在窗前。后来啊，后来我也不知道它们去哪儿了，我再回来就不见了。那天出门，遇到卖树苗的，不是杨树就是柳树的，我就纳闷了，怎么就没个能种的。卖树苗的就翻开他的树苗让我找，终于找到两棵桂花树的苗子，就种在原来种海棠的地方了，长得还真好。后来，那个卖树苗的又送来两棵海棠树的苗子，只能给它们另换地方种。这换来换去的，就回不到以前的样子了。好在，花了树了，都陆陆续续种上了，到了季节，它们就开得热热闹闹的。这院子里啊，就得种几棵能开花的树，不然生活就像少了些什么。”

外婆说话总是压着嗓子，比如这句话说到一半的时候，她的眼神小心翼翼地向周围瞄一圈，才接下去说“不然生活就像少了些什么”。她总是一副欲言又止的样子，话不敢痛痛快快地说，生怕说错了什么引来祸端。

“好了，去写作业吧，将来一定要考个好大学，别再像我和你妈一样。”外婆满脸的皱纹里随处都是深刻的悲伤。易拉考试成绩不好的时候，那些皱纹尤其悲伤。

易拉坚信外婆藏了很多故事。作业写完后，她就软磨硬泡，让外婆给她讲故事。外婆扛不住的时候也会讲上一两句。易拉从外婆零零散散的讲述中，拼凑出一些内容：很多年前，外婆也曾有过大学梦——考入京城的音乐学院。为此，外婆曾拜名师，习古琴，冬练三九夏练三伏。最后却与梦想失之交臂。外婆为此遗憾了一辈子。

外婆说："当年你外公去世后，你妈跟着我过了不少苦日子。后来政策好了，我才带她回到老街。总算是回家了，我多希望她能好好读书，将来考个好大学，去大城市生活，可是，唉……我真后悔啊，也许我不应该那么管着她，越管她就越逆反，成绩越来越差。到了高中，我知道她什么也学不进去了，我急啊，但没办法，都到那个节骨眼上了，我不好好管着，只会更糟。没想到，她居然离家出走。那一走，她的人生就彻底改变了，什么都没了。你妈她，不知道在外面都受了什么苦，硬把自己熬出了一身的病，她还那么年轻啊……"

易拉的母亲叫易苏，在易拉十岁那年去世。但凡触碰到那段回忆，外婆都会痛得锥心刺骨。每当看到外婆难过的时候，年幼的易拉就在外婆面前发誓："外婆，您放心吧，我一定考一所大学给您，然后再考一所大学给我妈。"

"乖孩子，为了我，为了你妈，但更是为了你自己。"

"那我就读到博士，本科一个学校，硕士一个学校，博士再换一个学校，我们三个人一人一个大学，好不好？"易拉说。

“行，就读到博士，外婆等你的好消息。”外婆说。

但外婆没能等到最后。易拉研究生毕业的那年秋天，她突发心脏病住院。

李牧的母亲作为主治医师，没能挽回患者的生命。她从抢救室出来，看到儿子把易拉搂在怀里的样子，有些心软。她叹口气，嘱咐李牧照顾好她。说这孩子往后在这世上就没有亲人了。

那段日子，李牧母亲对他们的态度似乎有所缓和。刚好医院的行政部门招聘文职，母亲把消息给了儿子，希望易拉能抓住机会，自己会在后面做些工作。三级甲等医院，也不是那么容易进的。

易拉拒绝了，一张脸毫无血色，只说了一句：“我要读博。”

“让她想清楚啊，机会难得，工作了也不耽误读博。”李牧母亲说。

李牧说：“把她外婆的骨灰送走后，我本来想带她出去散散心，可她一刻没停，已经开始做准备了。”

也许是出于对儿子的关心，也许是出于对这个刚刚失去亲人的姑娘的关心，也许还想再确认一下自己的妥协是不是正确，母亲后来跟着李牧来过一次，她看到易拉蓬头垢面坐在一堆学习资料前，整个人都是虚飘飘的。母亲以医生的敏感认定，易拉对读博有着一种病态的心理。

“你没看出来吗，那不是积极向上的姿态，那是一种被禁锢后甘愿牺牲的劲头儿。这么说吧，她做这一切不是因为她喜欢，倒像是在完成某种使命。我猜测，她这样是不是受了她家人的影响。真不知道她的本科与研究生是不是也是这样读过来的。”母亲对李牧的母亲说。

“妈，您说得有点儿夸张了，易拉从小读书就很用功的。”李牧说。

母亲说：“行了，就知道你不听我的，我不同意你们两个在一起，其实就是怕这个。你知道吗，原生家庭对一个人的影响是根深蒂固的。就她那家庭，唉……李牧，其他的都可以，能帮的也都帮帮，但你的婚姻是你自己，也是我们家的大事。我还是不能接受她，我劝你也要慎重。”

一晃几年过去了，在易拉这件事上，李牧与母亲还是谁都没能说服谁。

4

赵奶奶被儿媳妇搀扶着找上门的时候，易拉正在打扫院子。

“都要拆了，还扫它干吗?”赵奶奶颤巍巍走过来，一屁股坐在屋檐下的那把藤椅上，肥胖的身体压得藤椅咯吱咯吱响。她抬头看了看头顶的桂花树，连打了几个喷嚏，嘀咕道，臭毛病还是改不了，花花草草倒像是她的命，多好的地方，整理一下，种上菜也够吃了，真是的。

“妈，说正事吧，说正事。”赵奶奶的儿媳说。她在院子里瞅了一圈儿，撇撇嘴，打心里也觉得这一家人不会过日子。

老街上家家户户的院子里都种着菜，有的甚至满院墙爬的都是豆角、南瓜、丝瓜。唯独这家，窗前是海棠和桂花树。院墙上爬着凌霄、蔷薇与紫藤。院子里角角落落，春天是春天的花，秋天是秋天的花，总是开得妖冶得很。

赵奶奶打完喷嚏，抹了把嘴，说：“姑娘，该你出场了，我们都没文化，说不出个什么大道理，但也不能任凭他们忽悠不是？我们得争取自己的利益最大化，不能便宜了他们。你是文化人，替大家写个万言书吧，把我们的要求都写上去，我们都签名。”

“赵奶奶，写什么万言书？”易拉诧异地问。

“就是替大家写个书面的东西，把大家的要求都写进去，万言书是啥都不知道？还博士呢。”赵奶奶说。

“可是，不是都谈好了吗？”

“这哪有谈得好的，群众不满意，就是没谈好。”赵奶奶的儿媳妇凑到易拉耳边说：“那些老人都在外边等着呢，就等着你写万言书了，他们说一定要万言书，才足以表达大家的愿望，也才足够震撼，所以得有文化的人来写。”

易拉退后一步，躲开那女人身上热乎乎的酸腐气息，说：“不好意思阿姨，你看，政策我也不懂，你们说的那个什么万言书要怎么写我也不知道，这事我就不参与了。”

“快拉倒吧，你是文化人，你不懂，难道我们懂啊？年轻人能搬走的早搬走了，你为什么迟迟不肯搬走？”赵奶奶浑浊的眼睛看着易拉，眼睛里有嘲笑，好像在说，别装了，大家都一样，谁还不知道谁。

“我是舍不得搬走，但还是要搬的，这不正在收拾东西。”易拉说。

“行了姑娘，别找借口了，没意思，我们的想法都是一样的，不就是对那点补偿不满意嘛，不满意当然得去讨说法呀。”赵奶奶的儿媳是个敏感的中年妇女，她对易拉拉开距离的那一步非常有看法。老街上邻居们见面都热络得很，凑到一块有说不完的话，你清高个屁啊。

“赵奶奶，阿姨，我真的不参与，不好意思啊。”易拉说。

“那行吧，就算你没什么想法，但今天碰上了，也算该有你一份，大家的事，大家一起扛，各出各的力，这总可以吧，你只管写，我们这些老骨头出面。”赵奶奶换上一副笑面孔，“大家邻居一场，也都是自己的事，你要是想签名就签上，不想签也行，我们签。”

“不好意思，我真的不参与。”易拉说。关于拆迁的事宜，都是李牧在代办，这些年，除了读书，易拉对生活琐事都陌生得很，也不怎么感兴趣。

“姑娘你咋这么不开窍哩？众人拾柴火焰高，你去门外看看，人都在我妈的号召下聚齐了，那架势，对方肯定要妥协的，一妥协，不就又多一份吗？能多要不多要，那不是傻子?”赵奶奶的儿媳嘴巴尖尖的，是这条街上有名的巧嘴，她说着话爱不由自主地往人跟前凑，那种陈旧酸腐的气息直往人脸上扑。易拉又退了一步。对方的脸色就明显不好看了。

“你再好好想想!”赵奶奶儿媳脸色虽已很难看，但还是强忍着，又把道理前前后后摆了一大通。不过这次她没往前凑。

“不用想了，我不参与，真的不好意思。”易拉说。

听到这里，赵奶奶使劲拍了一下藤椅，颤巍巍站起来，目光一下子冷了，斜刺过来:“真是不开窍，跟你外婆当年一个熊样，不识好歹。咱们走。”

“我外婆，我外婆当年怎么了?”易拉诧异地问。

赵奶奶却不理她，径直往外走“老一辈人在的是不多了，可当年，谁不知道她的事啊，傲什么傲?游街示众的时候怎么不傲……她以为去外边躲了几年再回来，就没人知道她那些破事了。”赵奶奶一边走一边跟她儿媳嘀咕着，又打了一串喷嚏。

“行了妈，走吧，就不应该来找她，都是大家的事，真是的。”赵奶奶儿媳看没戏了，就彻底释放了自己的情绪。

“等等，什么游街示众?”易拉却都听到了，她想起外婆曾一次次从噩梦中惊醒的样子。

第一次亲眼看见外婆做噩梦，是一个夏天的午后。那时候易拉上小学。外婆躺在藤椅上午睡，易拉睡不着，坐在旁边看漫画。正看着，听到声音，扭头一看，睡梦中的外婆皱着眉，泪水溢出紧闭的眼眶，落入鬓间，额头上有细密的汗珠，她的双手在胸前挥舞着，痛苦得死去活来的，嘴里咕噜咕噜喊着：“不……不要……不要啊……”

易拉被吓得跳了起来，惊醒了外婆，她仿佛才真正活了过来。她坐起来，擦了一把眼泪，把易拉搂在怀里说：“乖孩子，外婆吓着你了吧？”

“外婆，您怎么了？”易拉问。

“外婆梦到不好的事情了，醒了就没事了。”

易拉后来再见到外婆做噩梦，无论有多怕，都会以最快的速度推醒她。为了确保能在外婆的噩梦中第一时间推醒她，易拉曾要求睡在外婆身边。但外婆不答应，总是把易拉推进她自己的房间：“不用管我，你的任务是好好学习，将来一定要考个好大学，你要能考个好大学，我这辈子也算没白活，死也瞑目了。”

“可是您做梦了怎么办？”

“外婆一开心就睡得踏实了，一睡踏实就不做梦了。”外婆说。

易拉相信了外婆的话，她原本以为，只要她考上大学，外婆就不会再做噩梦了。

后来易拉考上了理想的大学。却发现，外婆的噩梦并没有停止。噩梦在她此后的生命里，无休止地延伸着，直到生命结束的那一刻。

“当年究竟发生了什么？我外婆她做了那么多年的噩梦，

是不是都跟那些旧事有关？我想知道，是谁把她害成那样的。”易拉盯着赵奶奶问。

赵奶奶突然有些慌，迈着颤巍巍的腿绕过易拉，匆匆忙忙向门外走。易拉一步抢过去挡在她面前。

“你要干吗？”赵奶奶沉着脸怒气冲冲地问。

“当年究竟发生了什么，请您告诉我好吗？”易拉说。

“我没空跟你扯那么多，也不需要你帮忙了，让开，人都在外边等着。”

当天下午，老城区的老人们浩浩荡荡围住了拆迁办公室。而易拉，是追着赵奶奶过去的。有时候，她的梦里都是外婆做噩梦的样子。好不容易有个知情人，她一定要问清楚。

面对各个年龄阶段的老人，工作组的工作人员像伺候自家的爷爷奶奶一样，端茶的端茶，倒水的倒水。还好老人们都拿着自己的杯子，也有更好说话的，表示水可以自己接，但他们就想要个满意的说法。工作人员便打电话要水，瓶装的桶装的都可以，但是要快。

一直到傍晚，老城区的老人们围堵拆迁办的场面，才以各家子孙辈出面阻止而告一段落。

这场热热闹闹的行动，并没有起到任何作用。老街的拆迁依旧按照原计划进行。原来补偿多少，现在还是多少。原来规定什么时候搬走，现在还是什么时候搬走。

其实那一闹，大家也就是想多争取些补偿，有枣没枣打两竿子。多数人心里是盼着搬走的。新城区的高楼一栋一栋拔地而起。屋子里有集中供暖，安着抽水马桶，干净卫生又现代化。谁不愿意住新房子？非要守着破旧的老街，孩子连个媳妇都娶不到。

5

生活按部就班，老街回归安静。很多人翘首期待搬进新楼房时，本地新闻里出现了关于老街改造的最新消息：老街将由政府接手，改造成历史文化古街，不再拆迁，所有老房子将被统一修葺整改，老住户不用迁出。

这条新闻不亚于一声惊雷炸在老街上。

“那补偿款怎么说，拆迁置换房不是都定好了吗？”

“拆迁置换房恐怕跟咱们没关系了。政府出钱整修老街的房子，老住户不必迁出，还补偿个屁啊。”

“我孙子还等着新房子结婚呢，这可咋整？”赵奶奶一着急，随嘴秃噜出了心里的大事。

赵奶奶一家五口人住在一个院子里。她自己一间屋子，儿子儿媳一间，孙子赵新、孙女赵闻各一间，楼上楼下，倒也不觉得挤。但赵新的对象死活不同意把婚结在老院子里。儿子儿媳下岗，赵新赵闻都是刚开始工作，买商品房对于赵家来说实在力不从心。赵新的婚事就拖了下来，一拖再拖，姑娘也没耐心了，提出干脆散伙算了。赵新却不同意，梗着脖子说，非那姑娘不娶。

“你就一棵树上把自己吊死吧。”赵奶奶骂孙子。

孙女赵闻却给哥哥帮腔：“奶奶您懂什么呀，您当年找我爷爷是因为爱情吗？我哥这才是爱情，要不是因为爱情，谁嫁咱家啊，不光没钱，一个个还都没文化，起个名字都是电视上看的，要是我妈再生俩，是不是‘新闻联播’就凑齐了？”

据说赵奶奶当年嫁人，一定要嫁给一个姓赵的。她说，弟弟没了，她就是赵家唯一的后人了。只有嫁给赵姓人家，孩子出生后才能跟自己的姓。她最后就为了这样一个条件，嫁给了比自己大十多岁的男人。男人很多年前就去世了，留下她一个人拉扯着孩子们，受了不少罪。但赵奶奶不后悔，甚至为自己当年的选择得意——不管再往后延续多少代，这一家的后人都是她赵家的后人。

孙女赵闻常拿这件事嘲笑奶奶，说她这一生计较得可真多，丝毫不肯吃亏，完全不懂生活更不懂爱情。

“死丫头你懂什么，大人说话别插嘴。”赵奶奶呵斥孙女。赵闻吐吐舌头，闭了嘴。

眼看新房子就要到手，还有一大笔钱拿，人家姑娘的脸色才缓和，没想到又闹了这一出。

“我儿子也等着新房子结婚呢，等得老着急了，现在的年轻人，追求自由，都不愿意跟老人一起住。”一个中年妇人说。

“得找他们问问啊，说变就变，哪有这样的道理？”

人们在吵吵闹闹中发现，之前挨家挨户动员大家搬迁的工作人员，一夜之间销声匿迹了。看样子，预想中的新房子，以及数额不菲的补偿款，真的成了泡影。

这简直是个悲剧。

有人去找相关部门，找了几次，也没找出个结果。本市电视台接着播出了一期《老街如何改造？听听专家怎么说》的节目。专家在节目里就卫水南街的地理位置，历史文化内涵等，做了详尽分析。围绕老街的历史文化细节与现状，为老街前期规划与后期运营给出了建设性建议。专家说得头头是道。节目的最后，专家说，我们要感谢一位从小生活在老街的姑娘，可以说，是她的一篇图文并茂的文章引起了大家对南街的关注，挽救了一条老街。

易拉几个月之前发在网上的那篇《老街，诗经里的一个逗点》，被搜了出来。不得不承认，那篇文章里的卫水南街实在太美了。每一张图片里的场景，都是老街人熟悉的，奇怪的是，他们以前为什么就没有看到它的美？

一部分人庆幸，卫河边这条美丽的老街终于被留住了。

以赵奶奶为代表的一部分人却愤怒得不行。光有景，能吃饱饭能住上新房子吗？姑娘已经正式提出要和她孙子散伙，什么老街的美、什么历史底蕴，虚头巴脑的东西能解决问题吗？

突如其来的变化，让安静了一段时间的老街再次沸腾起来。巨大的失落感使那部分迫切需要搬家的人紧张不安。他们坐不住，一丢下饭碗就往街上跑，见到人心里就能安生点儿。他们聚在一起，看看彼此脸上相似的神情，寻找内心的平衡与安慰，话题没办法绕开易拉。

“她刚回来那阵子，成天见她背个相机在老街上在卫河边转悠，没想到是干这个。”

“简直祸害人啊。”

“她家是啥来头啊？不清不楚的，老太太当初搬来的时候就感觉不对劲儿，不上班的时候就关在院子里种花种草，跟谁都不来往。这丫头跟那老太太一样，面儿上看着礼貌和气，骨子里冷得很。”

“和那老东西一样，不识好歹。”赵奶奶恨得咬牙切齿。大家都能理解，把人家孙子的婚事都搅黄了，搁谁谁都恨。

“您认识那老……老太太？”有人问。

“认识她干吗？”赵奶奶坐在街旁的一块石墩上，双手把拐杖按在地上的某一点上，眼睛斜过去看着另外一个点。谁都能感觉到，地上那两个点，正承受着赵奶奶心里的怒气。

“不愧是博士，文章写得真好。”站在奶奶身后的赵闻说了一句。这丫头这段时间又失业了，在等新工作。

“好什么好？她就是在跟我作对，跟咱们老赵家过不去。”赵奶奶手里的拐杖“笃笃笃”捣着地。

赵闻在她身后说：“奶奶，别自己气自己了，她怎么会跟您作对？”

“你别不信，她就是在跟我作对。”赵奶奶说。

“可是为什么呀，咱跟她家以前没来往过呀。再说，那篇文章早在几个月前就发了，那时候老街要拆迁的消息都还没出来呢，她还能未卜先知，写了那篇文章放网上等着您啊？奶奶您就是对她有成见。”

“你给我闭嘴，你才多大，你知道什么？回家去！”赵奶奶颤巍巍站起来往回走，赵闻嘀咕一句“不可理喻”，几步就超过奶奶，走了。

“那丫头为什么跟她作对？”

“就是，说不过去啊。”

“那老太太生前也很古怪，你们记不记得，她从来不跟街坊来往，也不怎么让易拉出门。那丫头从小就只知道学习。”

“莫非那老太太跟赵奶奶有什么旧怨？真是看不透。”

他们身后的人继续着这个话题。

6

易拉发在网上的那篇文章，有一天被一个叫“老街”的账号转发在头条上，后面附上大段的评论，大意是说，易拉你既然写了这篇文章，要保住老街，那你当初为何又跟着老街上的老人去拆迁办闹，想争取更多的补偿款。你一会儿要保，一会儿又要钱，你拿老街和老街的人开玩笑呢？评论的后面附着那天下午的图片：一群老人围堵了拆迁办，易拉给了特写镜头。她是那群人里唯一的年轻人。

没想到这一转发，一下子就点燃了舆情。有人在后面跟帖说：那丫头想出名想疯了吧？拿一条老街说事。

有人说：变态吧，好好的拆迁，被她的一篇破文搅黄了，害多少人没新房子住。

也有人替易拉说话：文章写得很有道理，那样的老街就应该原样保存。那是一个城市的历史。

接着有人说：有人就是这么有心，什么时候都是两手准备，老街保住了她赚名，老街拆了她赚钱，天下的便宜样样都少不了她。

只有上了头条才知道，世上还是闲人多，那个链接的阅读量很快成了 10 万+。

让人想不到的是，易拉私生女的身份很快被炒到了网上，下方留言更是说什么的都有：

当年她妈正上着中学，突然离家出走了，那一走就是几年，再回来，就带着个孩子。谁知道她在外边是做什么的，都占了谁的便宜。

就没人知道她爸是谁？

谁知道她爸是谁。说不定连她妈也不知道她爸是谁。不仅没人见过她爸，也没人见过她外公。她们家还真是奇怪。

女儿国啊，没去她家看看吗？院子里会不会有一口井？喝了里面的水就能怀孕。

瞎说，她外婆可是带着她妈来到老街的。她妈也是带着她从外面回来的。

那口井或许在别处。

她到底有什么背景？不然她的一篇破文章那么管用？老街说不拆迁就不拆迁了，说改造就改造了，都随了她的心意，这也太邪乎了。

话题被炒热的时候完全没法碰，一旦碰触就会炸成一片。李牧拿走了易拉的手机，给了她一部新手机。

“什么都别下载，什么都别看，有事随时给我打电话，要不我带你出去散散心吧，找个没人认识的地方住段时间，说不定等我们回来，一切就都过去了。”李牧。

“这个新小区就没人认识我。”易拉环抱双腿，坐在沙发一角，落地窗外是延伸向远方的卫河。她已经觉察到，这几天同事看她的眼光都是怪怪的。

“你说，他会在哪里？”易拉突然问，依然低着头。

“谁？”李牧愣了一下，随即明白了，眼睛看向窗外。

多年前，母亲躺在病床上奄奄一息的时候，拉着易拉的手一遍遍叮嘱：“易拉，妈把外婆托付给你了，你一定要好好学习，将来考一所好大学，让你外婆高兴高兴。我伤了她的心啊，你替妈陪着她，照顾好她。”

易拉永远不会忘记那天的黄昏，母亲拽着她的手，说着说着手突然就松开了。外婆坐在床前捂着嘴压着嗓子哭。她在那时候抬头看了一眼床对面墙上的老钟，时针与分针刚好拉成一条垂直的竖线，那条线仿佛一个拉长的悲哀。

“嘴硬得很啊，致死都不肯说出孩子的父亲是谁。”外婆的这句话分成若干个音节，零零碎碎夹杂在哭声里，被哭声挤压得硬邦邦的。

“你妈她小时候就不好好学习，怎么打怎么骂都改不了，那时候我真是急啊。我这辈子就这么完了，不能眼看着她再像我一样。真没想到她那么恨我，离家出走。这孩子真是伤透了我的心。她那一走，我担心得不行，病了伤了怎么办？钱丢了怎么办？被骗了怎么办？那几年我一天好觉没睡过。”

天色在一点点暗下去，一老一少守着床上沉睡的女人。易拉从没见外婆说过那么多的话。她像被拔掉了塞子的巨大的蓄水池，陈年的积蓄争先恐后往外倾泻。

外婆和母亲似乎都装着一肚子往事，易拉却什么都不知道。那个黄昏，十岁的易拉从外婆断断续续的讲述中，把母亲易苏短暂的人生归纳总结了一下，从此她便也装了一肚子心事。

易苏在十八岁那年快要高考的时候，从母亲房里拿了一千块钱离家出走了。一走就是五年。

易苏当年走的时候心里确实有恨。母亲从来不考虑她的感受，多年来像个监工一样，只关心她的学习。学校的作业写完了，母亲就给她布置新的任务。新的任务完成了，还有下一个新的任务等着她。对于她来说，每天一睁眼睛就跌入了巨大的黑洞。她不能出去玩，不能看电视看电影，没有玩具。她所有的事情都不能自主，要听母亲的，听老师的。她每天生活得像个囚犯。

你难道要像我一样，一辈子都挣扎在底层？母亲说这话的时候总是那么痛苦，那么委屈。

母亲用学业绑架了她的身体。母亲的痛苦绑架了她的精神。她简直快被逼疯了。后来，她一看到作业本就头疼。

到高中后，她就不想上学了。她谋划着像她的大多数同学那样下海去挣钱。她就是要让母亲看看，人一生不是只有上大学一条路可走。她没有必要再为自己当年失去了上学的机会，折磨自己的同时也折磨她。她不是母亲实现自己梦想的工具。她是她自己的。

易苏本打算功成名就了再回来看母亲。谁知道一切全毁在了一个男人的身上。关于那个该死的男人，她一个标点符号都没有提起过。所以，没有人知道她在外面的那些年是怎么过的。

她本来想死在外头的，没脸回来。母亲就是想让她好好考个大学，她却让母亲失去了女儿。

但是小易拉在一天天长大，她不能不管孩子，她一定要把易拉送回自己母亲身边，所以她不能死在外头。

易苏再回到老街时，带着四岁的易拉，也带着尿毒症。她浑身浮肿，眼睛都肿成了一条细细的缝。

“尿毒症啊，唉……她把自己亏着了，好在她回来了，回来了我就不能再让她亏着，可她还是走了。”外婆还在说，天已经黑透了，对面墙上的老钟被隐藏在黑暗里。所有的一切都被黑暗夺去了。

“你说，当年究竟发生了什么，他才会抛下我们，我妈至死都不肯再提起他。”易拉显得很是无助。

“你妈既然不提，就有她不提的道理，别想了，好吗？都过去了。”李牧柔声说。

“怎么会过去呢？他给了我一个私生女的身份，无论过去多久，无论我走到哪里，都摆脱不了。你看，现在就被人炒到网上去了。”

“真正在乎你的人，不会在意这些的。”李牧坐在易拉身边，在他要伸出手拍拍她或者抱抱她的时候，她逃一样躲开了，双手用力抱着自己。李牧看着她，心里很不是滋味。

“易拉，你听我的，我们出去一段时间吧，你要相信这只是暂时的，等我们回来，一切都平静了。”李牧说。

“我考虑一下吧。”易拉有些烦躁，站起来走向书柜，看样子是想找一本书翻翻。她的手指从那些书上一本一本划过，最后，看着放在书柜一角的那幅绢本画。接着看到它旁边的那张老照片，突然想起了什么：“李牧，我得回趟老街。记得外婆有个箱子，我以前打开过，装的是她的一些旧物，我得去把它带回来。”

“易拉，”李牧说，“别再关心过去的那些事了，都过去了，好吗？再说房子不拆了，放那也没人动。”

“就算我想关心也关心不了，确实过去太久了，但我得去把她的旧物带过来，老房子虽不拆了，但要修整。不知道他们会怎么整，我不能把那些东西弄丢了。”

“那我去拿，你在家里等着。”

“不行，我得回去看看。”易拉说着，用一根黑色橡皮筋把头发束在脑后，头发显得有些凌乱。她没有化妆，或许今天根本就没洗脸，皮肤干巴巴地起着皮，整个人看起来焦躁不安。李牧想，得尽快想办法把她带离这个糟透了的环境。

“那行，一起去吧。”李牧说。

易拉已经向门外走去，李牧一把拉住她：“先去洗把脸，再梳梳头。”

7

可是，找遍了，根本没有那个箱子。

“你确定，真有那么个箱子吗?”李牧问。

“有的，我以前打开过。”易拉说，“那张老照片就是我小时候从那个箱子里翻出来的。”

易拉坐在楼梯上：“奇怪，哪儿去了。”

易拉记得当初她打开那个樟木箱子时，箱底有件白底碎花的衣服，看折叠在上面的衣领，应该是件旗袍，布料已经发黄。衣服上有一张照片，没想到外婆年轻时那么好看。易拉没动衣服，拿出照片，原封不动地锁上箱子，把照片拿去过塑，压进相册，然后拿给外婆看。

外婆老眼昏花地翻看相册，等看清楚了那照片，惊得变了脸色，说：“这，这……你怎么把它给翻出来了?”外婆慌慌张张起身去看她的箱子，看完了，才松了一口气，走回来重新坐定，伸手在易拉肩膀上拍了两下，嘉奖似的。

易拉便又缠着外婆，让她讲讲她的故事。

“没什么好讲的，以前的事情我差不多都忘光了。”外婆说。

“那就讲讲这张照片，拍这张照片时，您多大了？”

“以前不是给你讲过吗，你这丫头，黏人精。”外婆说。

“以前您就提了一下照片里的海棠树，但我想听您的故事。”易拉说。

“有故事的是海棠树，我的事有什么好听的。”

“我就想听您的事。”

“真够黏人的。”外婆说，“这张照片啊，拍这张照片时我十八岁了，还在读书。我们的学校不大，但是很美。操场边上有一个树林子，无论春夏秋冬，地上永远铺着一层厚厚的树叶，走在上面发出沙沙沙的声音。林子里缠绕着各种藤，凌霄、紫藤、蔷薇……一到春天，那些花争相绽放，让人的眼睛都不够用了。春天的时候，放学后我总是会晚回家，我母亲因此常常生气，却又拗不过我，便每天都让……让人去操场边上等我。那是家里的一个司机，身手不错，母亲觉得让他跟着我放心。”

“外婆小时候，家里是有汽车的吗？”

“嘘……”外婆压低了声音制止道，“出去可不准说，以后也不许问。去给外婆端杯水。”

“然后呢？”水端来后，易拉继续问。

“然后啊，我读完了高中，但没上成大学。再然后呢……我跟你外公回他的老家生活了几年，你外公去世后，我就带着你妈回来了，被安排在街道食品厂刷洗罐头瓶子。那里面各种各样的罐头都有，给你吃过的，你忘了？”

易拉就流了一口口水，说：“外婆，我还想吃你们厂的罐头。”

“生活条件越来越好了，有那么多好吃的，现在谁还吃罐头？”外婆说。厂子倒闭的时候，她五十五岁，刚好够退休年龄。她庆幸自己的退休金没受什么影响。

“是不是外婆早就扔掉了？一个旧箱子，可能没那么重要。”李牧和易拉并排坐在楼梯上，问，“那幅绢本画也是从箱子里翻出来的？”

易拉说：“那可不是。那是外婆自己画的，画了好几天，画好后，她就在画上弹琴，那时候我还小，真不明白，她为什么要在一幅画上弹琴。我要给她买一张古琴，她坚决不要，我以为她心疼钱不舍得，就一定要给她买，她这才告诉我，不是不舍得钱，是怕真的古琴发出的声音。我真不明白，她那么喜欢弹琴，几乎每天都要在那幅画前坐半天，但她为什么要怕古琴发出的声音呢？后来我才知道原因。当年，一场运动让大部分人失去了上大学的机会，外婆就是其中之一。失去了上学的机会，她只能待在家里弹琴。也正是因为她的琴声，那天下午引来了街上的造反派，他们说她弹奏的是反革命曲子，砸烂了她的琴，带走了他们一家人，后来她就失去了亲人，也失去了家。”

“那个箱子她放了几十年，要扔早扔了。”易拉说，“我有点儿不安，我怕我会弄丢了她的东西。”

易拉回忆着，总觉得那个箱子里还有外婆非常重要的东西。当年，她只拿出了照片，就把外婆吓成那个样子。

那个樟木箱子最终在阁楼上的杂物间找到，上面盖着一层已经发黑的蓝色印花布，落满了灰尘，压在一个装满了废旧物品的纸箱下面。

两人搬着箱子离开时，老街上三三两两聚在一起的那些人，向他们投来了暧昧不明的目光。风依然卷着尘土和落叶，在老街上窜来窜去。

刚坐进车里，李牧接到单位的电话。李牧就在电话里交代对方要怎样怎样。易拉轻声说：“你回去吧，我这边已经没事了。”

李牧看着易拉，想了想，跟电话里说：“那你们等我一会儿，我送个人，半个小时后回去。”

第二天，易拉病了，身上起了大片红疹子。

李牧问怎么回事，易拉摇摇头什么都不说。老式的樟木箱子扔在阳台上，敞开着，里面干干净净的，什么都没有。

“里面没有东西？”李牧问。易拉又摇摇头，什么都没说。

易拉突然从椅子里坐了起来。宋医生一怔，诧异地看向她问:“怎么了，你想到什么了?”

“对不起。”易拉看着宋医生说，“我，我可以先离开吗?”

宋医生想了想，陡峭的脸上露出了笑容，那笑容过分深刻，就像他皮肤下的骨骼在笑。

“当然可以。”宋医生说，“我每周的周一和周三全天坐诊。”

“好。谢谢!”

“怎么不看了?”李牧问。

易拉只是低着头往前走，进电梯，到地下停车场坐进车里后，才说:“我想知道当年究竟发生过什么。”

“这不影响你看病啊，不看能行吗?拖下去再严重了。”李牧说。

“那天晚上，我找出箱子里的旗袍穿上，你知道吗，那件旗袍很奇怪。”易拉说。

“怎么奇怪了?你慢慢说，是穿过那件旗袍生病的吗?”

“应该是，那件衣服里裹着樟脑丸，你说，裹着樟脑丸的衣服也会生虫子霉菌或者致人皮肤过敏的微生物吗?我洗澡了，洗了好几遍。那天晚上我一直在做噩梦，我的噩梦里，一直出现外婆做噩梦的样子。你帮我想想，我怎么才能找到当年的老人，一定有人知道当年发生了什么。赵奶奶显然是知道的，但她对我有敌意，问她什么她都不肯说。”

那天易拉跟了赵奶奶半条街，最后还是一个字都没有问出来。她打定主意不提当年的事。

“这要从哪儿入手呢，都过去半个多世纪了。”李牧说。

“从老街入手，老院子是上一辈人留给外婆的，或许她就出生在那里。”

“除了赵奶奶，老街上还有和外婆岁数差不多的老人吗?”

“有是有，但听说很多人是后来搬进去的，我要找的是老街上的老住户。”易拉说。

“好，接下来的事你别管了，我来想办法。”李牧说，“但是我觉得，我们还是应该接着看医生，一边看一边找人。”

“医生让我放松，让我回答问题，这些，我现在都做不到。我自己都搞不清楚，怎么跟医生说呢?”易拉说。

“那行，回去后你在家好好休息，学校那边我给你续过假了。”接着，李牧打了几个电话，委托几位朋友帮他找人。

8

中午的饭局上李牧喝了点儿酒，车是开不了了，就把车丢饭店门口，叫了滴滴。司机是个挺能聊的人。中美贸易战打得多少企业都扛不住了。城西的新龙集团，很牛掰的一个集团公司，说没就没了。看我，我就是从那里出来的，这车，就是当年集团补助了一半钱买的。当年集团给每个中层及中层以上员工都有车补，我这算少的，刚挂了个边儿，职位越高，补得越多。那一拨很多人买了奔驰宝马，还有买路虎的。现在可好，工作没了，车都养不起，这不我就出来揽活了。算了，不说自己了，说自己没意思，还说别人吧，说别人才有意思。那个马云倒是知道享清闲，说退休就退休，这家伙背后肯定留了一手的。网上最近爆出一个拒绝了马云三次的女富豪，那叫一个漂亮……唉，你说她为什么拒绝马云？还拒绝了三次，哪个女人不爱钱，马云多有钱啊，这还被拒绝了，真是想不明白。女富豪虽也有钱，但谁还嫌钱多了不成……

这哥们儿随便拎出一个话题就能聊得滔滔不绝。李牧一直没搭腔，也没看手机，就那样坐着。车窗外一如既往拥挤着，这个城市就像一个奔波劳碌的中年人，什么时候都是一副行色匆匆的样子。

滴滴司机聊到我国第一艘国产航空母舰的交付问题时，李牧的手机响了。之前托的朋友回电话说："那事不着急吧？我这边问了几个人，还没消息，说过两天给回信。"李牧挂了电话，那哥们儿回头看了一眼李牧，放弃了国产航空母舰的交付问题，转而问李牧："你在找住过卫水南街的七十岁以上的老人？"

"是。你认识？"

"那应该不少吧？现在人都长寿，听说那边最近挺热闹的，要拆迁了要拆迁了，却又不拆迁了，被一个什么博士的一篇文章一闹，要改造成文化老街了。你去那边问问啊。"司机说。

"我早去问过了，没找到要找的人。"

李牧走访过老街的老人。他们都知道李牧与易拉的关系，无一例外地表达了自己的冷漠。有一个老太太倒是不冷漠，她拉着李牧的手说："孩子，跟她分手吧，她配不上你，多好的年轻人，别让她给耽误了。"说着老太太从衣服兜里掏出一张照片给李牧看，"我孙女，长得好看吧？"

看来老人没少为孙女的婚事操心，照片都随身带着。李牧看了看，照片里是一张妖艳的网红脸。李牧说："好看。"

老太太说："还没对象，要不我安排个时间你们见见？虽不是博士，但多才多艺，一心想演电影儿，就娃这决心，这长相，指不定哪天就出名了。可比那个博士强。"

李牧伸手扶额："奶奶，您孙女这样的，我配不上，再说她这么有才华的，一般都会以事业为重。还是让她先演电影吧。"

"哎，你真是说对了，她就是以事业为重，光对象介绍了一个连了，哪个都相不中，三十多的人了，这把人急的。净胡说，我觉得你挺好，我孙女要是找个你这样的，我就满意了。见见吧，我好好劝劝她，就你了。"

"奶奶，您真不用急，您孙女这么好看，迟早给您带回一个金龟婿。"

"怎么，你还是放不下你那个博士啊？她配不上你的，一个私生女。我家可是清清白白的人家，她那样的，你还守着她，别以为这就是爱情，这是犯傻。"老太太说着，失望地走了，走了几步又回头，硬要让李牧存她的手机号，"哪天想通了再来找我。"

手机号李牧没存，他说："奶奶，她是个好姑娘。"

“好什么好？一个私生女，网上一炒，全城人都知道了，你带出去不嫌丢人啊？”老太太最后失望地走了。

看样子，网上的爆料的确让易拉的名声受到了影响。

后来，李牧了解到，真正在老街住了半个世纪还健在，且还住在老街的老人，除了赵奶奶，真没有其他人了。

“我爷爷是四一年的，听他说，他一出生就住那儿，但搬出来的早，搬出来有三十年了，是你要找的人吗？”司机问。

司机把李牧拉到老公园西门，让他去小戏台下找一个留着长胡子和长眉毛的老人，就说是杜二的朋友。李牧付了车钱，司机接下一个单子去了。

老公园西门小戏台前，李牧挤在一群听戏的老人身边坐了半个下午，然后转场到假日王府东门的兰州拉面馆，一瓶牛栏山二锅头下去过半，杜大爷终于愿意开口了。

“时过境迁，物是人非啊。”杜大爷吱了一口二锅头，用手抹了一把嘴，一开口就说出一串成语。

“大爷是文化人啊。”李牧恭维道。

“还行吧，成语我知道得不少，小时候家里有些书，那可都是线装书啊，要是放到现在老值钱了，可是后来都没了，全都没有。”杜大爷低头想了半天他的线装书，然后才接着说，“我知道你是杜二的朋友，但你听那些干什么？”杜大爷停了筷子，抬头看着李牧警惕地问。

李牧看了一眼杜大爷的长眉毛，银白色的，整齐地顺向眉梢，一点儿都不影响他此时盯着李牧看。算算年龄，杜大爷该有七十九岁了，但老人家精神好得很，看着比实际年龄要年轻很多。

李牧说："我问这些，其实都是为了我女朋友，她想知道那个年代的一些事。"

杜大爷一下子就乐了，用筷子点着李牧说："小伙子，不错啊，能对自个女人这么上心的，都能成大事，真的，这可不是胡说，你女朋友做什么的？不会是搞文学的吧？我遇到过，不止一个，说想写关于那个年代的作品，要听我讲故事。都多少年了，哪能都记得，就是记得，也不想提了，过去的都过去了，还提什么？我都拒绝了，一个也没讲。不过看你面子，我倒是可以给你女朋友讲讲，谁让你是我家杜二的朋友呢。杜二是我的第二个孙子，名字起得潦草了，潦草就潦草吧，老百姓，把日子过安稳比什么都强。"

李牧想，给杜二起名字的时候，杜大爷知道的那些成语还真是没起什么作用。也是，起名字成语能有什么用，怎么也得去《诗经》里找。杜大爷的那些线装书里，就没有《诗经》吗？唐诗宋词也不错，普遍来看，有文化的人，都喜欢借用古人的某个句子安排下一代的名字。

"你那女朋友，她写作水平怎么样？出过书吗？她能不能保证写好？以前找我的那些人都说自己出过多少多少书，唉！那个年代还是值得写写的，也有不少人在写，我看过一些，不真实，虚构的太多。历史是应该被还原的。你女朋友到底能不能写好？应该年龄不大，比杜二还小吧？杜二那小子，对那个年代一是不感兴趣，二是无法理解。你那女朋友，她能消化得了那个年代发生的事情吗？”

“我也不知道，她是文学博士，应该差不多吧。”李牧说。

“差不多可不行，要写就得写好，不过，都博士了，应该没问题。那你把她叫来吧，就现在，我跟她聊几句，我一聊就知道她能不能写好。”杜大爷说。

李牧扶了一下额，大爷真够热情的。“大爷，我现在叫不来她，她生病了，出不了门。”李牧说，“她不是搞文学的，她其实就是想知道她外婆的事，她外婆四七年的，也住老街，没准儿你们认识。”

杜大爷停住了筷子，看着李牧问：“她外婆叫什么名字？”

“易海棠。”李牧慎重地说出这个名字。

杜大爷低头想了半天，看看李牧，又低头想了半天，这才抬头看着李牧说：“没听说过这个名字，我不认识。”

“您再想想。”李牧说。

“真不认识，当年的卫水南街上有几大家族：卫家、游家、苏家、李家。后来公私合营，各大家族的院子，就成了附近一些单位的家属院，住进去的人就杂了，我真不记得有没有个叫易海棠的。”杜大爷又吱了一口酒，说，“我十多岁就跟着父亲在苏家码头上做工，所以对苏家最熟悉。老街上的故事写几部电视剧都没问题。对了，你女朋友不搞写作是吧？那讲出来也没多大意义嘛，这就怪了，她都文学博士了，怎么不写作呢？以前那些来找我听故事的，可没听谁说是博士。那她做什么工作？”

“大学老师。”李牧想起头条上的那些流言蜚语，杜大爷这个年龄段的人，应该很少上网吧。

“大学老师啊，本来挺好的工作，现在也出问题了，真想不明白，真是想不明白啊，最近头条上有个叫易拉的大学老师火了，你知道吗？好像还是北大博士。看着漂漂亮亮文文静静的一个姑娘，咋就被挖出来那么多事？还是个私生女，你说，那都是真的吗？”杜大爷挺八卦地问了一句，然后端起酒杯喝光了。李牧没接话，没法接。既然杜大爷不认识易海棠，那就没必要问了，是自己想方设法组了这个局，那就陪老人好好喝顿酒吧。

李牧把刚上的热菜推到老人面前，又给老人倒了半杯酒：“大爷，您多吃菜，酒喝高兴了就好，但别多。”

“看出来了，你真是个好孩子。”杜大爷说，“故事我给你讲了，杜二那小子都没陪我好好喝顿酒，整天喊着忙呀忙呀的，不知道都忙些什么。”

“故事不着急，您先吃饭。”李牧对跟易海棠无关的故事没什么兴趣，但也不能拂了老人的面子。

“咱爷俩边吃边讲，但有一条，你女朋友不是博士吗，写这个应该没问题，就让她写写吧，按我讲的写就成，你有没有录音笔？手机也行，现在手机不都有录音功能嘛，打开，你打开了我就开始讲，完了你给你女朋友听听，她就知道怎么写了，能读到博士，水平还是有的，北大那个博士的文采不就很厉害嘛，一篇文章，就影响了政府的决策，要拆迁的老街也不拆了，这点我为她点赞，做得好。卫水南街那是历史留下的，不能开进去几辆推土机，就把历史给平了，这说不过去。”

李牧想拒绝，但最后还是打开录音功能，把手机放在了老人面前。老人摸了一把自己的长胡子，叹了一口气，郑重地讲起了故事。那期间，李牧一直担心手机会突然响起来电铃声。

9

第二天，李牧到的时候已近中午，雨还在下，目光所及，是湿漉漉的天和地。

易拉靠在飘窗上，刚抹了药，身上的红疹子还是痒得难受。医生说不能抓，抓破了会留疤，也不容易好。医生还说患处不能捂，捂着也不容易好，可这鬼天气，雨下成这样，就像给地球下了一道屏障，空气流通得那么困难，整个城市都没法不捂着，人还能怎么样呢？

“没找到认识易海棠的人，但找到一位出生在老街的老先生，他零零碎碎讲了不少老街上的老故事，并一定要我录下来给你听听。老先生很有意思，他说希望你把那些老故事写下来。”李牧问，“你听听不？”

易拉想了想说：“行，我听听，说不定能找出点什么线索。”

“故事有点长，那你慢慢听，我去做点吃的。”李牧说。

音频里的第一句，准确地说，是一个苍老的声音发出的一句叹息：我的记忆是从卫水南街开始的，多少年过去了，真是沧海桑田，物是人非啊！

当年，老街上的几大家族中，卫家排第一。卫家祖上有个叫卫光的，在清代官至巡抚。

相传，卫光幼年丧父，与母亲相依为命。他自小目睹了母亲的不易，读书很刻苦，希望将来求取功名，让母亲过上好日子。无奈家境贫寒，在他打算进京赶考时，居然连盘缠都凑不齐。他只好给卫河上的船主拉纤，想等盘缠攒够了再出发。他一介文弱书生，做不了苦工，没两天，就体力透支病倒了。船家看他干不了活，也不想白养着他，就将他弃于岸上。也是他命该发迹。当晚，一艘进京运送布匹的船只停靠在岸边，船主看到夜色里有一只老虎蜷卧于河岸边的草丛中，觉得奇怪。当地并没有老虎啊。遂掌灯上岸去查看，竟看到一个文弱书生病倒在地。般主奇怪，明明是个人，怎么就看成了老虎？船主心善，把书生带回船上，请来郎中给他治病。病好后听说他要进京赶考，船主便让他搭船一起进京。

卫光进京后一举考得进士，回乡做官，他谢绝了当地豪绅的联姻，娶了恩人家的女儿苏月亮为妻。

苏家得了卫家的庇护，航运生意自此做得风生水起。到了苏月亮的侄子苏荣达那一代，苏家生意越做越大，从船上到了岸上，在卫水南街买地置办家业。自清末到民国中期，苏家先后在南街建了六处院子，后建的三处院子都有地下室，是典型的中西合璧的三层建筑物。苏家的生意也由单一的航运，拓展到布匹、药材等领域。20 世纪 40 年代，日寇侵华期间，苏家多次给抗日军队捐赠药材及生活物资，苏家的船只多次为抗日游击队运送武器弹药。

抗美援朝时期，苏家给部队运送药材。苏老爷让心腹赵管家亲自带队去百泉药材市场购货运送。谁知药材送去没多久，惹来了祸端。

那天黄昏，苏老爷从外面回来，看到他住的宅院竟被荷枪实弹的一队人包围，家里上下数十口人被吓得大气都不敢出。苏老爷一下车，就被扭住带走了，同时带走的还有他的两个儿子，一个十八岁，一个刚满二十岁。苏太太托人各方打点，才问明白，原来，他家送过去的七十五种中药材，居然有半数是掺了假的。部队首长恰好懂中医，气得想毙人：妈的，三七你用提取三七皂甙后的药渣代替。枳实你用青皮代替。石菖蒲你居然敢用有毒性的水菖蒲代替。幸亏查得及时，没有用到前线，不然岂不是误了大事。枪毙，马上给我枪毙。

那时候的卫家已举家移民国外。苏太太只能强作镇静，各处奔走求情，才暂时保住父子三人的性命。接下来，她让人暗中调查，查出是赵管家见利忘义，做下了这等伤天害理的事。

苏家父子被从牢里接出来已是三个月后。苏老爷安然无恙，两个娇生惯养的儿子却先后生病去世。这一场灾祸，让苏家的下一代只剩下最小的女儿苏晓棠。

苏晓棠彼时只有七岁。某日早晨去上学，她坐的车刚驶出大门，就看到一个十来岁的女孩站在她家大门前，那种眼神她说不清楚，那是让她害怕的眼神。车走过去后，她回头去看，发现女孩的目光追着她坐的车。

“易哥哥，她是谁?”苏晓棠问开车送她去上学的司机。

“她啊，是赵管家的女儿。”司机是苏老爷调配给苏晓棠的专用司机兼保镖，小伙子那年十九岁，长得干净清爽，像个书生，却身手不凡。

“她在那儿干吗?”苏晓棠问。

“别管她，一家子忘恩负义的东西，赵管家昧着良心做下错事，他闺女却哭号着说，她父亲是替东家去坐牢了。”司机说。

“哦!”苏晓棠再次回头去看，已经看不到那个人影，却还是感觉后窗玻璃上粘着一双让人害怕的眼睛。

苏晓棠九岁那年，全国都在搞公私合营。苏老爷积极配合社会主义改造，庞大的家产悉数归公，苏家大院被编了号，公家把最小的六号院留给苏家居住，其他院子成了新成立的航运公司家属院。自此后，苏晓棠上学就没专车坐了。苏家的司机就在航运公司上班，他的宿舍在苏家五号院子里。只要方便，那司机便会陪苏晓棠上下学。

苏晓棠从小爱花，鲜花盛开的季节，她就像只蝴蝶，哪儿有花就飞向哪里。每每她晚回家时，苏母就担心得坐卧不宁。

那时候她一直不明白母亲在担心什么，她嫌母亲过多地约束了她。那天放学后，她再次走进操场边铺满落叶的树林子，那里正盛开着蔷薇。她在蔷薇丛里流连忘返，不知不觉越走越深，以前不曾涉足过的林子深处，安静而神秘。她张开双臂，闭上眼睛，扬起头，阳光打在她的脸上，风送来潮湿的、带着花香的空气。她深深地呼吸着。这时候，听到身后有窸窸窣窣的声音。她以为，一定是母亲又遣易哥哥来找她了。

“你是怎么找到我的?”她问。依然扬着头，闭着眼睛。却没有听到回答，正待她回头时，一个力量撞了她一下，猝不及防间，她跌进一口深井。没有人知道这林子里居然有一口老井，它被落叶层层覆盖。她那时恰好站在井边。

她的左腿疼得钻心，坐在井底的泥水中，疼痛与惊恐让她浑身颤抖。她大声呼救，抬头向上搜寻着，突然又看到那双眼睛，那双曾粘在车窗玻璃上的眼睛。她在极度恐惧中，感觉自己离这个世界越来越远。她以为，自己再也见不到母亲了。

再醒来时，却躺在母亲的怀里，是易哥哥把她背回来的。

10

苏晓棠十八岁那年，全家人坐在一起最重要的话题，就是商讨她应该报考哪所大学。母亲说女孩子家，还是南方的气候好。父亲与苏晓棠却倾向于京城。可是，他们都没想到，很快，学校便传出了取消高考的消息。没过几个月，知识青年上山下乡的口号在学校喊起来。苏晓棠是家里唯一的孩子，按规定她可以不用下乡。

那之后，苏晓棠常常在老街上遇到赵芳。赵芳是那条街上的造反派成员，她和她的同伴们都戴着红袖章，风风火火，每个人都像打了鸡血。遇到苏晓棠时，赵芳会停在路中间，头微微歪向左侧，目光斜视过来，看着苏晓棠向她走过来，再侧身躲过她走过去，她并没有回头去看走过去的苏晓棠，就那样歪着头再站上半分钟，然后以最快的速度跟上队伍。

"你怎么了？每次见到她都怪怪的，她已经不是什么大小姐了，现在和我们一样。"赵芳的同伴说。

"不，你错了，她和我们不一样，她是革命的对象。"赵芳说。

苏晓棠还是每天坚持练琴。她不相信自己的大学梦就这样碎了。一定还有机会的，她不能废了工夫，她要做好准备，等着机会。

那个黄昏，在苏晓棠的琴声里，造反派声势浩大地来到苏家，给了苏家一个措手不及。

苏晓棠与父母被人扭着胳膊站在自家院子里，眼睁睁看着他们砸了她的琴，把苏家翻了个底朝天。然后，他们被那群人扭着来到码头上的仓库里。

仓库本来是苏家的，宽敞、高大、坚固，多少年来庇护着她家的财物。但现在它被清空，老街上一些人被带到这里交代问题，接受改造。

那天晚上苏晓棠的母亲首先倒在地上。她有心脏病，苏母这一倒，父女俩冲过去一扶，场面完全乱了。

“资本家的臭婆娘，居然装死，革命不信这一套。”造反派头头高喊一声，苏家三人就各挨了几下。苏晓棠的脸上和背上都火辣辣的疼，她以前哪里见过这种阵势，恐惧一股脑冲向大脑，她感觉自己要窒息了。就在这时，闭着眼睛倒在她面前的母亲暗暗握紧了她的手。她感受着母亲手心里的温暖，终于呼出了那口差点噎死她的浊气。

晚上十点多，他们才被放回来。那之后，每天，他们都会被带到仓库里交代问题，接受改造。

时光突然变得很难熬，她和父母低着头，一言不发地站在众人面前接受降临自己身上的一切。

第一个没扛住的还是苏母。那天夜里，她用一条真丝围巾，把自己吊在了厕所里。苏晓棠看到母亲直挺挺挂在那里的身体时，想到的是母亲告诉她的那句话，母亲跟她说：“无论遭遇了什么，都不能放弃，一定要活下去。”

告诉她一定要活下去的母亲死了，被定为畏罪自杀。

苏晓棠的父亲在那天晚上被带走关了起来。从那之后，苏晓棠再没见过父亲，直到有一天，听说他脑出血死在了某处牛棚里。

苏晓棠把头又低了低，肩膀往前收缩着。她已躲无可躲，只能使劲把自己往一块缩。正缩着，突然，背上挨了重重一击，身子摇晃着向前扑去，她慌乱地举起了双手，试图寻找平衡……一条手臂横过来，她惊得往回退，胸部还是重重地撞在了那条骨骼粗大的手臂上。疼得她直掉眼泪。抬头，她看到一双被冒犯了的男人的眼睛。她想抬离自己罪大恶极的身体，可惯性还在把她往前推。她的身子推着那条手臂，那条手臂也在推着她。这样僵持了一会儿，那条手臂突然撤离，她晃了晃，人便扑倒在地。

“破鞋，不要脸。”人群里传来骂声。

“不早了，今天就到这吧。”那条手臂的主人说。

他们扔下她，像风一样散去了。就像一场戏散场了，所有的演员都下去，融入了人民群众，过人民群众火热的生活去了。她也想下去，她不想被孤零零扔在散场后的戏台上。但是很遗憾，人民群众不接受她这种黑五类。苏晓棠一动不动地蜷缩在地上，看到落了一地惨白的光，光是从仓库的天窗里透进来的，她摸了一把地上冰凉的光，疲惫地闭上了眼睛。太累了，实在是太累了。

“苏晓棠，你大概没想到吧，你也会有这一天?”一个声音在头顶响起。苏晓棠没睁眼，她太熟悉这个声音了。她缩了缩身子，试图护住头。一只手抓住她的头发，她被迫仰头，看到了那个女人，对方在看着她笑。

“我父亲是怎么死的?”苏晓棠问，直觉告诉她，父亲的死与面前这个女人有关。

“应该是畏罪自杀吧，资本家黑五类自绝于人民，跟你那破鞋母亲一样呗。”那个声音说。

“当年赵管家并不是替苏家顶罪，是他自己犯下的错，所有人都知道这个真相，你为什么还这么恨苏家?”

“少给我提这个，我父亲就是死在你们苏家人手里的，他为你们苏家当牛做马半辈子，最后却落得如此下场。紧接着，我母亲也生病去世。那件事过后，你依然当你的大小姐，我和六岁的弟弟却成了孤儿。那时候我才十二岁，你知道我们是怎么生活的吗？可即便是那样，我还是没能留住我弟弟，连他也没了。”一只脚踩在苏晓棠的手上，使劲蹍压。冰冷的地板上，疼痛都是带着寒意的。“苏晓棠，一切才刚开始，好日子还在后头，你等着慢慢享受吧。”

第二天，苏晓棠被传到一间办公室，昨天用手臂给过她片刻平衡的男人坐在办公桌前，她知道他是这个区的造反派头头，姓刘。

“坐。”他指指对面的椅子。

“不坐了，领导有事请吩咐。”

“昨天晚上的事我看到了，也是巧合。”刘领导咳了一声说，“小赵做得有点儿过分，但你家那个情况，问题还是挺严重的。你的手还疼吗?”姓刘的领导看着她，苏晓棠把那只手缩了起来。

“但我还是有办法保护你的，你明白吗?”他的手伸过来拉她昨天晚上被踩伤的那只手。她后退了几步，躲过去。他站起来，走近一步。

“你，你要干什么?”她喊道，去拉门。

他抢在她前面，按住了门把手，然后用一条腿顶住门，说：“小赵做得太过分了，但是，只要你听我的，我有办法制止她。”昨天一夜，无论梦着还是醒着，他眼前都是这个女人，她的胸结结实实地往他手臂上压……他的手又伸了过来，苏晓棠一躲，碰倒了脸盆架，趁着刘领导去扶脸盆架，她拉开了门。赵芳居然站在门前。

“呵呵，胆子不小啊，居然跑来勾引领导，没想到你还有这本事，昨天在批斗会上我就看出来了。都过来啊，把她给我绑起来。”小赵喊了一声，院子里突然冲出很多人。这显然是有备而来。

那天苏晓棠被拉出去的时候回头看了一眼，刘领导也在看向这边，撞上她的目光后，他把头扭向了另一个方向。他大概没想到赵芳会这么干。

之后，小赵成了赵领导，是刘领导的副手。

赵领导有了权，跳得更高也叫得更响了。苏晓棠活脱脱成了她的靶子。好在刘领导有时候会制止，让她适可而止。

有次赵领导带着人来苏晓棠家扭她去接受改造时，翻出了她以前穿过的旗袍，就用剪刀为那件旗袍做了改造。她把衣服前面剪出一个巨大的洞，让女人隐秘的部位可以全部暴露在洞口。赵领导命令苏晓棠穿上那件衣不遮体的旗袍，脖子里挂上一双破鞋，然后让人扭着她游街示众。还没有走出胡同口，就被刘领导挡了回去，说这太过分了。

也就是那天晚上，有人在卫河边发现了苏晓棠的鞋子，人却不见了。有人说，苏晓棠穿着那件被赵领导设计修改过的旗袍投河自尽了。

11

一段空白后，杜大爷苍老的声音重新在音频里响起：姑娘，听到这里就对了。这都是我当年亲耳所闻亲眼所见的，都是真实的发生，我可一点儿都没编。李牧说你是文学博士，我觉得你能写好它，所以，这故事我讲得值。姑娘，你一定要好好写写它，啊！

易拉把音频倒回去，找到旗袍那一段，反复听了好几遍……周围的世界突然安静了，音频里的故事像黑白默片一样，往易拉脑袋里钻，那里面的人也蜂拥着往她脑袋里挤。

易拉头疼欲裂，像有无数人踩在她脑袋上拼命地奔跑。

那天从老街回来，易拉一进门就打开了樟木箱子。

里面除了多年前看到过的那件旗袍，再没有其他东西。她把旗袍放在沙发上，顺着折叠的痕迹慢慢展开。等衣服完全展开，她有点儿蒙了——衣服的前身有个巨大的洞，看样子是被剪刀齐刷刷剪出来的。

易拉看着那个洞，看了半天，然后拉上窗帘，褪去身上的衣物，把那件旗袍往身上套。经年的霉味混杂着樟脑丸的气味，让她咳嗽不止，眼泪都出来了。

穿好后，她抬头看着镜子里的自己，研究着身上的这件衣服——身前的洞，像一个倒挂的葫芦，从胸部开始，胸部是葫芦的底部，开阔得一览无余，顺着曲线延伸到腰部，在腰两侧收得窄窄的，再往下，曲线开始向两侧扩张，到髋部、大腿，然后曲线合拢。这件衣服简直就是为内衣秀设计的，她的白色胸衣和白色内裤完整地暴露在镜子里。

易拉眼前浮现出瘦弱的外婆坐在屋檐下的样子，她不敢相信这真的是外婆年轻时穿过的衣服。看着镜子里的自己，她突然像噩梦惊醒般，去撕扯身上的衣服，她驱赶着，躲避着……接着，她看到破碎凌乱在她脚边的衣服碎片，以及裹挟在衣服碎片里的那套白色的内衣。她抓了一件睡衣套在身上，跑去拿了笤帚，把它们扫进了垃圾桶。扫完了还觉得不够，又拿了抹布，跪在地上，把地前前后后擦了一遍又一遍，最后沙发套也扔了，如果能搬动，她会把沙发一起扔了。

然后她去冲澡，一遍又一遍。

没想到，在杜大爷讲的故事里，也出现了那样一件旗袍。

易拉仿佛到了音频里的那个现场，看到那个女人在挣扎，但最后，她还是被迫穿上了那件旗袍。有人在她胸前挂了一双鞋，她惊恐地缩着脖子，试图用手去遮挡暴露的身体，但那只是徒劳。那些人围着她，扭着她往外走。她就穿着那样一件旗袍，走在风和阳光里，那双挂在胸前的鞋子，随着她脚步的节奏，左一下，右一下，拍打着两只白花花的乳房……

看不到她的脸。无法想象，女人在大庭广众之下穿着那样一件旗袍，脸上会是怎样的表情。

游街示众的时候她怎么不傲了，赵奶奶刺耳的声音似乎混杂在音频里。

易拉感觉耳朵突然成了巨大的磁场，那些声音被从四面八方吸过来，在房间里横冲直撞，打闹着，嬉笑着，做着游戏……

李牧把午饭摆上桌，喊易拉吃饭。易拉却说，我想见杜大爷。

杜大爷看了易拉一眼，就对着李牧笑得胡子一抖一抖的：“小子，好福气，多好的姑娘，还是博士。”

“谢谢杜大爷，易拉听了您的故事，就过来了，没打扰您吧大爷？”李牧说。

“什么，易拉？你是说……”杜大爷又盯着易拉看。

“对，我就是那个易拉，大爷，头条您也看到了？”易拉说。

“看了，那文章写得有道理，他们真不应该……”杜大爷摇摇头说。

“大爷，我想让您帮忙看看，这张照片里的人您可认识？”易拉拿出照片。

杜大爷戴上老花镜，接过照片，只看了一眼，就说：“这不就是苏晓棠嘛，你怎么有她的照片，你是谁？”

“您确定吗，她真的是苏晓棠？”易拉问。

“没错，她就是苏晓棠。”杜大爷说。

“这是我外婆的照片，可是，我外婆她叫易海棠。”易拉说。

“易海棠？那你外公叫什么？”

“我外公叫易鑫。”易拉说。

“易鑫，苏家的那个司机？原来是这样，这样看来，苏晓棠当初没有死，她是被易鑫带走了，可易鑫带着她去了哪里？”杜大爷说。

“我外婆说过，他们是在我外公的老家结的婚，并有了我的母亲。”

“易鑫的老家在大山里，也亏得在大山里啊。”杜大爷说。

易拉说：“我外婆说，我外公当年是被山上的一块落石砸死的，家里没了男人，她们母女在山里实在难以活命，后来政策落实，她们才搬回了老街。”

“你的母亲还好吧？”杜大爷说。

“我母亲叫易苏，多年前就生病去世了。”易拉说。

“你母亲也去世了？你外婆她可真是受苦了。易苏，忆苏，你外婆给你母亲起这名字，就是希望苏家的后人不要忘记苏家吧，真没想到啊，真没想到。”杜大爷说。

12

书桌放在落地窗前，窗外是蜿蜒流淌的卫河。

易拉把那幅画展开铺在书桌上，从手机里找出一个音频点了播放，《梧叶舞秋风》的旋律回响在屋子里。

音频来自师大艺术学院一位古琴老师，她曾细细地为易拉解读过此曲：首段泛音，清泠凄切，大有欧阳修《秋声赋》所说的“其色惨淡，其容清明，其气栗冽，其意萧条”的秋天境况。二段为秋风初至，忽上忽下，也就是《秋声赋》所谓“闻有声自西南来者”的神气。三、四、五段则“淅沥萧瑟，声在树间”，进入本曲梧叶舞风的主题。六段以后，咏物抒情，写因落叶惊秋，因物及人之感，有“凉风起天末，君子意如何”之怀。

易拉闭着眼睛听，一遍又一遍……外婆不知道什么时候坐在了书桌前。

“易拉，我帮你约了宋医生，明天上午八点，身上的病不能再拖了。”李牧推门进来，听到一阵琴声，循着声音寻到书房，看到易拉坐在书桌前。

“易拉？”李牧喊，易拉没有回应。

李牧走近了，才看清楚，易拉面前铺开着那幅绢本画，画里的古琴大小、颜色均与实物相近，琴弦的纹理清晰可见。

易拉闭着眼睛，手指舞在画里的琴弦上。耳边的琴声仿佛来自那双手。